꿈해몽으로 운수대통

꿈해몽으로 운수대통

이상호 편저

신라출판사

머리말

인간은 누구나 낮에는 자기에게 주어진 일들을 열심히 하고 밤이 되면 반드시 잠자리에 드는데 이때 잠을 자면서 저마다 각기 다른 꿈을 꾸게 된다. 이러한 현상은 인간이 생을 마감할 때까지 계속 되풀이 되는 현상이다.

그런데 사람들이 저마다 꾸는 꿈에는 좋은 꿈도 있을 것이요, 그와는 반대로 흉측한 꿈도 있을 것이다.

좋은 꿈을 꾸고 나면 다음날 자신의 신변에 좋은 일이 있을 것이라는 막연하나마 희망을 가지고 일상생활을 접하게 되나 그와 반대로 흉측한 꿈을 꾸고 나면 왠지 불길한 예감이 들어 행동에 신중을 기하는 것이 우리들 인간들이 가지고 있는 공통점이라 할 수 있다.

사람들은 꿈에 대해 흔히 실현 불가능하다고 말하거나 한낱 몽상에 불과하다고 일축해 버리는 경우가 종종 있는데, 꿈은 실현 불가능 할 수도 있고 그렇다고 결코 부정만을 할 수 없는 어떤 오묘한 예지적인 성격을 지니고 있어 어떤 경우에는 지난밤에 꾼 꿈대로 다음날 실현되는 일도 있어 우리들을 어리둥절하게 만든다.

우리들은 현실에서 여러 가지 일들에 부닥치면서 자신들이 바라는 어떤 강렬한 희망이 그날 밤 잠을 자면서 잠재의식이 꿈을 통해 실현되는 것을 종종 경험한다. 꿈속에서나마 그날 이루지 못했던 일들을 완성하고 다르게 변한 자신의 모습을 발견했을 때는 그야말로 행복한 순간을 맛볼 수 있다.

꿈에는 여러 가지 종류가 있는데, 평소 자신이 생각하고 있는 것이 반복되는 꿈이 있고, 이제까지 본 일도 없고, 전혀 생각지도 않은 현상이 일어나는 꿈이나, 어떤 일에 대하여 몹시 걱정되는 일에 대한 결과가 나타나는 꿈이 있으며, 몸과 마음이 몹시 쇠약할 때 꾸는 나쁜 꿈, 그리고 아무런 의미도 없는 잡다한 꿈과 영적인 꿈을 꾸는 것 등이 있다.

그렇다면 꿈이란 도대체 그 정체가 무엇이며 어떻게 풀이해야 하는가 하는 점이 중요하다고 하겠다.

꿈은 인간이면 누구나 자연발생적으로 꾸는 것으로, 그 어떤 예지적인 면이 있으며 나름대로 독특한 영혼을 가지고 있다고 볼 수 있다.

꿈의 세계는 현실과 동떨어진 신비의 세계가 가득 차 있기도 하고, 전혀 생각지도, 그리고 보지도 못한 것들과 조상과 세상을 떠난 부모, 형제, 친구 등 온갖 사물을 만날 수 있다.

이러한 꿈들에는 우리들의 미래나 운세 등 여러 가지 중요한 정보가 들어 있어 꿈풀이를 바르게 해야 하고, 꿈을 아끼고 소중히 해야 자신에게 행운이 찾아들 것이다.

한 예를 들면, 조선 왕조를 세운 이성계가 젊었을 때 어느 날 꿈을 꾸었는데 등에 서까래 세 개를 짊어지고 갑자기 꽃송이가 떨어지면서 거울이 깨진 꿈을 꾸고 나서 무학대사를 찾아가 꿈풀이를 요구한 일이 있었는데 이때 무학은 그가 장차 왕위에 오를 것을 예언하면서 행동을 삼가야 된다고 말한 바가 있다.

과연 얼마 후에 그의 예언대로 이성계가 조선 왕조를 세워 태조가 되어 그 꿈풀이를 해 준 무학대사를 왕사로 삼고, 그 은혜에 보답하기 위해 왕이 될 꿈풀이를 해 주었다는 뜻으로 석왕사釋王寺를 지어 주었다는 이야기가 전해오고 있고, 신라 김유신의 여동생 문희는 언니가 꾼 꿈을 사서 태종 무열왕인 김춘추와 결혼했다는 이야기 등 그밖에 꿈에

관한 수많은 이야기들이 오늘날까지 전해 내려오고 있다

이렇게 좋은 꿈을 꾸고 나서 경건한 마음과 바른 자세로 행동하지 않으면 자신의 신변에 좋지 않은 일이 일어날 수도 있다. 그리고 비록 불길한 꿈을 꾸었다고 해서 실망하거나 어두운 표정을 짓지 말고 이것을 자신에 대한 그 어떤 충고로 받아들이고 매사 행동을 조심하면 나쁜 일들은 피해갈 수 있다.

꿈은 사람마다 제각기 다르게 꾸고, 그리고 그 내용들이 매우 복잡하여 그 어떤 틀에 의해 해석하기가 어렵고 그렇다고 꿈을 연구하는 사람들이 완전하게 풀어낼 수도 없다. 왜냐하면 사람마다 주어진 상황이 각기 다르고 사상과 체험이 다르기 때문이다.

그렇기 때문에 자신이 꾼 꿈에 대한 풀이는 오직 자신이 할 수밖에 없다 그러나 이러한 일들이 결코 쉽지가 않으나 여러 가지 사례들을 연구하고, 자신이 꾼 꿈을 이해하는 과정에서 스스로 꿈풀이를 할 수 있으리라 믿는다.

이 책에 쓰여 있는 여러 가지 꿈의 사례와 그 풀이는 동서고금을 통해 꿈에 대한 기록들을 샅샅이 뒤져 방대한 분량을 실었으며 누구나 이해하기 쉽게 꾸몄으니 자신의 꿈풀이를 하는 데 많은 도움이 되리라 믿는다.

이상호

차례

머리말 5

생물에 관한 꿈

동물

식물

자연이나 기후에 관한 꿈

자연

여러 가지 기후나 현상

물건에 관한 꿈

의류

생활용품

주방용품

서적이나 문구류

삶에 관한 꿈

행동이나 감정에 관한 꿈

행동이나 표현

여러 가지 감정

사람에 관한 꿈

가족
부모 / 형제자매 / 부부 / 자신이나 자식
조상이나 친척

주변이나 직업별 인물
스승, 친구, 애인 / 아기, 임산부, 남녀노소
종교적 존재, 통치자 / 경찰, 군인, 법관, 기자
연예인, 의사, 간호사, 운전기사
거지, 범죄자, 시체, 귀신, 도깨비, 괴물

신체
얼굴 / 머리, 머리카락 / 가슴, 어깨, 목 / 몸, 나체
팔, 손 / 다리, 발 / 배(배꼽), 등, 허리
엉덩이, 항문, 성기 / 눈, 코, 귀 / 입, 이, 혀
수염, 눈썹, 털

배설물과 분비물
대변, 소변 / 눈물, 땀, 침, 정액 / 피

가족

부모

◉ **온 가족들이 모여 앉아 오순도순 이야기를 나누는 꿈**

집안에 경사스런 잔치가 있겠다. 또한 집안이 화목할 뿐 아니라 자손이 번성하고 윤택하게 된다.

◉ **가족이 나타나는 꿈**

사업상이나 신상에 중대한 일이 생기게 된다. 또 대가족이 모여 있으면 자신이 하는 일에 참견이 많다.

◉ **부모님의 장례를 치르는 꿈**

실제로 부모님이 돌아가셨다면 묏자리가 편안하지 않다는 징조이다. 하지만 부모님이 살아 계시다면 장수하실 뿐만 아니라 가업이 번성할 징조이다.

◉ **돌아가신 부모님을 뵙는 꿈**

집안에 길운이 보이고 매사에 하는 일마다 순조롭게 풀리게 된다.

● 돌아가신 부모님이나 조상이 눈물을 흘리며 우는 꿈

집안에 좋지 못한 불상사나 장애, 손실이 생기며 사업의 파탄 및 재물의 실패와 직장, 지위, 명예훼손, 좌절, 말썽 등 궂은 일이 닥치게 된다.

● 돌아가신 부모가 불과 관련된 것을 주는 꿈

길몽으로 집이 없는 사람이라면 뜻밖에 집이 생길 수도 있겠다.

● 부모, 조상의 누군가가 아기를 업고 걸어가는 것을 보는 꿈

호주나 윗사람 또는 직장의 상사 등이 병들거나 사업상 고통을 받게 된다.

● 부모가 병에 걸리는 꿈

상대방에 대한 불만이나 근심을 나타내는데 이는 남을 너무 의지하지 말고 자기 스스로 일을 해결하라는 암시이기도 하다.

● 부모나 자식을 잃어버리는 꿈

실제로 집안에 우환이 들끓고 온갖 근심 걱정을 하게 된다. 사고, 질병이 생긴다.

● 부모님 때문에 슬퍼하는 꿈

집안에 우환이 생기거나 직장에서 불행이 닥친다. 질병, 사고가 생긴다.

● 부모님을 살해하는 꿈

한편으로는 자신의 욕망을 충족시키지만 다른 한편으로는 부도덕한 행동으로 시비, 싸움, 악행 등의 액운이 끼게 된다.

● 부모님으로부터 아파트 열쇠를 받는 꿈

갈구하고 있던 소망이 이제 희망찬 행운으로 다가온다. 합격, 행운이

있다.

◉ **부모님이 땅바닥에 누워 있는 꿈**

집안에 우환이 생기고 사고가 생긴다.

◉ **부모님이 아프거나 사망하여 크게 놀라는 꿈**

어떤 일에 실패를 맛보게 되며, 하는 일마다 불운이 따라 큰 곤란을 겪는다.

◉ **부모와 말다툼하거나 부모에게 매를 맞는 꿈**

모든 일이 번창하게 되고 가정 운이 매우 좋아지게 된다.

◉ **부모와 사별하는 꿈**

건강한 아버지의 죽는 꿈은 가난해질 염려가 있으나, 늙은 부모의 죽음은 기쁜 일이 찾아드는 수도 있다.

◉ **죽은 부모님이 자신을 데리고 길을 가거나 길을 빨리 떠나자고 재촉하는 꿈**

뜻밖의 사고나 불행한 일이 생기고 질병 및 우환이 닥쳐 손재와 근심을 치르게 되며 자신의 신변에 큰 위험이 다가오고 있는 징조이다.

◉ **아버지가 돌아가셨다는 전보를 받는 꿈**

실제로 부고를 듣거나 반대로 반가운 소식을 듣게 된다.

◉ **아버지가 벼락을 맞는 꿈**

주로 질병이나 재난, 사고 등 좋지 않은 일이 생길 징조이다.

◉ **어머니의 젖을 빠는 꿈**

다 큰 자신이 어머니의 젖을 빨면 조상의 유산을 물려받거나 뜻하지 않은 금전적 도움을 받을 일이 생긴다.

◉ 조상이나 부모에게 꾸지람을 듣는 꿈

　사업의 차질과 일신이나 가정에도 뜻하지 않은 말썽이나 손재가 생기는 등 궂은일과 피해로 곤란을 겪게 된다.

◉ 결혼식에 참석한 부모에 관한 꿈

　협조자이며, 많은 내빈은 계약, 결사, 집회의 당사자들이다.

◉ 고향에 떨어져 사는 부모님을 만나는 꿈

　부모님의 건강에 이상이 생길 우려가 있고 아울러 자신의 신상에도 불길한 일이 발생할 흉몽이다.

형제자매

◉ 형제가 이별하는 꿈

　형제가 뿔뿔이 헤어지면 누군가와 다투게 된다.

◉ 여동생이 나타나는 꿈

　여동생에게 어떤 일이 생기게 된다.

◉ 먼 곳에서 형제자매가 찾아오는 꿈

　꿈에 나타난 사람의 신상에 좋지 않은 사건이 일어나게 된다.

◉ 형제자매가 슬프게 우는 꿈

　형제나 친족 간에 이별이나 재산상의 손해를 당하게 된다.

◉ 밥 한 그릇을 놓고 형제와 싸우는 꿈

　형제들끼리 재산을 놓고 다툼을 벌이게 된다. 학생은 대학 인기학과에 들어가기 위해 치열한 입시경쟁을 치르게 된다.

◉ **같이 길을 가던 형제자매가 갑자기 안 보이는 꿈**

　사업의 계획, 소망하는 일이 뜻대로 되지 않고 집안 친인척들과 다툼이 있거나 손실이 생기게 된다.

◉ **죽은 형제가 보이는 꿈**

　하루 온종일 머리가 어지럽고 불쾌한 일들이 생길 경우도 있고, 또한 매우 좋은 일이 생겨 하는 일마다 행운이 따르는 경우도 있다.

◉ **형제 또는 친척과 성교하는 꿈**

　그 상대자는 존경, 사랑, 성의와 애착 등을 갖고 있는 타인의 동일인이거나 성사시키려는 어떤 일거리의 상징이므로 조금도 놀라고 부끄러워 할 필요는 없다.

◉ **형제자매가 살림을 나누거나 서로 작별하는 꿈**

　사람들의 구설수에 올라 비방 내지 말썽에 연관되어 어렵고 힘든 장애를 치를 징조이다.

◉ **형제자매끼리 서로 치고 때리며 싸우는 꿈**

　뜻밖에 횡재할 길몽이다. 가족이나 친척들 간에 서로 협동하는 일이 생긴다.

◉ **형제자매나 친구가 걸인이 된 꿈**

　꿈속에 거지가 되었던 사람이 자신에게 의지할 일이 생기게 되고 돈을 주지 않으면 안 될 일이 생긴다.

◉ **형제자매와 함께 배에 올라타는 꿈**

　머지않아 시끄러운 말썽이나 어수선한 일이 발생하여 피해와 곤란을 겪게 된다.

◉ 형제자매와 함께 산에 올라가는 꿈

기쁨과 영달을 누리는 꿈으로 시험 합격이나 경쟁에서 이기는 꿈이다.

◉ 형제자매가 결혼하는 꿈

꿈에 나타난 사람의 신상에 좋지 않은 사건이 일어나게 된다.

부부

◉ 부부가 서로 사랑을 느끼는 꿈

사업과 가정이 모두 안정이 되고 뜻밖에 재물도 생기겠다.

◉ 부부가 나란히 자리에 앉아 있는 것을 보는 꿈

재물과 이권을 얻게 되고 가정이 화목해진다. 미혼일 경우에는 좋은 배우자를 만날 징조이다.

◉ 부부가 함께 시장 안으로 들어가는 꿈

점차 가업이 번성하고 소망과 계획이 순조롭게 성취되며 재물과 이권이 풍부해진다.

◉ 부부 중에서 한 사람이 한 쌍의 원앙새를 보게 되는 꿈

헤어진 부부가 다시 만나게 되거나, 자식이 결혼을 하게 되는 경우 혼사는 대길하여 행복하게 됨을 예견한다.

◉ 노인 부부가 결혼식을 올리는 꿈

집안에 경사가 있거나 , 질병과 우환으로 사망하게 된다.

◉ 대통령 부부에 관한 꿈

　실제의 대통령과 그 부인, 아버지와 어머니, 정부의 장·차관, 사장과 부사장, 교장과 교감 등을 상징한다.

◉ 부부가 등을 지고 반대 방향으로 걸어가는 꿈

　실제로 부부가 별거를 하거나 이혼을 하게 된다. 결별, 싸움, 의견충돌 등이 생긴다.

◉ 부인이 다른 남자에게 시집을 가는 꿈

부인이 큰 병에 걸리거나 사망하는 등 부인에게 재앙이 따르게 된다.

◉ 부인이 음식을 구걸 하는 꿈

　집안의 가세가 기울거나 부부간에 불화가 생길 징조이다.

◉ 부인이 통곡을 하는 꿈

　부부가 이별하거나 재산을 모두 탕진해서 빈털터리가 된다.

◉ 부인을 때리는 꿈

　집안 문제로 인해 하는 일마다 말썽이 생기고 손해가 생긴다.

◉ 부부가 대화를 나누는 꿈

　사소한 일로 큰 싸움을 하거나 이로 인해 이혼할 수도 있다

◉ 땅이나 건물 등의 문제로 부부간에 싸우는 꿈

　재물이 생기고 경영사가 순탄하게 발전하여 자신이 원하는 일을 순조롭게 달성하게 된다.

◉ 부부끼리 서로 치고 때리거나 꾸짖고 욕을 하는 꿈

　집안에 시끄러운 말썽이나 궂은 일이 빚어지고 질병이나 손재를 치르게 된다.

◉ 부부의 방에 고양이가 들어가거나 또는 침대위에 올라가는 꿈

부부간에 말 못할 비밀이 있음을 나타낸다.

◉ 배우자가 못생겨서 슬퍼하는 꿈

누군가가 자신을 소홀히 대접한다고 생각하여 섭섭해 하게 될 것이다.

◉ 다른 사람의 부인을 껴안고 있는 꿈

사람들이 부러워할 만한 경사스러운 일이 생기게 된다.

◉ 부인이 피부가 검은 사람과 관계를 맺는 것을 보는 꿈

지위가 향상되거나 명예를 얻게 된다.

◉ 부부가 서로 마주보고 절을 하는 꿈

가정풍파로 집안이 시끄럽든지 심하면 서로 떨어져 살거나 이별하여 갈라지게 된다.

◉ 부부가 서로 이혼하고 헤어지는 꿈

부부가 주위 상황에 의한 갈등과 충동으로 방황 내지 손실을 겪게 되고 생사의 이별을 겪게 된다.

◉ 부부가 싸움하는 꿈

실제로는 부부간에 금슬이 좋아지고 가정이 화목해질 징조이다.

◉ 부부가 함께 여행을 다니는 꿈

집안에 도둑이 들거나 재물의 손실이 생기게 된다.

◉ 부부가 함께 목욕을 하는 꿈

사업의 발전, 성취, 재물, 이권의 융성 등 기쁜 일이 생기게 된다.

자신이나 자식

◉ **또 다른 자신을 만나는 꿈**

자신의 가족, 동업자 등을 나타내는 것이다.

◉ **자신이 흙탕물에서 간신히 빠져나오는 꿈**

갖은 어려움 속에서도 자신이 계획한 일을 끝까지 성취시킨다.

◉ **자신에게 도움을 주었던 사람을 만나는 꿈**

자신을 도와줄 사람을 만나게 된다.

◉ **자신이 데릴사위가 되거나 입양되는 꿈**

대인관계로 근심하게 되고, 현재 하고 있는 일이 난관에 부닥치게 된다.

◉ **자신의 집에 초상이 나서 집안 식구들이 슬피 우는 꿈**

정신적, 물질적인 일이 성사되거나 유산을 상속받아 크게 만족한다.

◉ **자신이 학창 시절로 되돌아가 있는 꿈**

지금 하고 있는 일의 결과를 얻기 위해서는 더 많은 시간이 걸릴 것이라는 암시이다.

◉ **자신이 학생들의 선두에 서 있거나 통솔을 하는 꿈**

뛰어난 통솔력으로 작업을 무리 없이 진행시키거나 조직을 운영해 나가게 된다. 반대로 자신의 앞으로 학생들이 죽 늘어서 있으면 하고 있는 일이 지연되거나 곤경에 처하게 된다.

◉ **자신에게 사람들이 몰려드는 꿈**

지금 진행 중인 일이 감당하기 힘들고 벅차다. 그러나 주위에 있던

사람들이 자신의 곁을 떠나 다른 곳으로 가면 주위 사람들의 도움을
받게 된다.

◉ 자신이 거지가 되는 꿈

  시험에 낙방하거나 실직하는 등 진행 중이거나 하고자 하는 일에 모
두 실패하게 된다.

◉ 자신이 모습이 희미하게 보이는 꿈

  자신이 하는 일이나 작품 등의 성격이 분명하지 못함을 나타낸다.

◉ 자신의 모습이 흉해 보이는 꿈

  자신의 지위가 하락하거나 주위로부터 고립되는 일이 생겨 괴로워하
게 된다.

◉ 자신이 군인처럼 완전 무장을 하는 꿈

  소속 기관에서 주도권을 가지거나 책임 있는 일을 맡게 된다.

◉ 가슴에 훈장을 단 자신의 사진에 관한 꿈

  작품에 좋은 평가를 많이 받을 것을 암시한다.

◉ 강도와 싸워 자신이 죽는 꿈

  가까운 앞날에 근심이 해결된다.

◉ 자신이 알고 있는 사람이 죽을 것이라는 생각이 드는 꿈

  예기치 않은 일이 이루어지거나 어렵게 진행되던 일들이 주위의 많
은 도움으로 조만간 상사된다.

◉ 개를 자신이 직접 죽이는 꿈

어려운 문제가 타결되고 노력과 투자를 요하는 일이 성사되며 시험이
나 추첨에 합격하는 기쁨을 얻게 된다.

◉ 거울 속의 자신이 금관을 쓰고 있는 꿈이나 이와 비슷한 꿈

입신출세하는 꿈으로 승진, 당선, 합격, 결혼, 경사 등이 있다.

◉ 거울에 자신의 얼굴이 비친 꿈

자신의 신상의 변화가 생길 징조이다.

◉ 관복을 입고 자신이 출세하는 꿈

부귀공명하고 입신출세하여 조직의 훌륭한 지도자가 된다. 명예, 입학, 당선, 승진, 합격, 학위, 자격취득, 승리, 성공, 귀인, 소원성취 등을 한다.

◉ 괴한이 자신의 가슴을 타고 앉아 괴로운 꿈

병에 걸리거나 남편 또는 형제간에 불행이 다가온다.

◉ 남의 어린 아이가 자신의 머리를 만지는 꿈

하루 온종일 골치가 아프고 딱 부러지게 되는 일이 없다. 자신의 주변 등이 어수선하고 건강이 나빠질 수도 있다.

◉ 남의 집 지붕 위에 자신이 올라가 있는 꿈

부모나 가장에게 좋지 않은 일이 있다.

◉ 누군가가 물고기를 자신에게 선물하는 꿈

외부에서 소식이 오거나 좋은 혼처 내지 연인이 생기게 된다.

◉ 고향에 있는 자신의 논밭이나 집이 폐허가 된 꿈

장차 번성과 안정, 부귀를 누리게 된다. 뜻밖의 행운이 찾아올 것을 예시한 길몽이다.

◉ 누군가가 자신의 물건이나 문서를 보고 손짓을 하는 꿈

자신의 신분, 사업, 작품 등에 비난과 방해할 자가 생긴다.

◉ **대통령이 자신의 집을 다녀가는 꿈**

정부나 직장에서 자신에게 중대한 책임을 맡긴다.

◉ **자식 때문에 슬퍼하는 꿈**

집안에 우환이 생기거나 자손에게 질병, 사고가 생긴다.

◉ **자식이 구걸하는 꿈**

좋지 않은 일이 생기거나 어린 아이라면 잔병을 조심해야 한다.

◉ **누군가가 아이를 나에게 주는 꿈**

아이가 총명하면 좋은 징조이고, 보기 흉하면 불길한 징조이다.

◉ **자식이 여행 가방에 옷가지를 챙기는 꿈**

먼 곳으로 출장, 여행이나 유학을 떠나게 된다.

◉ **자식이 집을 나가 행방불명되어 돌아오지 않는 꿈**

초조 불안하거나 뜻밖의 불행한 소식을 듣게 된다.

◉ **자식이 죽어 통곡을 하는 꿈**

집안에 경사스런 일이 있거나 뜻밖에 기쁜 소식을 듣게 된다.

◉ **자식이 죽는 꿈**

고민하던 일들이 모두 해결되고 만사가 마음먹은 대로 풀려나간다.

◉ **죽은 딸이 나타나는 꿈**

원하던 일이 성사 된다. 그러나 딸이 마귀처럼 나타나면 누군가의 방해로 어려움을 겪게 되며 건강을 잃게 된다.

◉ **사위를 얻는 꿈**

높은 지위에 오르거나 재물이 생기게 될 좋은 꿈이다.

조상이나 친척

◉ 조상이 대문 안으로 들어오는 꿈

　가업이 번창하고 집안에 재물이 쌓일 길몽이다.

◉ 조상이 집을 나가는 꿈

　진행하던 일이 잘 되지 않고 가정형편 또한 궁색해진다.

◉ 제삿날 조상이 나타나 제사상의 물을 먹는 꿈

　일거리를 부탁받은 사람이 그 일을 성사시킨다.

◉ 조상이 슬퍼하며 우는 꿈

　집안에 불상사가 생기거나 사업실패, 명예훼손 등 좋지 않은 일이 생기게 된다.

◉ 조상에게 음식을 대접하는 꿈

　원하는 것을 순조롭게 얻게 되고 가정이나 직장이 편안하다.

◉ 돌아가신 조상이 집안으로 말을 끌어들이는 꿈

　배우자나 며느리 또는 재물과 이권을 얻게 된다.

◉ 자신의 집에서 신령에게 고사를 지내는 꿈

　계획했던 일이 소망대로 성취되고 큰 이득과 영예가 있겠다. 제물이 많으면 많을수록 그 결실 또한 성과가 크겠다.

◉ 조상이 아기를 업고 걸어가는 것을 보는 꿈

　호주나 윗사람 또는 직장의 상사 등이 병들거나 사업상 고통을 받게 된다.

◉ 조상이 자신의 머리를 쓰다듬어주는 꿈

　심각한 병에 걸리거나 위험에 처하게 된다.

◉ 새로운 일에 착수할 때마다 조상이 나타나는 꿈

　그 일에 협조자가 생김을 뜻한다.

◉ 조상이 어떠한 예언이나 명령을 하는 꿈

　자신에게 좋은 일이 생기게 된다.

◉ 조상과 함께 음식을 먹는 꿈

　모든 일이 번창하고 사업이 확장되어 물질적, 정신적으로 풍족해진다.

◉ 조상의 누군가에게 큰절을 하는 꿈

　윗사람에게 덕담을 듣거나 집안에서 상속을 받게 된다.

◉ 조상에게 야단맞는 꿈

　일신이나 가정에 뜻하지 않게 피해가 생기고 사업 또한 곤란을 겪겠다.

◉ 죽은 조상이 꿈속에서 또 죽는 꿈

　과거에 한번 성취했던 일이 다시 성취됨을 뜻한다.

◉ 조상의 산소를 찾아서 성묘를 하는 꿈

　자신에게 벅찬 일이 생기지만, 도움을 청할 수 있는 협력자나 유력자를 만나게 되어 일이 이루어진다.

◉ 조상에게 물건을 받는 꿈

　재산을 상속 받거나 재물을 위임받게 된다.

◉ 여행을 떠난 친척이 죽는 꿈

　그 친척의 신상에 곤란한 일이 생기거나 병에 걸릴 징조이다.

◉ **삼촌 집에 있다가 친구 집으로 옮겨가는 꿈**

　같은 계통의 딴 직장으로 옮기거나 자기가 하던 일이 다른 곳으로 이전될 가능성이 있다.

◉ **죽은 먼 친척이 보이는 꿈**

　쓸데없이 남의 일에 참견하여 구설수가 생기고 고통스런 일이 생긴다.

◉ **생각지 않았던 먼 친척이 생생하게 보이는 꿈**

　귀빈이나 친인척이 찾아오거나 서로 상봉하게 된다. 기쁜 소식, 만남이 있다.

◉ **가까운 친척 중의 한사람이 돼지를 몰고 오는 꿈**

　직계가족 중의 한사람이 가까운 시일 내에 돈을 가져온다.

◉ **자신이 친척과 성교하는 꿈**

　그 친척이 자신을 사랑하거나 존경하는 사람과 동일인이거나 소망하는 일의 상징일 수 있겠다.

◉ **고모가 보이는 꿈**

　생각지도 않던 힘든 일이 생기지만 스스로 인내력을 갖고 이겨나가야 한다.

◉ **시어머니나 장모가 보이는 꿈**

　가족 간에 다툼이 있겠다.

◉ **친척집이나 친구에게 과일과 먹을 것을 얻는 꿈**

　부인은 임신을 하고, 횡재수가 있다.

◉ **친척이 죽어서 상복을 입는 꿈**

　가로막혔던 장애가 순조롭게 풀리고 구하는 소망과 계획의 원만한 달성 및 안정을 이루게 된다.

◉ 죽은 친척과 식사를 하고 있는 꿈

그 음식이 죽은 사람이 마련한 것이라면 이는 흉몽으로 죽음을 예시하거나 자신의 일신에 큰 액운이 생기게 된다.

◉ 죽은 친척을 따라 강이나 바다를 건너는 꿈

이 꿈은 죽음을 암시하는 흉몽이다. 꼭 죽음이 아니라도 심각한 병에 걸리거나 신상에 불운이 닥칠 징조이다.

주변이나 직업별 인물

스승이나 친구, 애인

◉ 스승이 나타나는 꿈

꿈에 나타나는 스승은 어떤 권위나 자기가 정한 목표를 상징하는데 좋아하던 스승이 나타나면 누군가와 의기투합해서 적극적으로 일을 추진해 나가게 된다.

◉ 옛 스승이 만나는 꿈

사업상 도움이 되는 사람을 만나게 된다.

◉ 스승이 벼락을 맞는 꿈

평소 덕행을 많이 쌓은 자라면 그 명성이 높아지고 재물이 자연이 따르겠으나 그 반대라면 큰 해를 입을 징조이다.

◉ 스승이 애통해 하는 꿈

이별이나 분산 등의 조짐이 보인다. 의리가 상하거나 헤어지는 등 격리나 해산의 징조이다.

◉ 스승이 아주 화려한 옷을 입은 것을 보는 꿈

권위적인 일 등으로 크게 명예로워진다.

◉ 스승으로부터 문패를 받는 꿈

재산을 물려받거나 직장에서 승진한다. 합격, 당선 등의 길조이다.

◉ 스승으로부터 책과 필기도구를 받는 꿈

길몽으로 입학, 승진, 당선, 학위, 자격취득 등의 경사가 따르고 경쟁이나 소송 등에서 이기게 된다.

◉ 스승이 물속으로 들어가는 꿈

평소 알고 지내던 사람과 멀어지고 교제가 끊어질 징조이다.

◉ 스승님의 부고가 오는 꿈

어떤 친한 사람의 작품이나 프로필이 신문 잡지에 실린다.

◉ 스승이 들판 길을 오고 있는 꿈

상당한 시일이 경과해서 협조자가 나타난다.

◉ 스승에게 양식을 받은 꿈

태몽으로 ,종교적인 성향이 강한 아이를 낳게 된다.

◉ 스승이나 선배로부터 편지를 받는 꿈

직장에서 진급을 하거나 기쁜 소식을 듣는다. 합격이나 취직, 당선 등의 경사가 따른다.

◉ 스승이나 친구와 같이 하늘 위로 날아가는 꿈

귀인의 도움으로 엄청난 큰일을 문제없이 척척 해낸다. 공동투자를 한다.

◉ 스승에게 공손한 몸가짐을 보이는 꿈

윗사람이나 직장 상사에게 사랑을 받게 된다.

◉ 친구에 관한 꿈

친구는 실제인물이거나 또 하나의 자기나 아내, 남편, 동료 등으로 인식된다. 또한 자신의 작품이나 작품의 이미지, 책 등의 상징으로 나타날 수도 있다.

◉ **친구를 따라다니는 꿈**

하루 온종일 분주하고 헛수고로 몸이 고되게 된다. 뜻하지 않게 일거리가 생긴다.

◉ **새 친구가 생기는 꿈**

잃어버렸던 물건을 찾거나 빌려주었던 돈을 받게 된다.

◉ **친구와 다정하게 웃고 있는 꿈**

친구와 서로 의기투합하거나 사이가 더욱 두터워진다.

◉ **친구로부터 멸시를 당하는 꿈**

어떤 일에 문전박대를 생생하게 체험하게 된다. 권위적인 억압이 있다.

◉ **친구들과 함께 모여 앉아 토론하는 꿈**

어떤 정기모임이나 정기회의를 갖게 된다. 동창회, 계, 파티, 모임, 잔치 등이 있다.

◉ **친구와 같이 물가에서 고기를 잡는 꿈**

공동으로 투자를 하여 사업성과를 올리고 날로 사업이 발전하게 된다. 또는 여행을 갈 수도 있다.

◉ **친구와 함께 모임에서 박수를 치는 꿈**

마음과 뜻이 맞아 서로 조화를 이루게 되고 이로 인해 추진하는 일들이 순조롭게 진행된다. 합의, 축하, 환영, 격려, 찬성, 즐거움, 계약, 달성, 승리, 성공, 소원성취 등의 길운이다

◉ **친구의 결혼 피로연에 참석하는 꿈**

자신에게 좋은 혼담이 들어온다.

◉ **친구들과 음식을 맛있게 먹는 꿈**

질병에 걸릴 위험이 있다.

◉ **친구하고 싸움을 하다가 코가 터져 피를 흘리는 꿈**

어떤 일을 하다가 우연히 횡재를 만나 재수가 대통하게 된다.

◉ **친구와 같이 나란히 뛰어 가는 꿈**

공동 합작회사를 설립하거나 동업으로 장사를 하게 된다. 공동 주식 투자를 한다.

◉ **친구에게 장미꽃 한 송이를 받는 꿈**

실제로 친구나 애인에게 사랑의 고백을 받거나 예쁜 선물을 받는다.

◉ **친구에게 선물을 받는 꿈**

괜한 일에 참견했다가 오히려 손해를 보겠다.

◉ **수첩에 친구 이름이 보이는 꿈**

실제로 친구를 만나거나 뜻밖에 귀인을 만나게 된다. 상봉, 희소식이 찾아온다.

◉ **믿었던 친구에게 외면을 당하는 꿈**

한순간 잘못으로 인하여 친한 친구를 잃거나 배신을 당하게 된다.

◉ **저승에서 죽은 친구를 만나는 꿈**

인생의 무상함을 느끼고 유무를 초월하여 감각이 아닌 신비성을 느끼게 된다.

◉ **옛 친구에 관한 꿈**

뜻하지 않았던 사람으로부터 편지가 날아들거나 유쾌한 일이 생긴다.

◉ 친구가 자신에게 충고하는 꿈

실제로 자신이 반성하거나 각성할 일이 생긴다. 이는 직접적인 예시일 수도 있다.

◉ 친구에게 노트를 빌리는 꿈

우정이나 약속 등이 성립된다.

◉ 친구가 출세한 것을 보고 시샘하는 꿈

마음을 곱게 쓰지 않으면 스스로가 불행을 자초하게 된다.

◉ 친구 집을 방문했던 꿈

친분관계가 있는 사람의 회사를 찾아가서 부탁할 일이 생긴다.

◉ 애인과 낯선 곳에서 데이트하는 꿈

소망하던 일이 성취되거나 결혼을 하게 된다.

◉ 애인에게 예쁜 꽃다발을 받는 꿈

친한 사람에게 귀한 선물을 받거나 상장이나 자격증, 명예, 재물 등이 있겠다.

◉ 애인과 함께 강가를 거니는 꿈

자신이 어디론가 떠나고 싶다는 것을 암시한다. 조만간 어떤 회식이나 모임이 있겠고 실제로 사랑하는 사람이 있다면 그 사이가 더욱 가까워질 것이다.

◉ 애인에게 사랑을 받는 꿈

주위 사람들로부터 칭찬을 듣거나 기쁜 일이 생기겠다.

◉ 사랑하는 애인을 만나는 꿈

길몽이다. 자신의 진실한 마음을 상대방에게 적극적으로 표현한다면 진실한 사람을 만나게 될 것이다.

◉ **애인과 키스하고 만족스러워하는 꿈**

애인으로부터 기쁜 소식이나 결혼 승낙을 얻겠다.

◉ **애인과 같이 수영을 하는 꿈**

실제로 친구와 같이 증권이나 부동산 등에 공동 투자하였다면 큰 수익을 올리겠다. 재물, 횡재, 소원성취 등의 길운이다.

◉ **애인하고 다정하게 손을 잡는 꿈**

서로에게 기쁜 일로 좋은 결실을 맺고, 우정과 신의가 두터워지게 된다.

◉ **애인하고 말다툼을 하는 꿈**

가벼운 의견충돌이 생기거나 지나친 참견으로 서로 마음을 상하게 된다.

◉ **애인에게 실연당하는 꿈**

꿈과는 반대로 서로 간에 믿음이 생긴다.

◉ **애인이 울고 있는 꿈**

지금의 애인과 헤어질 징조이다.

◉ **애인과 동거하는 꿈**

흉몽 중의 흉몽이다. 대단히 나쁜 일이 생긴다.

◉ **짝사랑하는 사람과 껴안는 꿈**

계획한 일에 마음의 고통이 따르겠다.

◉ **애인을 빼앗기는 꿈**

실제로 자신의 애인을 사랑하고 있다는 것을 암시한다.

◉ **애인과 함께 공중을 날아다니는 꿈**

미혼인 사람들은 결혼이 성사가 되고 사업을 추진하던 사람은 그 뜻을 이루겠다.

아기, 임산부, 남녀노소

◉ 아기가 태어나는 꿈

　만사가 순조롭게 진행되거나 많은 재물을 얻게 된다. 특히 사내아이가 태어나면 병이 낫고 대길할 징조이다. 고시생이나 수험생이 이 꿈을 꾼다면 좋은 성과를 얻을 것이다.

◉ 갓 태어난 아기를 품에 안는 꿈

　질병과 우환이 생기겠다. 하루 온종일 불쾌하고 근심걱정이다.

◉ 갓 태어난 아기를 죽이는 꿈

　계획하고 있던 작품이나 일 등이 성사되고 근심걱정이 사라진다.

◉ 아기에게 젖을 먹이는 꿈

　새로운 사업을 벌이거나 사업의 확장을 위해 자본을 투자하게 된다. 아기가 자신의 젖을 빨아먹으면 자본을 투자한 것이 기대한 만큼의 성과를 가져오게 된다.

◉ 아기가 울고 있는 꿈

　뜻밖에 슬픈 소식을 듣거나 집안에 우환이 생긴다.

◉ 갓 태어난 아기가 걸어 다니는 꿈

　어떤 작품이나 상품이 널리 알려지겠다.

◉ 아기의 배설물을 손으로 주무르는 꿈

불쾌한 마음이 들지 않는다면 재물을 얻거나 생활이 안정이 되겠다. 하지만 아기의 배설물이 몸에 묻어 불쾌해하면 누군가에게 비난을 받거나 모욕을 당할 징조이다.

◉ 갓난아기가 한 번에 여러 명이 태어나는 꿈

　성욕을 억제할 수 없거나 일거리가 계속 생기겠다.

◉ 살아 있는 어른이 갓난아기로 보이는 꿈

　그 사람과 자신의 언행을 끊임없이 비교하게 된다.

◉ 갓난아기의 시체가 관에 담겨진 것을 보는 꿈

　자신의 작품이 지상에 발표되거나 일이 성사되어 기뻐하게 된다.

◉ 발가벗은 갓난아기를 쓰다듬는 꿈

　재수 없는 일에 직면하거나 좋지 않은 일에 연관되어 구설수에 오르기 쉽다.

◉ 아기가 자신의 몸을 물어뜯는 꿈

　뜻밖에 교통사고를 당하거나 질병으로 병원 출입이 잦아지고 액운이 생긴다.

◉ 아이를 본 꿈

　길몽이다. 꿈에 아이를 보면 좋은 징조이다. 자신이 아이들과 같이 놀고 있다면 만사형통이다.

◉ 아이를 업는 꿈

　좋지 않은 징조이다 .많은 사람들이 보는데 망신을 당하거나 주위 사람들과 다투는 일이 있겠다.

◉ 아이들이 많이 모여 있는 꿈

　자신의 일신이나 집안에 슬픈 일이 생길 징조이다.

◉ 아이가 죽는 꿈

실제로는 길몽이다. 어려운 일들이 모두 해결되고 계획했던 일들이 뜻대로 진행된다. 사업가가 이 꿈을 꾼다면 어려운 일들이 해결되고 좋은 결과를 얻겠다.

◉ 아이에게 새 옷을 입히는 꿈

어떤 일이든 하던 일이 완전하게 해결된다.

◉ 아이를 들어 올리는 꿈

남자 아이를 들어 올리면 길몽이지만 여자 아이를 들어 올리면 말다툼이 생긴다.

◉ 아이가 편지를 전해주는 꿈

누군가와 다투게 될지 모르니 조심하는 것이 좋다.

◉ 얼굴이 검은 아이를 데리고 다니는 꿈

누군가에게 어려운 부탁을 받거나 꺼리던 일을 하게 된다.

◉ 여자 아이가 우는 꿈

금전적으로 몹시 어렵겠다.

◉ 아이가 기뻐하는 꿈

하루 온종일 기분이 불쾌하고 불길하다 .구설수나 말다툼이 있겠다. 또 많은 아이들이 깔깔대며 웃고 있으면 많은 사람들이 보는 앞에서 놀림을 당하고 낯 뜨거운 일이 생긴다.

◉ 아이를 때리는 꿈

아이를 때리고 구박하면 지금과는 다른 새로운 생활을 맞게 된다.

◉ 아이가 자신의 주위를 맴도는 꿈

좋지 않은 징조이다. 실제로 자신이 정신적으로나 육체적으로 힘이 든다는 암시이다. 용기를 갖고 모든 일에 적극적인 자세로 임해야 한다.

◉ 아이를 잃어버리는 꿈

하고 있는 일이 잘 풀리지 않아 불안하고 초조한 상태이니 마음을 편안히 하고 때를 기다리는 것이 좋다.

◉ 아이들이 날아다니는 꿈

학교나 직장 등에서 다른 사람에게 모범이 되니 인정을 받고 출세의 발판을 마련하게 된다.

◉ 옆에 있던 아이가 사라져버리는 꿈

고민하던 문제가 시원스럽게 해결된다.

◉ 아이가 좋아하는 사탕 종류를 먹는 꿈

평소에 하고 싶던 일을 하게 되거나 작은 소원이 이루어지게 된다.

◉ 자신이 임신한 꿈

길몽이다. 특히 미혼여성에게는 매우 좋은 꿈이다. 결혼한 여자면 남편이 승진하거나 목돈이 들어오겠다.

◉ 임신한 아내를 보는 꿈

만사가 대길할 징조이다. 모든 일이 순조롭게 진행되고 주위 사람들의 도움으로 좋은 성과를 얻겠다.

◉ 임산부를 보는 꿈

동업자나 귀인의 도움으로 추진하는 모든 일이 번창하게 된다.

◉ 임산부가 금불상을 얻는 꿈

태어날 아기가 사회적으로 크게 성공하거나 정신적인 업적을 이룩하여 세상에 진리를 전파하게 된다.

◉ 임산부가 출산하려고 신음을 하는 꿈

창조적이거나 생산적인 작업에 여러 가지로 진통을 겪게 된다.

◉ 임신을 하여 배가 불러지는 꿈

물질과 재물이 풍요해지거나 반대로 질병이 생길 수도 있다.

◉ 임산부가 해를 낳는 꿈

길몽 중에 길몽이다, 실제로 임산부는 큰 인물을 낳는다. 큰 권력을
쥐거나 예체능 쪽으로 이름을 날리겠다.

◉ 출산하는 여자를 보는 꿈

집안에 경사스러운 일이 생기며 자신이 하는 모든 일이 번창한다.

◉ 임산부가 과일을 낳는 꿈

태몽이라면 귀한 딸을 낳겠고 아들이라면 잘 생기고 똑똑하겠다. 자
신이 사업가라면 농업이나, 생산, 낙농 등에 투자하면 좋은 결과를 얻
겠다.

◉ 임산부가 사자나 호랑이를 피하는 꿈

흉몽이다. 태아가 유산이 되거나 일찍 사망할 수 있다.

◉ 처녀가 임신을 하거나 임신하지 않은 여자가 출산을 하는 꿈

생각지 않은 좋은 일이 갑자기 생기게 된다.

◉ 남자인 자신이 임신을 한 꿈

새로운 사업이 이루어지겠다.

◉ 백발노인에 관한 꿈

학자나 신분이 높은 사람과 동일시이다.

◉ 백발노인 앞에 큰절을 하는 꿈

지금까지 어려웠던 일들이 한순간에 풀리게 되고 마음먹은 대로 뜻

이 이루어진다.

◉ **백발의 노인이 학을 타고 내려와 무엇인가를 주고 가는 꿈**

　신분이 높아지거나 학자 또는 다른 협력자에 의해 어려운 문제를 해결하게 되고 부귀영화를 누리게 된다.

◉ **백발의 노인과 대화하는 꿈**

　길몽이다. 점차 운수가 좋아져 근심이 사라지고 계획하던 일에 좋은 성과가 있겠다. 실제로 사업을 하는 사람이라면 경영상의 어려움을 극복하고 사업이 날로 번창하겠다.

◉ **장기와 바둑을 둘 상대방이 늙은 노인인 꿈**

　자신과 나이차가 많이 나는 상대방과 시비를 하게 된다.

◉ **길고 풍성하게 수염이 난 노인을 보는 꿈**

　인품이 훌륭한 사람이나 학식이 높은 사람을 만나 가르침을 받게 된다.

◉ **노인 부부가 결혼식을 올리는 꿈**

　집안에 경사가 있거나 혹, 질병과 우환으로 사망하게 된다.

◉ **사람처럼 느껴지지 않는 노인을 만나는 꿈**

　숙달된 경험을 요하는 일거리를 맡게 된다.

◉ **백발노인이 방에 누워있는 꿈**

　뜻밖에 좋은 사람을 만나 도움을 받겠다. 현재 진행하던 일에 큰 성과가 있겠다.

◉ **노인이 방안을 들여다보는 꿈**

　두통이나 신경통 등 스트레스로 인한 질병에 걸려 고생하게 된다.

◉ **누군가가 몹시 늙어 보이는 꿈**

오래 된 일을 하게 되거나 학식이 높은 사람과 만나게 된다.

◉ **여자가 남자로 변하는 꿈**

추진하던 일이 원만하게 해결되고 집안의 우환이나 질병이 해결된다.

◉ **여자가 잘생긴 남자와 결혼하는 꿈**

경사가 있을 징조이다. 미혼남녀들이 이 꿈을 꾼다면 빠른 시일 내에 좋은 이성을 만나 결혼을 하게 된다.

◉ **여자들끼리 싸우는 꿈**

뜻하지 않은 말썽이나 소송에 휘말리게 되거나 간사한 마음이 생기기 쉽다.

◉ **여자가 남편을 찾는 꿈**

남편에게 불행한 일이 생길 징조이다.

◉ **여자가 상복을 입고 있는 꿈**

갑작스러운 유산 상속을 받게 되거나 결혼을 하게 된다. 남편의 사업이 번창하게 되어 출세한다.

◉ **여자가 조개를 열고 있는 꿈**

머리가 좋은 아이가 태어날 꿈이다. 남자가 이 꿈을 꾸면 남자 아이를 낳겠다.

◉ **여자가 남자를 강간하는 꿈**

자신에게 불행한 일이 생길 흉몽이다.

◉ **모르는 여자가 흐느껴 우는 꿈**

집안에 불길한 일이 생기고 신상에 좋지 않은 일이 생긴다.

◉ **남자가 아이를 낳는 꿈**

재수가 좋아 하는 일마다 순조롭고 재물 운이 따른다.

◉ 남자가 여자로 변하는 꿈

소망하던 일이 이루어지지 않고 소송에서의 실패나 재난, 질병 등 액화에 부딪치게 된다.

◉ 남자가 여자에게 쫓기는 꿈

좋지 않은 꿈이다. 자신의 부인에게 뜻밖의 불상사가 생길 수 있다.

◉ 남자가 여자에게 맞는 꿈

남의 일에 괜히 끼어들어 구설수에 오르겠다. 망신당할 징조이니 조심하라.

◉ 남녀가 함께 물속으로 들어가는 꿈

만사가 길한 징조이다. 사업가가 이 꿈을 꾼다면 사업이 날로 번창하겠다.

종교적 존재나 통치자

◉ 스님에 관한 꿈

스님이 꿈에 나타나면 자신의 체력이 약해져 있다는 징조이다.

◉ 스님을 만나는 꿈

고승을 만나면 존경받는 사람이나 지위가 높은 사람과 어울리게 되나 그렇지 않을 경우 신체상의 이상이 생길 수 있다. 건강이 악화되어 큰 병을 얻을 수 있다. 또한 배우자를 잃을 수도 있으니 각별히 신경을 써야 한다

◉ 스님에게 시주를 하는 꿈

　자신의 일을 누군가에게 부탁할 일이 생긴다. 시주를 잡곡으로 할 경우에는 자신의 원하는 바를 이루지 못한다. 특히 작품 심사에서 탈락되거나 학문연구가 깊지 못함을 지적 받게 된다.

◉ 길을 걸어가다 주지스님을 만나는 꿈

　훌륭한 실력자를 만나 협조와 도움을 받고 좋은 결과를 얻어 마음먹은 대로 성취하게 된다.

◉ 자신이 고승이 된 꿈

　현 생활에 별 불만 없이 만족하고 있음을 보여 주는 꿈이다. 또한 당분간 사업에는 별 진전이 없겠으나 내실을 기할 수 있다.

◉ 스님과 함께 걸어가는 꿈

　정신적으로나 육체적으로 지쳐있는 상태이다. 자신의 건강이 나빠질 징조이다.

◉ 스님에게 무엇인가를 받는 꿈

　스님에게 불경을 받으면 학문적으로 인정받거나 사회적으로 성공하게 되고 공예품을 받으면 삶의 진리를 크게 깨닫고 횡재, 재물이 생기게 된다.

◉ 스님을 모시고 서 있거나 시중을 드는 꿈

　일반인들은 이익이 생기겠으나 건강이 좋지 않은 사람은 액화가 따르게 된다.

◉ 스님이 문 앞에서 염불하는 꿈

　태몽이라면 장차 크게 학문을 이룰 인물을 낳게 될 것이다. 단, 스님에게 시주를 해야 좋겠다.

◉ 부처님에 관한 꿈

부처님은 학자나 은인, 고승, 성직자 등을 상징한다.

◉ 절의 불상이나 부처님을 보는 꿈

자신의 뜻한 바를 모두 이루겠다. 수험생은 합격의 기쁨을 구직자에게는 직장이 생기고 직장인은 승진을 하게 된다. 또한 사업가는 그 사업이 날로 번창하겠다.

◉ 부처님이 좌선하는 모습을 보는 꿈

자신이 뜻하는 일에 정진하거나 자신을 이끌어줄 사람을 만나 새롭게 태어나게 된다.

◉ 부처님께 쌀밥을 지어 대접하는 꿈

소망하는 바를 이루게 된다. 특히 고시 합격이나 문예 작품 현상에 당선이 된다.

◉ 부처님 앞에 큰절을 올리는 꿈

힘들고 어렵던 시기가 다 지나가고 하고자했던 일들이 성사된다. 합격이나 당선, 승진 등 운수대통의 길운이다

◉ 부처님에게 매를 맞는 꿈

불행을 암시한다. 건강이 좋지 않다면 오랫동안 자신을 괴롭히게 된다.

◉ 절에서 불상을 훔치다 들키는 꿈

개인적으로 경사스런 일이 생겨 축하를 받게 된다.

◉ 불상을 얻는 꿈

금불상을 얻으면 사회적 명성이나 권력, 큰 재물 등을 얻게 되고 관음보살상을 얻으면 훌륭한 자식을 얻을 태몽이다.

◉ 불상이나 탑을 세우는 꿈

운수대통의 길몽이다. 하는 일마다 성사되고, 가정이 화목해진다. 특히 불자라면 큰 깨달음을 얻겠다.

◉ 불상에서 빛이 발산되는 꿈

종교적 지도자와 관계되는 꿈으로 신앙심이 두터워지고 진정한 신앙인이 된다.

◉ 자신의 집안으로 신선이나 보살, 성현이 들어온 것을 보는 꿈

장차 재산이 늘어나고 명예가 높아지는 등 안정과 부귀를 획득하게 된다. 또한 자녀의 탄생이나 경사가 있음을 암시한다.

◉ 자신이 신선이 되어 하늘로 올라가는 꿈

젊은이는 만사형통할 운수나 나이가 많은 노인이라면 죽음을 암시하기도 한다.

◉ 신선이 자신을 부르는 꿈

고난의 길이 끝나고 탄탄대로가 열린다. 앞으로는 좋은 일들이 겹치게 된다.

◉ 산신령으로부터 약초나 산삼을 받는 꿈

뜻밖에 귀인을 만나 도움을 받고 소원성취하게 된다. 재물 경사, 입학, 승진, 당선, 합격, 계약 등의 길운이다

◉ 산신령으로부터 문서와 인감을 받는 꿈

곧 승진하고 단체나 조직의 장이 되어 영예로운 자리에 오르게 된다. 각종 재판에 승소하거나 입학, 승진, 합격, 당선, 자격취득, 승리, 성공, 행운 등의 길운이다.

◉ 신선에게 큰절을 하는 꿈

지금까지 어려웠던 일들이 한순간에 풀리게 되고 마음먹은 대로 이 이루어진다. 유산을 물려받거나 자신이 환자라면 병이 완쾌되겠다.

◉ **신령이나 부처, 보살, 성현 등으로부터 꾸지람을 듣는 꿈**

우환 내지 다툼, 손재 등 난관에 부닥쳐 상당한 피해와 말썽을 치르게 된다. 남의 싸움에 휘말려 법정 소송이 있을 수 있다.

◉ **허공에서 웅장하게 들려오는 신의 목소리를 듣는 꿈**

부정부패나 문란한 풍속에 대해 고발하게 된다.

◉ **자신이 신선이 되는 꿈**

자수성가하여 그 명성을 널리 떨치겠다.

◉ **신이나 우상에게 제물을 바치는 꿈**

누군가 권력 있는 사람에게 부탁하게 될 일이 생기게 된다.

◉ **신이 길을 안내하는 꿈**

뜻밖의 귀인을 만나 도움을 받게 된다. 하는 일마다 만사형통이다.

◉ **신이 주는 약을 먹는 꿈**

병에 걸린 사람은 건강을 되찾게 되고 어려운 일이 모두 해결되며 재물을 얻거나 성공하게 된다.

◉ **신선과 얘기를 하는 꿈**

길몽이다. 운수대통으로 소망하던 일이 이루어져 부귀와 명성이 따르게 된다.

◉ **신선과 바둑을 두는 꿈**

사업상 시비를 가릴 일이 생기게 된다.

◉ **산신령이 위험을 경고해주는 꿈**

자신 스스로가 무엇인가에 대해 위험을 느끼고 있다는 증거이니 조심하는 것이 좋다.

◉ 신선이나 천사에게 꽃다발을 받는 꿈

학위나 상장을 받거나 명예를 얻을 징조다.

◉ 선녀에 관한 꿈

꿈에 나타난 선녀는 학자나 배우, 여류 작가 등을 상징한다.

◉ 선녀가 신선을 만나 포옹하는 꿈

우연히 선남선녀가 만나 백년가약을 맺겠다.

◉ 선녀와 결혼하는 꿈

훌륭한 배우자나 동업자를 만나거나 새로운 계약을 하는 등 좋은 인연을 맺게 된다.

◉ 선녀와 성관계를 갖는 꿈

타의 모범이 되는 일을 함으로써 칭찬과 격려를 받게 된다.

◉ 공중에서 선녀가 춤을 추고 있는 꿈

이성간의 애정관계에 기쁜 일이 생기겠다.

◉ 하늘에서 선녀가 내려오는 꿈

말할 것도 없다 운수대통, 만사형통이다.

◉ 선녀가 아이를 가져다주는 꿈

태몽이다. 한 나라의 으뜸가는 학자가 되어 학문적 업적을 남길 아이를 출산한다.

◉ 하나님이 구름을 타고 내려오는 꿈

학자나 기관장 등 위대한 사람이나 책 등에서 영향을 받게 된다.

◉ 자신이 하나님이 되는 꿈

자신의 불만이나 결함을 해소하고 욕망을 만족시키려는 꿈이다.

◉ 예수님이 부활하는 꿈

　학문과 영적 진리를 깨닫게 되어 참된 신앙인이 된다. 이 꿈은 진리나 종교, 행복, 사랑 등을 상징한다.

◉ 예수께서 걸어가는 뒷모습을 보는 꿈

　어떤 지도자가 자신의 청원을 잘 들어 줄 것이며 명예로운 일이 성취될 수 있다.

◉ 교회에 예수님이 나타나는 꿈

　훌륭한 성직자나 어떤 단체의 지도자와 만나게 된다.

◉ 교회에서 목사가 설교하는 꿈

　실제로 깊은 진리와 교리를 탐구하고 참된 신앙심을 갖게 된다. 부흥회, 목회, 기도회 등 각종 모임이 있다.

◉ 목사와 신부에 관한 꿈

　실제로 목사나 신부, 승려, 학자, 교양서적, 선과 악 등과 관계되는 상징적인 존재이다.

◉ 저명한 목사와 함께 걷는 꿈

　자신을 이끌어줄 사람을 만나거나 감동적인 책을 읽게 된다.

◉ 신부님이 미소 짓는 꿈

　멀리서 반가운 소식이 전해질 것은 암시한다. 머지않아 절친했던 친구가 방문하겠다.

◉ 수녀원에 들어가는 꿈

　학교나 직장, 교도소, 교회 등에 갈 일이 생기게 된다.

◉ 성모마리아가 자신 앞에 나타나는 꿈

　훌륭한 지도자 밑에서 그 능력을 인정받게 된다.

◉ **성모 마리아상을 본 꿈**

길몽으로 그동안 갈망했던 소망이 이루어질 암시이다.

◉ **천사에 관한 꿈**

자기 자신이 아닌 또 하나의 자아, 또는 전도사나 성가대를 상징한다.

◉ **천사를 만나 안내하는 꿈**

온갖 고생은 사라지고 그동안의 노력의 결실을 맺게 된다.

◉ **천사가 어디론가 자신을 데려가는 꿈**

출세할 꿈이다. 귀인이나 실력자의 도움으로 자신의 입지를 더욱 곤고히 할 수 있다.

◉ **천사가 나팔을 불고 있는 꿈**

교인이 이 꿈을 꾸었다면 교회 성가대가 음악을 연주하는 것을 보게 되고 그렇지 않을 경우에는 관직에 오르거나 새로운 시국의 변화를 예시한 것이다.

◉ **고령자나 중병의 환자가 천사를 따라가는 꿈**

죽음을 예고하는 꿈이다.

◉ **대통령에 관한 꿈**

대통령은 실제의 대통령이나 정부기관, 아버지, 남편, 목사 등 존경하는 대상과 동일하고 명예, 권리 등을 상징한다.

◉ **대통령이 되는 꿈**

자신이 소속된 집단에서 최고 책임자가 되거나 주도권을 장악하게 되고 명예를 얻게 된다.

◉ **대통령이 수행원을 데리고 집을 방문하는 꿈**

대통령이 직접 방문하면 실제로 정부나 어떤 기관의 중요한 사업을 책임지게 된다.

◉ 대통령 내외분이 자기 집 방안에 앉아있는 꿈

중대한 일에 의논할 일이 생긴다.

◉ 대통령에게 임명장을 받는 꿈

현재 추진하고 있는 임무를 성공적으로 완수하게 되고 그 공로를 인정받아 승진할 꿈이다.

◉ 대통령과 악수하는 꿈

귀인이나 실력자의 도움으로 어떠한 계약이 성사되거나 평소 바라던 소망이 이루어진다. 복권에 1등으로 당첨된 사람 중에 이 꿈을 꾼 사람들이 많이 있다.

◉ 대통령에게 음식을 대접하는 꿈

누군가 존경하는 사람에게 도움을 청할 일이 생기게 된다.

◉ 대통령의 명함을 받는 꿈

명예나 재물을 얻는다.

◉ 대통령이 자신의 이름을 부르는 꿈

각종 시험에 합격하거나 시합 등에서 이기게 된다. 직장인이라면 중요 부서의 책임자로 임명될 가능성이 높다.

◉ 대통령의 도장을 땅속에서 캐내는 꿈

모든 일에 크게 성공하는 등 운수대통하게 된다.

◉ 자신이 영부인이 되어 대통령을 따라가는 꿈

남편이 하는 일을 도와준다.

◉ 대통령이 사망하는 꿈

국권이 회복되거나 새로운 정당이 집권한다. 개인적으로는 소원성취나 크나큰 명예가 주어진다.

◉ **대통령과 한 책상에 마주앉아 있는 꿈**

상관에게 반항하거나 시비를 가린다.

◉ **왕의 부름을 받는 꿈**

머지않아 기쁜 일이 생길 징조이다. 재력가나 실력자와 손을 잡을 기회가 찾아오니 이 기회를 놓치지 말아야 한다.

◉ **자신이 왕이나 왕비가 되는 꿈**

정치가는 당대표나 위원장, 학생은 학생회장 등 자신에게 최고의 명예가 주어진다.

◉ **왕이 내리는 술을 받아 마시는 꿈**

자신의 능력을 인정받아 중요한 책임을 떠맡게 되고 좋은 성과를 거두게 된다.

◉ **왕이 베푸는 만찬에 초대되는 꿈**

사회적으로 영향력이 큰 사람이나 지도자가 베푸는 연회, 회담 등에 참석하게 된다.

◉ **자신이 공주나 왕자가 되는 꿈**

많은 유산을 상속받게 되거나 수제자가 되겠다.

◉ **군왕이나 고위 관리의 외교관이 와서 자신을 찾는 꿈**

새로운 상황과 기회 등 출세 운이 트여 재산이 풍부해지고, 지위가 높아지며 입신, 성공하게 되는 번영과 부귀, 안정 등 집 안팎으로 기쁜 일이 생기게 된다.

◉ **최고의 통치자로부터 자신의 이름을 호명 받는 꿈**

확실한 시험에 합격되거나 국회, 지방의회에 당선하여 소원성취하게 된다.

◉ **왕이나 통치자가 자신에게 자리를 권하는 꿈**

입신, 성공하여 부귀와 번영을 누리게 되고 출세 운이 트여 자신이 원하는 일들이 순조롭게 성취되며, 자신을 이끌어 도와줄 귀인 내지 협력자를 얻게 된다.

경찰, 군인, 법관, 기자

◉ **경찰에 관한 꿈**

경찰은 실제로 신문기자나 군인, 우체부 등과 동일하며 법률, 양심, 정의 등의 상징이다.

◉ **경찰에게 끌려가는 꿈**

자기 작품이나 일이 심사 대상에 오르겠다. 하지만 자신이 수갑을 찬 채 끌려가면 실제로 구속되거나 일산상의 큰 변고가 올 수도 있다.

◉ **경찰이 자신의 도장을 찍어 가는 꿈**

집안사람의 누군가가 죽거나 변을 당한다.

◉ **경찰이 자기 집안을 수색하는 꿈**

신문기자와 인터뷰할 일이 생긴다.

◉**자신이 간부급 경찰관이 되어 사람들이 많은 곳에 서 있는 꿈**

승진하여 휘하에 많은 부하를 거느리게 된다. 진급, 당선, 합격, 성공의 길운이다.

◉ **자신이 경찰이 되어 범인을 잡는 꿈**

채무, 채권 관계로 골치가 아프던 중 뜻밖에 찾고 있던 사람을 잡게
된다.

◉ **경찰관을 보는 꿈**

규범에서 벗어나는 무리한 일을 하게 된다.

◉ **경찰에 쫓기는 꿈**

하고 있는 일이나 경쟁에 모든 정성을 기울이지만 실패하는 등 만족
할 만한 결과를 얻지 못하게 된다.

◉ **경찰이 자신의 집을 포위하는 꿈**

청탁한 일이 잘 진행되다 실패로 돌아가거나 자신에게 위험한 일이
생기게 된다.

◉ **경찰에게 영장이나 호출장을 받는 꿈**

현재 위치에서 받을 만한 종류의 어떤 통지서를 받게 된다.

◉ **살인을 하고 경찰에 쫓기는 꿈**

이 꿈을 학생이 꾸었다면 시험이나 취직 등에 낙방하겠다.

◉ **경찰의 단속을 받는 꿈**

자신의 단점이나 문제점에 대해 지나치게 고민하고 있다.

◉ **군인에 관한 꿈**

군인은 실제로 군인, 경찰, 학생 등 사회 집단 또는 그 일원 등과 동
일하고 사회법규나 시책 등을 상징한다.

◉ **자신이 군인이 아닌데 무장을 하는 꿈**

어떤 기관, 단체의 일원이 되어 중책을 맡는다. 작품이나 업적이 공

모에 참여하게도 된다.

◉ 군인이 집으로 들어오는 꿈

길몽이다. 사업가가 이 꿈을 꾸었다면 사업이 번창할 기회가 온다.

◉ 자신이 별 네 개를 단 장군이 된 꿈

사회적으로 적어도 네 가지 이상의 공로를 세워서 각종 단체의 우두머리로 추대된다.

◉ 군인이 연병장에 사열하는 꿈

어떤 단체나 조직에서 모임을 갖고 기념행사를 갖게 된다.

◉ 행진하는 군인을 보는 꿈

마음먹은 대로 일이 순조롭게 진행될 것이다.

◉ 군인들이 모두 철모를 쓰고 있는 꿈

진행 중인 일이나 계획한 일들이 모두 성공적으로 진행된다.

◉ 현역군인이 군복을 벗는 꿈

실제로 군인이 휴가 또는 제대를 하게 된다.

◉ 군복을 입고 완전무장을 한 꿈

협력자나 권력을 얻어 일이 순조롭게 진행된다.

◉ 군인이 전쟁터에서 무기를 줍는 꿈

평소 바라던 일이 순조롭게 진행된다. 직장인은 승진하고 사업가는 새로 추진하고 있는 사업이 성공한다.

◉ 군인이 무기를 잃어버리는 꿈

필요한 사람이나 도구를 잃어버리게 된다.

◉ 적군에게 쫓기는 꿈

병에 걸리거나 하고 있는 일이 잘 풀리지 않는다.

◉ 군인이 전사자의 유골을 가지고 오는 꿈

자신의 작업이나 작품이 좋은 성과를 이루어 많은 사람들의 인정을 받게 된다.

◉ 장교가 되는 꿈

어떤 단체의 지도자가 되거나 높은 자리에 오르고, 수험생이라면 수석 합격을 하게 된다.

◉ 장교에게 훈장을 받는 꿈

노력한 만큼의 대가를 받는다.

◉ 장교가 견장을 다는 꿈

상을 받는 일이 생기거나 진급 또는 명예가 주어진다.

◉ 자신이 재판관이 되는 꿈

부귀공명하고 입신출세하여 직장에서 크게 성공한다.

◉ 자신이 판, 검사가 되는 꿈

승진, 합격, 당선, 승리, 성공 등이 있다.

◉ 검사가 법정에서 자신에게 형량을 구형하는 꿈

남과의 어떤 정신적 관계나 물질적 관계로 피해를 보게 된다. 불길하다.

◉ 검사가 논고를 하는 꿈

검사가 준엄하게 논고를 하면 어떠한 일의 주도권을 잡거나 자신의 작업이나 작품이 사람들의 주목을 받게 된다.

◉ 검사와 악수를 하는 꿈

실제로 검사의 권한으로 기소중지가 된다. 서로 오해를 한 사이라면 화해를 하게 된다.

◉ 변호사에 관한 꿈

남과 불화가 생겨 금전과 시간을 낭비하게 된다.

◉ 변호사를 소개받는 꿈

나쁜 소식이 전해지고 재물 손실이 따르게 된다.

◉ 많은 방청객이 모인 가운데 재판을 받는 꿈

중책을 맡게 되거나 자신의 작업이나 작품에 대해 많은 사람들이 인정을 해주어 높은 평가를 받게 된다.

◉ 재판관에게 사형을 언도받는 꿈

자신이 간절히 소망하던 일을 문제없이 이루게 된다.

◉ 재판관이나 변호사에게 자신의 신상에 대해 이야기하는 꿈

협조자가 나타나 일을 순조롭게 진행시킨다.

◉ 신문기자에 관한 꿈

실제의 형사나 탐정 등을 나타낸다.

◉ 신문기자가 집에 찾아오는 꿈

자신의 일신의 문제나, 직장에서의 직책, 자기 작품 등에 대해서 알려고 하는 사람이 생기게 된다.

◉ 기자가 사진을 찍는 꿈

사건의 증거가 나타나거나 어떤 사람에게 자유를 구속받게 된다.

◉ 기자에게 문서를 받는 꿈

기쁜 소식이 전해지겠다.

◉ 아나운서가 뉴스를 진행하는 꿈

뜻밖의 기쁜 소식으로 집안에 경사스런 일이 생긴다. 희소식, 귀인, 만남, 행운, 명예, 승리, 성공 등의 길운이다.

◉ 기자인 자신이 독수리를 본 꿈

  독수리는 새들의 왕을 상징한다. 이 꿈은 경쟁자를 물리치고 대중을
선도하는 제 일인자가 된다는 것을 암시한다. 그러나 독수리에게 잡히
는 꿈을 꾸었다면 평소 믿었던 사람에게 배신을 당할 위험이 있으니
조심해야 한다.

연예인, 의사, 간호사, 운전기사

◉ 영화배우, 연극배우, 탤런트에 관한 꿈

  공연하고 있는 것을 보면 길몽이지만, 자신이 배우가 되어 무대에 오
르면 주변 사람들에게 창피를 당할 일이 생긴다. 또 하나는 유명인, 출
판인, 기자 등을 상징한다.

◉ 유명한 배우와 얘기하는 꿈

  남들이 자신에게 관심을 가져주길 바라고 있음을 암시한다. 실현 가
능한 꿈이다. 하지만 모든 일에는 노력이 필요하다.

◉ 유명한 가수에게 꽃다발을 주는 꿈

  믿는 도끼에 발등이 찍힌다. 평소 믿었던 사람에게 이용당할 것을 암
시한다.

◉ 유명한 배우가 입던 옷을 입는 꿈

  유명한 사람의 지도나 도움을 받아 그와 비슷한 일에 종사하게 된다.

◉ 연예인과 결혼하는 꿈

주변 사람들과의 마찰로 인해 곤란과 장애를 겪게 된다. 또 다정했던 부부사이가 멀어지고 이성문제로 갈등하게 된다.

◉ **개그맨이 무대 위에서 익살스런 짓을 하는 꿈**

하루 온종일 기분이 불쾌하고 남에게 놀림거리가 된다. 조롱, 구설수, 불쾌 등이 있다. 하지만 실제로 극장 등에서 공연을 관람하기도 한다.

◉ **자신이 가수가 되어 무대 위에서 춤과 노래를 하는 꿈**

어떤 작품 회의를 갖거나 마음먹은 뜻대로 소원성취하게 된다.

◉ **훌륭한 연예인을 따라가는 꿈**

우연히 뜻밖의 사람을 만나 인연을 맺는다.

◉ **의사를 만나는 꿈**

직장상사나 주변 사람들과의 의견충돌이 있게 된다. 지금 현재의 자신에 대한 불만의 표출이기도 하다.

◉ **의사가 내시경으로 자신을 진찰하는 꿈**

사업이나 여러 가지 일거리를 전문가에게 맡겨 모든 일들을 효율성 있게 처리하게 된다.

◉ **의사에게 진찰받는 꿈**

행정 및 사법기관에서 어떤 사건으로 조사를 받게 된다. 또 감추고 싶은 비밀이 들통나 망신을 당할 수 있다.

◉ **의사에게 수술 받는 꿈**

실제로 어떤 사고나 병으로 인해 수술을 받게 되거나 어떤 조직에서 새로운 변화로 인해 구조조정을 받게 된다. 각종 물건, 자동차, 집 등을 고칠 수도 있다

◉ 간호사에게 약을 받는 꿈

　친구나 애인으로부터 마음의 선물을 받게 된다.

◉ 운전기사에 관한 꿈

　이 꿈은 자신 가까이에 도움을 줄만한 사람이 있음을 암시한다.

◉ 기술자에 관한 꿈

　예술 및 문화의 공간에서 우연히 뜻밖의 사람을 만나 인연을 맺는다.

거지, 범죄자, 시체, 귀신, 도깨비, 괴물

◉ 거지를 보는 꿈

　길몽이다. 주변 사람들의 도움으로 소원을 이루겠다. 특히 직장인이
나 공무원이라면 승진과 함께 재물도 따르게 된다.

◉ 자신이 거지가 되는 꿈

　길몽으로 집안에 재산이 늘게 된다. 사업을 하는 사람이라면 그 사업
이 날로 번창하게 된다.

◉ 거지와 함께 음식을 먹는 꿈

　직장상사나 윗사람에게 음식 대접을 받는다.

◉ 거지에게 동냥을 하는 꿈

　실업자는 취직을 하고 사업가는 사업이 번창하는 등 윗사람의 도움
으로 만사가 순조롭게 진행된다.

◉ 도둑에 관한 꿈

꿈에 나오는 도둑은 힘든 일이나 방해물 등을 상징한다. 간첩, 정보원, 취재기자 등을 상징한다.

◉ 도둑이 들어오는 꿈

도둑이 들어와 옷을 훔쳐간다면 평소 앓고 있던 병이 나을 수도 있다.

◉ 도둑이 벽을 뚫고 들어오는 꿈

가정이 편안하고 생활이 윤택해진다. 또한 자신이 사업이나 학문적 연구 등에 크게 참여할 기회가 있게 된다.

◉ 도둑을 보고 두려워하는 꿈

가정에 어려운 문제나 힘든 일이 생긴다.

◉ 도둑의 행동을 살펴보는 꿈

이 꿈은 자신이 하고 싶은 일들이 도둑의 행동으로 표출된 것이다. 하는 일이 잘 풀리고 귀한자식을 얻을 길몽이다.

◉ 도둑을 잡는 꿈

유산을 상속받겠으나 좋지만은 않다.

◉ 강도를 보는 꿈

이성 간에 부도덕한 행실이나 성적 욕망 또는 도덕적 양심, 정의 등에 따른 갈등이 빚어지게 된다.

◉ 강도와 싸워 자신이 죽는 꿈

가까운 앞날에 근심이 해결된다.

◉ 자신이 범행을 저지르거나 범죄자가 되는 꿈

양심의 가책이나 변명해야 할 어려운 문제나 말썽 등에 연결되어 손실 내지 곤란을 치르게 된다.

◉ 자신이 사형수가 되어 감옥에서 통곡하는 꿈

　모든 근심걱정이 사라지고 마음먹었던 대로 소원성취하게 된다. 새 생명이 탄생된다.

◉ 자신이 스스로 감옥에 들어가는 꿈

　감옥에 들어가는 꿈은 길몽이지만 스스로 들어간다는 것은 불길한 징조이다.

◉ 죄수에 관한 꿈

　꿈에 나오는 죄수는 심사가 필요한 일거리나 작품 등의 상징이다. 수녀, 군인, 환자, 학생 등과 관계가 있다.

◉ 죄수가 맞는 꿈

　주식이나 채권 등으로 생각지도 않던 돈이 생기게 된다.

◉ 죄수복을 입은 꿈

　병원에 입원을 하거나 자신의 작업이나 작품이 심사대상이 된다.

◉ 감옥에 갇힌 죄수를 벌하는 꿈

　좋은 징조이다. 특히 사업가나 상인은 협력자의 도움으로 사업이 번창하게 된다. 하지만 죄인을 용서하면, 하고 있던 일을 중간에 포기하거나 실패하게 된다.

◉ 감옥에 갇힌 죄수가 탈주를 하는 꿈

　병세가 호전되거나 자신을 괴롭히던 문제가 해결된다.

◉ 사형수가 석방되는 꿈

　경제적인 사정으로 곤란을 겪던 사업이 어려움을 극복하고 발전하게 된다.

◉ 시체에 관한 꿈

시체는 추진 중인 일이나 재물, 유산, 사건의 진상 등을 상징한다.

◉ 시체를 만지는 꿈

길몽이다. 시체를 만지거나 목욕을 시키면 만사 운수대통이다. 사업가는 사업이 번창할 것이고 직장인은 승진을 하게 된다.

◉ 시체가 불에 타는 꿈

재물과 돈이 들어올 길몽이다. 조만간 경사스러운 일이 있겠다.

◉ 시체를 먹는 꿈

주위사람들의 도움으로 어렵던 일이 해결되고 이로 인해 많은 재물이 들어올 길몽이다.

◉ 썩은 시체에서 냄새가 나는 꿈

썩은 시체에서 냄새가 심하게 나면 재물이 들어올 길몽이다. 사업가나 상인들이 이 꿈을 꾼다면 금전적으로 큰 이익을 남기고 직장인이면 특별 보너스가 생기게 된다. 또 썩은 시체에서 구더기들이 우글거리는 것을 보았다면 진행 중인 일이 성공을 거두어 많은 재물을 모으게 된다.

◉ 시체를 매장하는 꿈

은행에 저축할 일이 생기게 된다. 하지만 시체를 적당히 매장을 하면 자신과 관련된 모든 일을 혼자 간직하게 되어 마음이 편하지는 않겠다.

◉ 가까운 사람의 시체를 보고 우는 꿈

추진 중인 일을 열심히 노력하여 좋은 결실을 맺어 크게 기뻐하게 된다.

◉ 모르는 사람의 시체를 보고 우는 꿈

사업의 성과나 유산 등을 자신이 모두 물려받게 된다. 시체를 둘러싸고 여러 사람들이 통곡을 하면 유산을 둘러싸고 분쟁이 일어나거나 소송이 벌어지게 된다.

◉ 시체에게 절을 하면서 우는 꿈

유산을 상속받거나 많은 재물을 얻게 됨을 암시하는 것이다.

◉ 시체를 이불로 덮는 꿈

자신이 성취한 일이나 재물을 오랫동안 간직하게 된다.

◉ 남의 집 시체가 자신의 집안으로 들어오는 꿈

많은 금전 및 권리와 이권이 생기고 직장인은 승진 등의 기쁨을 얻게 된다.

◉ 자신이 죽인 자의 시체에 관한 꿈

하는 일마다 성공을 거두게 된다.

◉ 시체가 쫓아오는 꿈

하는 일마다 풀리지 않아 경제적으로 어려움을 겪게 된다. 사업가는 기업이 부도가 나고 직장인은 퇴사하거나 승진에서 누락되고 연인들은 이별을 할 수도 있겠다.

◉ 시체를 관 속에 넣는 꿈

이 꿈은 재물을 얻게 될 길몽이다. 사업가나 상인이 이 꿈을 꾼다면 큰돈을 벌수 있다. 또 시체가 담긴 관이 자기 집 마당에 놓여 있는 꿈은 일을 완수하기도 전에 재물이 들어오게 된다.

◉ 시체가 관 속에서 나오는 꿈

멀리서 반가운 손님이 찾아올 징조이다. 학생이 이 꿈을 꾸면 성적이 향상되겠다.

◉ 시체가 없는 빈 관을 들고 있는 꿈

누군가에게 사기를 당하거나 부부가 크게 다투게 된다.

● 관 속에 시체가 없는 꿈

생각지도 않은 일에 사고가 생겨 어려움을 겪는다. 도둑을 맞거나 물건을 잃어버린다.

● 시체에서 피가 흘러나오는 꿈

어렵게 추진하고 있는 일이나 투자에 뜻밖의 행운이 찾아온다.

● 귀신에 관한 꿈

귀신은 대체로 악한이나 힘든 일, 정신적 산물 등을 상징한다.

● 자신이 귀신이 되는 꿈

경쟁상대를 물리치게 된다.

● 귀신과 싸우는 꿈

귀신과 싸워서 이긴다면 하는 일이 모두 뜻대로 잘 풀려 좋은 결과를 가져오겠지만 그 반대의 경우에는 일의 결과도 좋지 않을 뿐 아니라 고생만 하게 된다.

● 억울하게 죽은 사람이 귀신이 되어 나타나는 꿈

병에 걸려 고통을 받거나 심하게 마음의 부담이 되는 문제에 시달리게 된다.

● 귀신을 때려잡는 꿈

고민해오던 문제가 모두 해결된다.

● 귀신에게 맞는 꿈

질병이나 돌발사고 등 갑작스런 재난이 생겨 어려움을 겪는다.

● 귀신에게 시달림을 받는 꿈

모든 일에 행운이 따르게 된다.

◉ 귀신이 자신의 머리채를 휘어잡는 꿈

정신적 압박을 받거나 심한 두통에 시달리게 된다.

◉ 도깨비를 보는 꿈

뜻밖의 좋은 소식이 전해진다. 친구와 연인들은 사이가 더욱 좋아지고 특히 시험을 앞둔 수험생은 좋은 결과를 얻게 된다.

◉ 도깨비가 자신을 무섭게 뒤쫓는 꿈

힘들고 벅찬 일에 시달리거나 악한에게 쫓기게 된다.

◉ 도깨비들이 떠들썩하게 소란을 피우며 안을 들여다보는 꿈

가족이 병에 걸려 신음하거나 집안에 우환이 생겨 고통을 받게 된다.

◉ 붉은 망토를 입은 유령이 춤을 추는 꿈

코피를 흘리게 되거나 불량배들에게 봉변을 당하게 되니 조심하는 것이 좋다.

◉ 괴물이 자신의 집안으로 들어오는 꿈

누군가의 모함이나 훼방으로 인한 장애와 손실이 생기고 가정에 우환과 불상사 등 궂은일이 발생하게 된다.

◉ 괴물과 싸우는 꿈

괴물과 싸워 이기거나 쫓아버리면 금전적으로 큰 이익을 얻을 뿐 아니라 가정 또한 편안해진다. 그러나 만일 괴물에게 패한다면 다른 사람에게 승리나 이익을 빼앗기고 가정에 우환이나 질병이 생긴다.

◉ 자신의 몸이 어떤 괴물로 험상궂게 변하는 꿈

복잡한 난관이나 말썽, 장애, 피해를 극복하고 재물을 모아 안정과 풍요를 누리게 된다.

신체

얼굴

◉ **얼굴에 관한 꿈**

어떤 사람의 성격이나 인물과 동일하며, 간판이나 사진 자신의 마음, 거울 등의 상징이다.

◉ **자기 얼굴이 크게 보이는 꿈**

길몽이다. 자신의 얼굴이 크게 보이거나 붉어지면 자신이 좋아하는 이성과 좋은 인연을 맺을 징조이다.

◉ **얼굴이 검게 보이는 꿈**

탐탁지 않은 사람을 만나 불쾌해지거나 속상한 일을 체험한다. 새로운 거래처와 거래를 할 일이 생기게 된다.

◉ **얼굴이 창백하게 보이는 꿈**

직장이나 가정에서 하루도 편안한 날이 없으니 마음고생이 심하겠다. 호흡기질환, 기관지염, 정신질환 등이 생길 우려가 있으니 각별히 조심해야 한다.

◉ 얼굴을 씻는 꿈

　그동안의 걱정들이 모두 사라지겠다. 더불어 신분이 상승하겠다.

◉ 얼굴에 종기가 나는 꿈

　얼굴에 종기가 많이 나면 재물을 얻을 좋은 징조이다. 사업가가 이 꿈을 꾼다면 협력자의 도움으로 많은 자금을 얻는다. 붉은 반점이 생긴 다면 자신의 작품이 사람들의 관심을 끌게 되고 검은 사마귀가 난다면 노력을 한다 해도 하는 일마다 순조롭지가 못하다.

◉ 등을 지고 있다가 서로 얼굴을 마주보고 있는 꿈

　서로가 미움과 갈등에서 벗어나 화해와 반성으로 다시 우애를 돈독히 한다. 갈등과 대립에서 화해가 이루어지게 된다.

◉ 남편이나 애인, 친구의 얼굴이 검게 보이는 꿈

　배반을 당하거나 속 썩을 일이 생기게 된다.

◉ 생각지도 않은 친구의 얼굴이 보이는 꿈

　뜻밖에 옛 친구를 만나거나 기쁜 소식을 듣게 된다. 만남, 경사, 모임 등이 생긴다.

◉ 우물 속에 비친 자신의 얼굴을 바라보는 꿈

　명예 및 지위의 영전, 승진과 경영하는 사업의 발전, 안정 등 융성이 따르게 된다.

◉ 얼굴에 대변을 묻히는 꿈

　재물과 돈이 생기거나 우환이나 망신살이 있다.

◉ 얼굴이 서로 겹쳐 보이는 꿈

　상표가 서로 다른 물건을 얻거나 집 안에 있는 가구 등을 옮긴다.

◉ 얼굴에 가면을 쓰는 꿈

다른 사람에게 보호를 받거나 부끄러운 일이 발생하게 된다.

◉ **얼굴에 화장을 하는 꿈**

화려한 물건이나 번화한 거리 또는 치장을 많이 한 사람과 회합에 관련된 일이 생길 징조이다. 남자가 화장을 하는 경우에는 수치나 모욕을 겪게 된다.

머리, 머리카락

◉ **머리에 뿔이 나는 꿈**

두 개의 뿔이 나면 주위 사람들과 논쟁을 하거나 싸움을 하게 되고 한 개의 뿔이 나면 마음먹었던 일이 이루어진다.

◉ **머리가 어지러운 꿈**

일신상에 복잡한 일이 많다. 악몽으로 잠을 설치게 되고 두통이나 빈혈, 구토 등이 생긴다.

◉ **머리가 여러 개인 꿈**

길몽이다. 이 꿈은 출세 운이 열리는 꿈이다. 재산이 늘어나고 높은 지위에 앉게 된다. 직장인이라면 승진 운이 있겠다.

◉ **머리를 두드리는 꿈**

만사가 길할 징조이다. 특히 사업가나 상인 등에게 좋은 꿈이다. 사업이 번창하고 큰 이익을 얻게 된다.

◉ **머리를 숙이는 꿈**

누군가에게 복종이나 수긍을 한다는 암시이다. 반대로 누군가가 자신에게 머리를 숙이면 자신의 주장이 관철된다.

◉ **자신의 머리가 짐승의 머리로 변한 꿈**

자신의 머리가 용이나 사자, 호랑이 등 맹수의 머리로 변하면 지금 추진하고 있는 일이 성사되거나 최고의 명예와 권리를 얻게 된다. 봉황으로 변하면 그 명성과 공적이 널리 향상되고 발전하여 날로 번창하겠다. 뱀으로 변하면 다른 사람과 서로 경쟁하고 쓸데없는 구설수나 손실이 있다.

◉ **머리에 쓴 화관이 땅에 떨어지는 꿈**

행복했던 시간들은 다 지나가고 남은 건 고통뿐이다. 한때 좋았던 권세와 명예 또한 사라지게 된다.

◉ **머리가 아픈 꿈**

자기가 하는 일이 주위로부터 인정을 받아 출세를 하게 된다. 모든 일이 순조롭다.

◉ **머리에 관을 쓰는 꿈**

머리에 신선모를 쓰고 있으면 수신제가하고 우주의 신비한 천문지리를 통달하여 자신의 인격을 완성하고 찬란한 금관을 쓴다면 명문학교에 입학하거나 높은 지위를 얻는다. 부귀공명, 입신출세, 문무겸전하여 만인의 지도자로 사회와 국가를 위해 봉사를 한다. 승진, 합격, 당선, 승리 등의 경사스런 일이 생긴다.

◉ **안전모를 머리에 쓰는 꿈**

실제로 매사에 안전 제일주의로 사전에 사고를 방지한다.

◉ 자신의 뒤통수를 본 꿈

자기 자신이나 자신의 이력 등 자신을 전반적으로 재검토할 일이 생긴다.

◉ 큰 바위나 돌에 머리를 부딪치는 꿈

큰 재난이나 사고 등 뜻밖의 불상사가 생기겠다. 재물의 피해와 집안의 근심, 손실 등 좋지 않은 일이 있다.

◉ 머리카락이 검게 보이는 꿈

길몽이다. 재수가 있어 만사형통이다.

◉ 머리카락이 하얗게 보이는 꿈

장수할 꿈이다. 병을 앓던 사람은 곧 건강을 되찾을 것이다.

◉ 머리카락이 빠지는 꿈

흉몽이다. 뜻하지 않은 사고나 나쁜 소식이 있겠다. 계약이 취소되거나 사업체는 부도가 날 수도 있고 개인적으로는 건강에 치명적인 해를 입을 수도 있다.

◉ 머리카락이 다시 나는 꿈

건강이 좋아지고 사업도 번창하겠다.

◉ 머리카락이 얼굴을 가리는 꿈

업무상이나 개인적으로 관련된 사람과 시비를 가릴 일이 생기게 된다. 작게는 말싸움이지만 잘못하면 법적소송까지 가게 된다. 또 사고를 당할 수도 있으니 조심해야 한다.

◉ 빗으로 머리를 빗는 꿈

실제로 머리가 시원해지고 그동안 어렵고 힘들었던 사업이 잘 풀려 마음이 편안해지겠다. 그리고 오해로 인해 멀어졌던 사람과도 가까워지겠다.

⦿ **머리카락이 엉켜 잘 빗어지지 않는 꿈**

  걱정거리가 생긴다. 하는 일마다 되는 일도 없고 법적 소송 문제가 있다면 해결될 기미가 없다.

⦿ **머리카락을 자르는 꿈**

  뜻하지 않은 사고나 사건이 생겨 곤경에 빠지게 된다. 직장에서 쫓겨나거나 가족과 친척들에게 좋지 않은 일이 생길 징조이다. 하지만 미용을 위해 자르는 것이라면 모든 근심걱정이 사라지고 기쁜 소식이 전해지겠다.

⦿ **자른 머리카락을 남에게 건네는 꿈**

  모든 근심과 우환이 사라진다. 집안이 편안해지고 기쁨이 넘친다.

⦿ **머리를 땋는 꿈**

  결혼을 하게 되거나 헤어졌던 사람과 다시 만나게 된다.

⦿ **배우자가 머리를 산발하는 꿈**

  배우자가 부정을 저지르거나 시끄러운 말썽이 생기겠다.

⦿ **머리카락이 입안에 가득 차 있는 꿈**

  집안에 병자가 있어 근심이 오래 간다.

⦿ **머리카락을 불에 태우는 꿈**

  재물의 손실과 구설수 등 좋지 않은 일이 생길 징조이다.

가슴, 어깨, 목

◉ **가슴에 관한 꿈**

꿈에 나오는 가슴은 마음이나 도량, 중심, 중앙부, 신분, 세력권 등의 일과 관련이 깊다.

◉ **가슴이 커 보이는 꿈**

잃었던 건강을 회복한다.

◉ **제비가 날아와 가슴에 안기는 꿈**

애인을 만나 분위기 있는 곳에서 아름다운 사랑의 꽃을 피운다.

◉ **가슴에 털이 무성한 것을 보는 꿈**

남자의 경우는 길운이 있어 하는 일마다 순조롭다. 이득과 명예가 따르고 가업이 번성하는 발전을 얻게 된다. 하지만 여자일 경우는 비밀이나 부정이 탄로나 말썽이 생기게 된다.

◉ **흉기로 가슴을 찔리는 꿈**

자신이 지금 하는 일에 책임을 져야 한다는 강박관념에 시달리고 있다. 그리고 모르는 여자가 자기 가슴을 흉기로 찌르면 늑막염에 걸려 수술을 받을 것을 암시하는 것이다.

◉ **흉기로 상대방의 가슴을 찌르는 꿈**

경쟁 상대나 단체에 타격을 줌으로써 자신이 이익을 보게 된다.

◉ **가슴에 훈장을 단 자신의 사진에 관한 꿈**

자신의 작품이 사람들에게 좋은 평가를 받는다.

◉ **가슴이 풍만해 보이는 꿈**

아기를 원하는 여자가 이 꿈을 꾸었다면 곧 임신을 하게 되고 미혼자에게는 결혼 소식이 있겠다.

◉ 아내의 유방이 여러 개로 보이는 꿈

불길한 징조이다. 부인의 정조 문제로 부부가 헤어질 수도 있다.

◉ 가슴에 통증을 느끼는 꿈

꿈에 누군가가 자신의 가슴을 짓눌러 고통스러우면 건강에 이상이 오거나 남편 또는 형제에게 불행이 찾아온다.

◉ 유방을 꼬집거나 주무르는 꿈

형제끼리 싸우거나 부모에게 불효를 하겠다.

◉ 어깨에 관한 꿈

꿈에서의 어깨는 세력권, 영토, 책임, 지위, 능력 등을 상징한다.

◉ 큰 산을 어깨에 메고 있는 꿈

길몽 중의 길몽이다. 세상에 이름을 드높이는 일이 있게 된다. 많은 사람들에게 선망의 대상이 됨을 암시한다.

◉ 어깨가 넓어 보이는 꿈

점차 운수가 좋아져 하는 일에 막힘이 없다.

◉ 양 어깨 위에 견장을 다는 꿈

부귀공명하고 입신출세하여 세상에 명성을 떨친다. 승진, 입학, 당선, 합격, 학위, 자격취득 등의 경사가 있고 재물이나 행운 등이 뒤따른다.

◉ 어깨에 짐을 지는 꿈

어떤 일에 책임을 지는 일이 생기게 된다.

◉ 양 어깨가 아픈 꿈

직장이나 가정이나 고달프기는 마찬가지이다.

◉ **오른쪽 어깨가 부러지는 꿈**

부하직원을 잃거나 자손에게 불행이 닥친다.

◉ **어깨에 종기가 생기는 꿈**

점차 운이 트여 하는 일이 순조롭고 금전 운이 따른다.

◉ **목에 관한 꿈**

꿈에서의 목은 생명선, 건강, 거래처, 언론기관 등을 상징한다.

◉ **목이 졸리는 꿈**

대부분은 잠자리가 불편하여 가위에 눌리는 것으로 여길 수도 있으나 평소 소중히 여기던 사람이나 물건을 잃을 수도 있다.

◉ **갑자기 목이 늘어나는 꿈**

이권이 생기거나 돈이 들어올 기회가 온다.

◉ **자신의 목이 점점 굵어지는 꿈**

직장에서 승진하여 부하를 많이 거느리게 된다. 진급, 특진, 세력 확보, 과시, 명예 등의 길운이다.

◉ **목의 때를 씻는 꿈**

누명을 벗게 된다.

◉ **목이 쉬는 꿈**

구설수나 말썽이 있겠으니 조심해야 한다.

◉ **목덜미에 오물이 묻은 꿈**

시비, 말썽, 질병, 우환 등 낭패를 겪는다.

◉ **목덜미를 잡히는 꿈**

누군가에게 복종을 하거나 시달림을 받겠다. 망신을 당할 수 있으니 조심해야 한다.

◉ 어떤 사람의 송곳에 목이 찔린 꿈

편도선염 또는 독감 등의 감기로 목이 쉬게 된다.

◉ 남이 자신의 목에 목말을 타는 꿈

남의 억제를 받고, 반대로 자신이 남의 목말을 타면 추대를 받아 지위가 높아진다.

◉ 누군가 자신의 목을 누르는 꿈

실제 자신의 모습에 불만이 많아 과거에 집착하고 있다.

◉ 동물의 목을 잡는 꿈

입학시험이나 고시에 합격하겠다.

몸, 나체

◉ 몸에 관한 꿈

꿈에서의 몸은 자기 자신이나 노동, 작업 등을 상징한다.

◉ 몸이 허공을 나는 꿈

재물과 이득이 생기고 건강을 잃었던 사람은 건강을 되찾는다.

◉ 몸에 혹이 나는 꿈

운수대통의 꿈이다. 뜻밖의 횡재를 하거나 추진하던 일이 순조롭게 성사된다. 미혼자에게는 혼담이 들어오겠다.

◉ 몸을 끈으로 꿈

장수할 꿈이다.

◉ **몸에 땀이 나는 꿈**

건강이 나빠져 일을 진행할 수가 없다. 하는 일마다 재수가 없다.

◉ **몸을 숨기는 꿈**

현실에서 어떤 일신상의 변화가 있겠다. 하지만 그것을 피할 수는 없을 것 같다.

◉ **몸을 바짝 웅크리거나 도사리는 꿈**

무언가 부끄럽거나 창피한 일이 노출된다든지 난처한 상황에 부딪치게 된다.

◉ **몸에 날개가 돋는 꿈**

운수대통의 꿈으로 계획했던 일이 성공을 하고 가정에 경사가 생기거나 뜻밖의 재물을 얻을 수도 있다.

◉ **뱀이 자신의 몸을 감고 있는 꿈**

생각지도 않던 돈이 생기고 사람들로부터 존경을 받는다. 하지만 뱀이 자신의 몸을 풀고 사라지면 재산을 잃을 징조이고, 뱀이 자신의 몸을 감고 턱밑에서 노려보면 배우자에게 자유를 구속받게 되거나 계속되는 불화로 인하여 이혼을 하게 된다.

◉ **몸에 그물을 뒤집어쓰는 꿈**

관공서와 연결된 말썽이나 손실이 발생하게 된다.

◉ **몸이 뚱뚱하거나 살이 빠져 보이는 꿈**

병에 걸리거나 좋지 않은 일이 생긴다. 계획했던 일마다 수포로 돌아가고 하는 일마다 말썽이다.

◉ **몸에 진흙을 바르는 꿈**

남에게 치욕을 당하거나 어떤 부정, 비밀 등과 연관된 문제나 곤란을 겪게 된다.

◉ 몸에서 피가 나는 꿈

운수대통의 꿈이다. 재물과 돈이 생기며 마음먹은 대로 소원성취 한다. 기쁜 소식, 성취, 계약, 행운 등이 있다.

◉ 호수나 강에서 몸을 씻는 꿈

꿈에 보이는 호수나 강은 대체로 재물을 상징한다. 사업이나 투자 등으로 많은 이익을 볼 징조이다

◉ 뜨거운 물에 몸을 씻는 꿈

어려운 상황이지만 주위 사람들의 도움을 받아 곧 회복을 하게 된다. 또한 시험에 합격할 징조이기도 하다.

◉ 몸이 벽에 부딪쳐 상처를 입는 꿈

부주의로 인해 생명이나 재산을 잃는다. 각별히 주의해야 한다.

◉ 몸을 물을 끼얹는 꿈

횡재를 하거나 자신의 작업성과가 빛을 발한다.

◉ 나체에 관한 꿈

꿈에서의 나체는 의지, 신분, 위험, 공포, 노출, 폭로, 유혹 등의 상징이다. 누군가가 자신을 욕하거나 곤궁에 빠뜨리려 한다.

◉ 나체가 되는 꿈

가정이 편안하고 좋은 일이 생기게 된다. 만약 결혼한 여자가 나체가 되면 남편과 자식이 귀하게 되고 처녀가 나체가 되면 능력 있고 똑똑한 배우자를 만날 꿈이다.

◉ 자신의 나체에 매혹되는 꿈

신분이 돋보이게 되거나 배우자, 형제 등에 의해서 귀하게 된다.

◉ **자신의 나체를 숨기려는 꿈**

생활에 제한이 많다는 것을 의미한다. 봐서는 안 될 일을 보게 되거나 경험을 하게 되며, 또한 어떠한 일에 대한 대책을 강구하게 된다.

◉ **나체가 부끄럽지 않은 꿈**

신상문제, 신분에 관한 일, 작품 등을 적나라하게 상대방 또는 세상에 공개하게 된다. 반대로 나체가 부끄럽게 생각되면 비밀이 들통 나지 않기를 바라거나 창피를 당할 수 있다.

◉ **나체로 이리저리 다니는 꿈**

하는 일에 대한 보람이나 보장도 없고 위탁한 작품이 채택되지 않는다.

◉ **자신의 나체를 거울에 비춰보는 꿈**

반가운 사람을 만나기는 하나 그 사람의 사정을 들어주게 된다.

◉ **화가 앞에서 누드모델이 되는 꿈**

심리학자, 예언자, 상담자 등과 신상문제나 운세, 심리현상을 상의 할 일이 있게 된다.

◉ **목욕을 하기 위해 옷을 벗는 꿈**

자신의 행동이 떳떳하므로 솔직하게 나타내게 된다.

◉ **옷의 일부만 벗는 꿈**

집이나 직장을 잃을 수도 있다.

팔, 손

◉ 팔에 대한 꿈

　꿈에 나오는 팔이나 손은 형제, 협조자, 부하 등 도움이 되는 사람과 힘, 능력, 권력, 작품 등을 상징한다.

◉ 팔이 크고 단단해 보이는 꿈

　가정에 행운이 깃들겠다. 형제나 자녀, 부부간에 경사로운 일이 있다.

◉ 팔에 털이 나는 꿈

　재물 운이 있다. 뜻하지 않은 횡재를 하거나 그동안의 노력의 대가가 주어진다. 병을 앓던 사람은 병에 차도가 있겠다.

◉ 팔이 부러지는 꿈

　흉몽이다. 큰 질병에 걸리거나 감옥에 갈 징조이다. 남자인 경우는 가족 간의 불화가 생기고 여자인 경우는 남편을 잃을 수도 있다. 가족 관계나 직장생활, 사업 등에 각별히 주의를 해야 한다.

◉ 팔에 종기가 나는 꿈

　하는 일이 제대로 풀리지 않는다. 사업이 부진하겠다.

◉ 팔에 못이 박히는 꿈

　주위 사람들과 협력해야 할 일이 생긴다.

◉ 팔이 잘리는 꿈

　가족 중에 누군가가 불의의 사고를 당해 사망할 수도 있다.

◉ 손이 아름다워 보이는 꿈

　하는 일이 순조롭게 진행되어 좋은 결실을 보게 된다.

◉ 손에 꽃이 피는 꿈

결혼을 하거나 임산부는 딸을 출산하게 된다.

◉ 손이 작아 보이는 꿈

아랫사람에게 시기나 배반을 당할 징조이다.

◉ 손을 흔들며 떠는 꿈

들어온 복을 차버리는 꼴이다. 실수, 사고, 질병, 우환이 생긴다.

◉ 손에 상처를 입는 꿈

좋지 않은 일에 휘말리거나 이별을 예시하는 꿈이다. 사랑하는 연인
이나 친한 친구와 헤어지거나 부부라면 이혼할 가능성이 있다.

◉ 손에 화상을 입는 꿈

새로운 사람과 인연을 맺겠다.

◉ 애인의 손을 잡고 함께 날아다니는 꿈

학생은 성적이 오르고 미혼 남녀는 혼담이 이루어지며, 사업가는 경
영하는 일이 뜻대로 이루어진다.

◉ 의자에 앉아서 자신의 손을 보는 꿈

중요한 물건을 잃어버리거나 누군가에게 모함을 받는다.

◉ 자신의 손을 누가 잡아 끌어주는 꿈

가까운 사람의 도움으로 위기를 모면하게 된다.

◉ 손을 씻는 꿈

끓는 물에 손을 씻으면 병이 나을 징조이고 깨끗한 물에 씻으면 만
사가 순조로워 하는 일마다 운수대통이다. 하지만 더러운 물에 손을 씻
으면 재수 없는 일을 당하거나 구설수에 오르기 쉽다.

◉ 큰 동물이 자신의 손을 물고 놓지 않는 꿈

 권력, 직책, 명예 등을 얻어 오래도록 간직할 수 있다.

◉ 손가락이 많이 생기는 꿈

 가족이 늘거나 재물이 생기겠고, 믿고 의지할 만한 친구나 원하던 사람을 만나 도움을 받는다.

◉ 손가락에 통증을 느끼는 꿈

 몸이나 심기가 불편하다.

◉ 손가락이 잘리는 꿈

 절친한 친구가 요절을 하거나 이성간의 불화로 이별을 하게 된다.

◉ 손톱을 깎는 꿈

 신체상에 이상이 생겨 건강을 해칠 수 있다. 또는 부상을 당하거나 가정이 편안하지가 않다. 특히 어린아이에게 신경을 써야 한다.

◉ 손톱이 길어 보이거나 짧아 보이는 꿈

 손톱이 길어 보이면 횡재수가 있다. 사업가가 이 꿈을 꾼다면 장차 큰 이익을 보겠다. 반대로 손톱이 짧아 보이면 걱정거리가 생기거나 불미스러운 일이 생기게 된다. 직장인이 이 꿈을 꾼다면 사소한 시비로 화를 불러올 수 있으니 조심해야 한다.

◉ 갑자기 손톱이 빠지는 꿈

 가족에게 우환이 생기게 된다.

다리, 발

◉ **다리에 관한 꿈**

　꿈에 다리와 발은 자손이나 세력, 부하, 적극성 등을 상징한다.

◉ **다리에 상처가 나는 꿈**

　운수대통의 꿈이다. 소원하는 일이 다 이루어지겠다.

◉ **자신의 다리에서 피가 흐르는 꿈**

　사업이 번창하고 재수가 대길한 징조이다. 사업을 계획하고 있다면 적극적으로 추진해야 한다.

◉ **걷다가 다리가 부러지는 꿈**

　애쓴 보람도 없이 모든 일이 허사가 된다. 사업에 실패하거나 시험에서 떨어질 징조이다.

◉ **다리가 아픈 꿈**

　자식이나 부하직원 때문에 속이 상하겠다. 신경통이 생긴다.

◉ **마른 다리를 보는 꿈**

　절친한 친구나 연인 사이에 문제가 생길 징조이다.

◉ **허벅지에 상처를 입는 꿈**

　가족이나 친구, 연인 사이에 문제가 생겨 이별을 하게 된다.

◉ **무릎을 다치는 꿈**

　모든 일에 장애가 생기게 된다. 사업은 경영상의 어려움으로 파산을 하겠고 직장인은 승진의 기회를 잃는다.

◉ **발목을 삐는 꿈**

아랫사람이나 친구에게 속임수를 당하거나 배신을 당한다.

◉ 자신의 발목을 보는 꿈

친구가 남몰래 자신의 어려움을 도와주고 있다는 증거이다.

◉ 발이 무겁게 느껴지는 꿈

건강에 이상이 생겨 병에 걸릴 징조이다.

◉ 발을 다치는 꿈

믿었던 사람에게 배신을 당하게 되고 추진했던 일의 결과가 좋지 않아 마음고생이 심하다.

◉ 큰 발을 보는 꿈

발이 크게 보이면 건강 상태가 좋다는 의미이고 발이 작아 보이면 근심이 생긴다.

◉ 발에 오물이 묻은 꿈

곤욕을 치르거나 수모를 겪게 된다.

◉ 발이 잘리는 꿈

자손에게 좋지 못한 일이 생기게 된다.

◉ 발을 밟히는 꿈

어떤 비밀이나 소문을 내지 말라는 암시이다.

배(배꼽), 등, 허리

◉ 배에 관한 꿈

　꿈에서의 배는 일의 결과나 기관, 집, 창고, 창의성, 욕구충족 등의 상징이다.

◉ 배를 씻는 꿈

　계획한 일이 순조롭게 풀리니 고민할 일이 없이 편안해진다. 재물과 이권이 생긴다.

◉ 누군가 자신의 배 위에 앉아 있는 꿈

　남에게 복종하거나 물질적으로 이용을 당하게 된다.

◉ 배 위에 책이 있는 꿈

　성적이 좋아지거나 학문에 증진하겠다.

◉ 누군가 자신의 배를 쳐다보는 꿈

　연인 사이나 부부 사이가 한층 더 두터워지고 원하던 이성과 성관계를 가질 수도 있다.

◉ 배가 고픈 꿈

　현재 자신의 모습이나 상황에 불만을 가지고 있다.

◉ 갑자기 배가 아픈 꿈

　사업상이나 어떤 일에 뇌물을 받은 것이 양심에 가책을 느끼는 것이다.

◉ 배꼽이 없어지는 꿈

　주로 경제적인 문제로 고생을 하게 된다.

◉ 배꼽에서 물이 나오는 꿈

길몽이다. 그동안 힘들었던 일들이 모두 해소된다. 건강을 되찾거나 우환이 사라진다.

◉ 등에 관한 꿈

꿈에서의 등은 복종이나 순종, 불의, 약점, 배경 등과 관계가 있다.

◉ 등에 돌이나 짐을 지고 가는 꿈

좋은 징조이다. 사업가는 사업이 번창하겠고 관직에 있는 자나 직장인은 승진할 꿈이다. 하지만 등이 다치거나 하면 질병이나 장애 등 재액을 치르겠다.

◉ 아이를 등에 업고 있는 꿈

주위 사람들과 다투거나 구설수에 오르기 쉽다.

◉ 등에 벌레가 있는 꿈

흉한 질병이 생길 징조이니 건강을 각별히 조심해야 한다.

◉ 상대방에게 등을 돌리는 꿈

상대방이 시키는 대로 복종하게 된다.

◉ 허리에서 땀이 나는 꿈

직장이나 가정이 모두 편안하다. 병을 앓고 있던 사람은 회복할 징조이다.

◉ 허리가 아픈 꿈

많은 채무로 인해 힘이 들겠다. 과로나 질병, 우환을 조심해야 한다.

엉덩이, 항문, 성기

◉ 엉덩이에 관한 꿈

  꿈에 엉덩이는 배후, 이면, 보증인이나 선정적인 것을 상징한다.

◉ 엉덩이를 보는 꿈

  꿈에 남자 엉덩이를 보면 사업이 크게 번창하고 여자 엉덩이를 보면 망신을 당하거나 재수 없는 일이 생긴다.

◉ 엉덩이에 피가 묻어 있는 꿈

  처음에는 불길하지만 나중에는 운이 좋아진다. 하지만 질병이나 낙상, 사고 등이 따를 수도 있다. 월경과도 관계가 있다.

◉ 항문에 관한 꿈

  꿈에 항문은 뒷문이나 암거래, 은닉처, 배설구 등을 상징한다.

◉ 항문 주위가 더러운 꿈

  하는 일마다 되는 일이 없고 가는 곳마다 골치 아픈 일만 생기게 된다. 질병이 생길 징조이니 조심해야 한다.

◉ 항문에 보석이나 시계를 감추는 꿈

  아무도 몰래 정부를 두거나 비자금을 마련하게 된다.

◉ 항문에서 피가 나는 꿈

  사업상 뒷거래를 하다 손해를 보게 된다.

◉ 성기에 관한 꿈

  꿈에 나오는 남자의 성기는 자존심, 지식, 작품, 창의성 등을 상징하고 여자의 성기는 고향, 집, 유혹, 비밀이나 창조의 근원 등을 상징한다.

◉ 자신의 성기를 내놓고 자랑하는 꿈

자신의 능력이나 작품 또는 자식을 자랑할 일이 생긴다. 또 이성이 자신에게 성기를 노출시키는 꿈은 누구에게 사업상 유혹을 받게 되거나 자신의 능력을 과시하는 행위이다.

◉ 남성의 성기가 점점 발기하는 꿈

길몽이다. 자신이 개발한 상품이 인정을 받아 생산을 하게 되거나 높은 자리에 오를 꿈이다. 반대로 남성의 성기가 점점 작아지는 꿈은 집안의 재산이 줄거나 생각지도 않았던 지출이 생기게 된다.

◉ 검은 천으로 성기를 가리는 꿈

자존심이 상할 일이 생기거나 사생활에 문제가 생긴다. 또 남이 보지 못하게 성기를 감추는 꿈은 자기 자신이나 작품에 자신이 없어 위축되는 일이 생길 수도 있다.

◉ 성기가 발기되지 않아 초조해하는 꿈

추진하던 사업이나 작품 등에 대해 의욕을 상실하고 그로 인해 실패할 수도 있다.

◉ 성기가 잘리는 꿈

실패나 불운이 닥칠 징조이다. 직장이나 자신의 명예 등에 불이익이 생기고 지금까지 하던 일들이 중단되어 많은 어려움이 있다.

◉ 성기가 아픈 꿈

성병이 생기거나 질병이 생긴다는 암시이다. 각별히 건강에 신경을 써야 한다.

◉ 성기가 없어지는 꿈

뜻밖의 재난을 당하여 무척 고생을 하게 된다. 도둑을 맞거나 사업실패 등 불운이 닥친다.

◉ 성기를 만지는 꿈

꿈에 남자가 여자의 성기를 만지면 누군가와 사업을 같이 하거나 다른 사람의 작품을 검토할 일이 생긴다. 반대로 여자가 남자의 성기를 만지면 남편이나 자식 때문에 심적 고통을 받게 된다. 또 모르는 사람이 자신의 성기를 만지면 하루 종일 재수가 없고 창피한 일이 생기게 된다.

◉ 남자가 여자의 성기를 달고 있는 꿈

믿음직한 사람을 만나 동업이나 어떤 계약을 성사시키겠다.

눈, 코, 귀

◉ 눈에 관한 꿈

꿈에서의 눈은 어떤 일의 심사나 감찰, 마음, 정신력, 통찰력, 지혜, 작품의 이미지 등과 관련이 있다.

◉ 눈에서 빛이 나는 꿈

눈에서 빛이 나거나 먼 곳까지 뚜렷하게 볼 수 있는 꿈은 사업이나 상업에 큰 이익을 남길 징조이다. 학자라면 크게 명성을 얻는다.

◉ 눈을 씻는 꿈

모든 일이 순조롭다, 사업가는 그 사업을 기반으로 더욱 발전하고 가정은 편안하다. 직장인은 그동안 미루어졌던 일들이 해결된다.

◉ 누군가의 눈이 부드러워 보이는 꿈

인자한 사람을 만나거나 좋은 책을 구입하게 된다. 반대로 자신을 쳐다보는 눈이 차갑고 무섭게 느껴진다면 그 사람에게 냉대를 받거나 자신이 냉혹한 일과 연관이 된다. 또 자신에게 눈을 부릅뜨고 호령한다면 생각지도 않은 일에 휘말려 구설수에 오르거나 불량배에게 시달림을 받게 된다. 한순간의 실수로 망신살이 뻗칠 수도 있으니 주의해야 한다.

◉ 눈이 머는 꿈

자식과 이별할 징조이다. 또 시력이 나빠지는 꿈이면 금전적인 손해가 생기거나 예기치 못한 일로 인하여 실망할 수 있다.

◉ 눈병을 앓는 꿈

하는 일에 방해가 생겨 중도에 포기하게 된다. 집안에 우환이 생기거나 흉년이 든다.

◉ 한 쪽 눈을 다치는 꿈

복잡한 주변 환경으로 인해 사리판단이 흐려져 주어진 일에 있어 큰 실수를 가져올 수 있다.

◉ 자신이 눈을 치켜뜨고 누군가를 보는 꿈

실제로 누군가에게 불만이 많다. 갈등이 있겠다.

◉ 눈동자가 희미하고 빛이 없는 꿈

자기의 상사나 지금까지 존경하던 사람의 식견이 좁고 도량이 크지 못하여 사람을 볼 줄 모른다고 생각하게 되거나 또는 그의 정력이 쇠약해진 것을 볼 수 있게 된다.

◉ 눈에서 피눈물이 나는 꿈

매우 불길한 꿈이다. 자신이 옳지 못한 일을 하거나 갑작스런 낭패를 겨게 된다.

◉ 눈을 찔리는 꿈

간교하고 사악한 일과 관계가 있다.

◉ 자신이 갑자기 맹인이 되는 꿈

순조롭게 진행되던 일이 갑자기 꼬이기 시작하니 답답하다. 그로인해
의욕이 상실되어 절망에 빠지거나 혹 범죄에 빠질 수도 있다.

◉ 맹인이 눈을 뜨는 꿈

막혔던 운세가 확 트인다.

◉ 코에 관한 꿈

꿈에서 코는 검토나 심사, 품격, 의지력, 자존심 등을 상징한다.

◉ 자신의 코가 보이는 꿈

꿈에 코가 높아 보이면 남의 일에 참견하여 구설수에 오를 수 있다.
또 코가 커 보이면 윗사람이나 상사로부터 질책을 받거나 미움을 살
수 있다. 또 자신의 코가 보통 코보다 길게 보인다면 이후에 경사스런
일이 겹쳐 부귀영화를 누릴 수 있음을 암시한다.

◉ 코끝이 뾰족하고 작게 보이는 꿈

매사에 경솔함이 많고 하는 일마다 사고를 저지르게 된다. 가난한 천
민이 된다.

◉ 코가 두 개로 보이는 꿈

주위의 가족이나 친구, 직장동료 등과 뜻하지 않은 불화가 생겨 사이
가 멀어질 수 있다.

◉ 코가 삐뚤어진 사람을 만나는 꿈

인격이 천박한 사람을 만나거나 자신에게 해를 끼칠 사람을 만나게

된다.

◉ 코를 수술하는 꿈

　자신이 추진 중인 사업이나 계획, 작품 등이 그와 관계된 기관이나 사람의 간섭으로 인해 일부 수정할 일이 생긴다. 또한 돈이 나가고 호주나 주인이 질병과 사고로 고통을 받는다.

◉ 코에서 피가 나는 꿈

　운세가 좋아질 징조이다 그동안 노력으로 간절히 원하던 것을 얻을 수 있게 된다.

◉ 코에 검은 점이 있는 꿈

　주로 부녀자와 연관된 꿈이다. 뜻하지 않은 피해가 생기겠다.

◉코가 다치는 꿈

　남에게 속임수를 당하여 명예를 잃거나 피해를 보겠다.

◉ 코가 건조해지는 꿈

　머지않아 병에 걸리게 될 흉몽이다.

◉ 코가 막히는 꿈

　전반적으로 경기가 침체된다. 또는 코감기, 비염이 생긴다.

◉ 코가 없어지는 꿈

　애써 얻은 명예와 권세가 하루아침에 사라진다.

◉ 코로 냄새를 맡지 못하는 꿈

　실제로 감각기관이 마비가 되어 일에 지장을 초래하게 된다. 코감기가 걸린다.

◉ 코를 씻는 꿈

　그동안의 근심걱정이 사라지고 좋은 일이 생길 징조이다.

◉ 자신의 콧등에 붉은 반점이 생기는 꿈

다른 사람의 이목을 끌게 된다.

◉ 귀에 관한 꿈

꿈에서의 귀는 소식통, 통신 기관, 연락처, 심사 기관, 사람의 운세, 인격 등을 상징한다.

◉ 귀가 먹는 꿈

귀가 먹어 들리지 않으면 근심걱정이 사라지고 안정을 되찾게 된다. 사업가는 동남쪽에서 귀인을 만나 일이 잘 풀린다.

◉ 귀가 여러 개인 꿈

믿고 의지할 수 있는 사람을 만나게 된다. 좋은 친구를 사귀게 되거나 충성스러운 부하를 얻게 된다. 특히, 사업가는 협력자의 도움으로 사업이 크게 번창하겠다.

◉ 귀에서 피가 흐르는 꿈

길몽 중의 길몽이다. 기쁜 소식을 듣고 경사스런 일이 있겠다. 재물, 돈, 성취 등이 있다

◉ 귀가 커 보이는 꿈

소신껏 일을 추진한다면 승진 등의 경사스런 일이 생기게 된다.

◉ 귀가 떨어지는 꿈

가족이나 친지간에 불미스러운 일이 생길 수 있다.

◉ 귀에 무엇인가 들어가 막히는 꿈

귀가 얇아 누군가의 유혹에 쉽게 넘어가거나 주위의 진실한 충고를 무시하는 까닭에 일이 잘 풀리지 않게 된다.

◉ 귀를 씻는 꿈

만사형통이다. 기다리던 희소식이 전해지겠다.

◉ 귀가 아픈 꿈

어떤 문제가 잘 되기를 학수고대하게 된다. 화병, 귓병, 두통, 비보 등이 있다.

◉ 귀를 다치는 꿈

믿었던 사람에게 배신당하게 된다.

◉ 누군가의 귀를 자르는 꿈

그 사람과의 인연이 끊어진다.

◉ 귀를 파는 꿈

지금까지 지지부진했던 일들이 술술 잘 풀릴 징조이다. 사업가에게 특히 좋은 꿈이다.

◉ 양쪽 귀를 파는 꿈

두 가지 소원을 이루겠다.

입, 이, 혀

◉ 입에 관한 꿈

꿈에서의 입은 문, 집안 , 부엌, 재무부, 방송국, 공보실 또는 여자의 성기 등을 상징한다.

◉ 입 안으로 무엇인가 들어오는 꿈

꿈에 입 안으로 곡물이 들어오면 돈이 들어오고 포탄이 들어오면 직장에 취직이 되거나 배우자를 만나게 된다. 또 별이 들어오면 사업가는 사업이 번창하고 직장인은 승진하겠다. 또한 부인이 이 꿈을 꾸게 되면 총명하고 건강한 사내아기를 잉태하게 된다. 하지만 사람이 입 안으로 뛰어 들어오는 꿈을 꾸면 필시 범죄나 구금 등에 연관된 일로 번거롭게 된다.

◉ 입안에 털이 나는 꿈

가정이 화목하고 즐겁다. 앓던 병도 완쾌되고 재물과 명예가 따르겠다.

◉ 입이 크게 보이는 꿈

먹을 복이 많아지고 재물을 얻게 될 꿈이다. 취직이나 승진의 기쁨이 있겠고 사업가는 금전적 이익을 보게 된다.

◉ 입을 깨끗이 씻는 꿈

그동안의 걱정거리가 말끔히 해소된다. 아니면 현재 다니고 있는 직장을 떠날 수도 있다.

◉ 입에 상처가 나는 꿈

집안에 우환이 생겨 패가망신할 징조이다. 각별한 주의가 필요하다.

◉ 입이 막혀 음식을 먹지 못하는 꿈

남자라면 급병에 걸릴 징조이며, 여자라면 구설수가 있겠다.

◉ 입술이 더러운 꿈

삼각관계의 사랑을 하거나, 이미 연인이 있는 사람을 좋아하게 된다.

◉ 입 안에 벌레가 있는 꿈

유행성 질병에 걸리고 몸이 허약해진다. 구설수, 수술, 사고, 질병 등의 불운이 닥친다. 하지만 입 안에서 벌레가 기어 나온다면 지금까지의 근심과 걱정이 모두 사라져 편안해진다.

◉ **입에서 피가 나는 꿈**

주위 사람들과의 좋은 일이 생기게 된다.

◉ **입 안에 머리카락이 꽉 차 있는 꿈**

집안에 병자가 생겨 오래도록 근심, 걱정을 하게 된다.

◉ **입이 큰 사람을 만나는 꿈**

재력가나 권력가 등 유명인사와 만나게 된다.

◉ **자신의 입이 커지는 꿈**

하는 일마다 만사형통이다. 재물이 따르겠다.

◉ **이에 관한 꿈**

꿈에서의 이는 가족, 일가친척, 직원, 관청 직원, 권력, 방도, 조직, 거세, 경도 등을 상징한다.

◉ **이가 나는 꿈**

이가 새로 나는 꿈을 꾸면 장수할 징조이다. 질병을 앓고 있다면 차도를 보이게 되고 사업이 발전하고 가정 또한 안정이 되겠다. 또 자손이 번창 하게 된다.

◉ **이가 빠지는 꿈**

이가 빠지는 꿈은 죽음과 관련이 깊다. 이가 하나가 빠지면 친구나 가까운 사람이 죽거나 그 사람과 생이별을 하게 되고 윗니가 빠지면 윗사람이, 아랫니가 빠지면 아랫사람이, 덧니는 사위나 양자가 죽는다. 또 어금니가 빠지고 피가 나지 않으면 부모상을 당할 징조이다.

◉ **앓던 이나 썩은 이를 뽑는 꿈**

가로막혔던 장애나 말썽 등이 해소된다. 혹은 아픈 사람이 이 꿈을 꾼다면 사망할 수도 있다.

◉ 이를 깨끗하게 닦는 꿈

점차 우환이 해소되어 앞길이 순탄하다. 또 깨끗하게 닦은 뒤 이가 유난히 빛이 난다면 부모님께 경사스런 일이 생긴다. 승진, 당선, 합격, 취득, 재물 등이 있다.

◉ 이가 아파서 고통 받는 꿈

재물과 이권의 손실이 생기고 집안에 질병 및 근심거리가 생기게 된다. 만일 배우자나 연인의 치아일 경우는 그들이 바람을 피우거나 눈속임을 하게 된다.

◉ 이가 흔들리는 꿈

신상에 위협을 느끼거나 사업이 부진하고 부모의 우환, 자손의 위험 등 가정 또한 편안하지 못하다. 직장에서 면직되는 경우도 있을 수 있다.

◉ 이가 부러지는 꿈

하는 일마다 뜻대로 되지 않고 실패의 연속이다. 또는 질병이 생겨 고생할 수도 있다.

◉ 사랑니가 나는 꿈

새 식구를 맞이하거나 막둥이가 태어날 징조이다.

◉ 틀니가 빠지는 꿈

사업상 손실이 생기거나 사고나 질병이 생길 징조이다.

◉ 이가 검고 누렇게 변하는 꿈

번거롭고 복잡한 일이 생기게 된다. 사업상 문제가 생기거나 가정에 근심이 가득하다.

◉ 혀에 관한 꿈

꿈에서 혀는 주모자, 추종자, 운송수단, 심의기관 등을 상징한다.

◉ 혀에 털이 나는 꿈

현재의 지위를 계속 유지하거나 주위 사람들에게 자신의 능력을 인정받게 된다.

◉ 상대방이 혀를 내미는 꿈

그 사람에게 속을 수도 있다. 사기나 속임수, 공갈 등의 액운이 끼게 된다.

◉ 자신의 혀가 갈라지는 꿈

직장에서나 가정에서나 인정을 받지 못한다.

◉ 혀를 씻는 꿈

가정에 우환이 생기거나 구설수, 말썽 등 액운이 끼게 된다.

◉ 혀가 두 개인 사람을 보는 꿈

거짓말을 잘 하는 사람과 가까이 지내게 된다.

수염, 눈썹, 털

◉ 수염이나 털에 관한 꿈

꿈에서 수염은 신분, 권세, 학식 등을 상징하고 털은 세력, 보호, 정력, 인품 또는 근심거리 등을 상징한다.

◉ 턱수염이 수북하게 자라는 꿈

명예와 권세를 얻게 될 징조이다. 거래와 교역이 활발하고 사업이 날로 번창하게 된다.

◉ 수염이 자신의 키보다 더 길게 자라는 꿈

무슨 말이 필요하겠는가. 수명장수하며 부귀공명하고 매사에 행운과 길운이 확 트이게 된다는 것을 암시한다.

◉ 콧수염이 길게 난 꿈

부귀공명하고 입신출세한다. 가정에 경사스런 일이 있고 재물과 돈이 들어온다.

◉ 수염이 빠지는 꿈

자녀들이나 가까운 친척에게 근심이 생길 징조이다. 또한 자신의 건강에 신경을 써야 한다.

◉ 수염을 뽑거나 자르는 꿈

가족 또는 가까운 친척이 멀리 떠나게 된다. 또는 부부 사이가 원만하지 못하다.

◉ 속눈썹이 떨어지는 꿈

병으로 고생할 징조이니, 건강에 신경을 써야 한다.

◉ 눈썹이 길게 나는 꿈

이성의 도움으로 인하여 금전적 이익이 생기게 된다.

◉ 눈썹을 그리는 꿈

노인은 수명이 길어지고 젊은이는 배우자를 만나고 환자는 건강을 되찾는다.

◉ 눈썹을 깎는 꿈

여자가 이 꿈을 꾸었다면 이사할 가능성이 많고 남자가 꾸었다면 매사에 활력이 떨어진다.

◉ **한쪽 눈썹이 없어지는 꿈**

흉몽이다. 요절하거나 인연이 없어 고독하고 재물이 하나도 없다.

◉ **누군가의 몸에 털이 난 것을 보는 꿈**

신분을 숨기거나 진실하지 못한 사람과 시비를 가릴 일이 생긴다.

◉ **발등에 털이 길게 난 꿈**

출장이나 여행으로 분주다사하게 되고 좋은 결과를 얻게 된다.

배설물과 분비물

대변, 소변

◉ 대변에 관한 꿈

꿈에서의 대변은 재물, 돈, 작품이나 감정의 상태, 소문거리, 부정 등을 상징한다.

◉ 대변이 수북이 쌓여 있는 꿈

대부분의 대변 꿈은 재물 운과 관계가 깊다. 특히, 대변이 수북이 쌓여 있었다면 사업이나 투자 등의 성공으로 인해 큰돈을 만지게 될 징조이다.

◉ 황금 빛깔 대변을 뒤집어쓰는 꿈

말할 필요도 없다. 이 꿈은 많은 재물이 들어올 징조이다. 엄청난 행운이 들어오니 당장 복권을 사라. 또 귀인의 도움의 이권에 개입하여 많은 이익을 보게 될 수도 있다. 운수 대통하는 좋은 꿈이다.

◉ 자신이 대변을 짊어지고 오는 꿈

길몽으로 사업가가 이 꿈을 꾸었다면 사업이 번창하여 재물이 들어오겠다.

◉ **대변을 손으로 만지는 꿈**

　현재 추진 중인 사업 또는 투자가 순조롭게 잘 진행되어 머지않아 큰돈을 만지게 될 징조이다. 횡재수가 있으니 복권을 사는 것도 좋겠다. 하지만 탁하고 묽은 대변을 만지면 자신이 하는 일에 불만을 느끼거나 불쾌감을 느끼게 된다.

◉ **화장실에 대변이 넘치는 꿈**

　한마디로 재복을 불러오는 돈 꿈이다. 전혀 예상하지 못했던 일로 인해 별안간 돈벼락을 맞게 되는 것을 암시한다. 복권을 사는 것도 좋겠다.

◉ **화장실을 청소하는 꿈**

　근심걱정이 해소되기도 하나 재물의 손실이 있을 수도 있다.

◉ **대변을 배설하는 꿈**

　시원하게 배설을 하면 자신이 원하던 일이 하게 되지만 허전함을 느낀다면 그동안 감춰오던 자신의 비밀이 탄로 날 수도 있다.

◉ **자신이 배설한 대변이 다른 사람의 옷에 묻는 꿈**

　부채로 고생을 하거나 망신살이 뻗치게 된다.

◉ **가마솥 밑에서 대변을 보는 꿈**

　남에게 욕먹는 일이 생길 수도 있다. 언행이나 대인관계에 각별한 신경을 써야겠다.

◉ **대변을 담는 꿈**

　재산을 모으거나 저축을 하게 된다. 하지만 그릇이나 항아리 등에 담으면 크게 망신을 당할 징조이다.

◉ 대변을 피해가는 꿈

진행 중인 일이나 결혼, 취직 등이 성사되지 않는다.

◉ 대변을 잃어버리는 꿈

금전적으로 손해를 보게 된다.

◉ 밥이 대변으로 변해서 못 먹는 꿈

직업을 잃게 되거나 추진하던 사업이 중단될 수도 있다.

◉ 검은 색 대변을 보는 꿈

신변에 좋지 않은 일이 생길 것을 암시한다. 부정한 거래에 연루되어 비정상적인 방법으로 돈을 벌게 되거나, 심각한 질병에 걸려 건강을 잃어버리게 될 징조이니 매사에 주의를 해야 한다.

◉ 소변에 관한 꿈

꿈에서의 소변은 정신적 물질적인 재물, 소원의 경향 등을 상징한다.

◉ 소변을 보는 꿈

대체로 소변을 보는 꿈은 길몽으로 자기 집에서 소변을 보면 가정이나 직장에서 좋은 일이 생기고 어느 화장실에 들어가 소변을 보면 어떤 기관이나 기업과 관련이 있고 야외에서 소변을 보면 사업이 번창하고 하는 일마다 의욕이 넘친다.

◉ 소변이 마려워서 소변을 보는 꿈

빨리 일어나야 하는 일이 있거나 자신의 미래를 암시하기도 한다.

◉ 소변을 보는데 소변이 세차게 나오는 꿈

크게 소원이 성취된다.

◉ 여성이 소변을 보는 꿈

어떤 사람으로 인해 사업상 실패하거나 상대방이 소원을 충족시킴을 보고 불쾌해진다.

◉ 소변이 옷이나 몸에 묻는 꿈

계약을 맺거나 창피한 일을 당하게 된다.

◉ 소변을 잃는 꿈

재산이 없어질 것을 암시한다.

◉ 아이가 이부자리에 소변을 보는 꿈

배우자나 사업상 동업자와 크게 싸우게 된다.

눈물, 땀, 침, 정액

◉ 눈물을 흘리는 꿈

이 꿈은 반대로 기쁜 일이 생기고 누군가에게 축하를 받는다.

◉ 하염없이 눈물을 흘리는 꿈

기쁜 일들이 오래도록 지속되겠다.

◉ 눈물을 닦아내는 꿈

누군가에게 편지를 쓰거나 호소문을 쓸 일이 생긴다.

◉ 다른 사람이 우는 것을 보는 꿈

그 사람과 사이가 나빠지거나 좋지 않은 일이 생길 수 있다.

◉ 누군가가 눈물을 흘리는 꿈

그 사람으로 인해 불쾌한 일이 생기게 된다.

◉ 눈물이 흘러 강과 바다가 되는 꿈

모든 일들이 시원하게 풀린다. 횡재, 재물, 돈, 연구, 문예창작, 수도, 기원 등의 길조이다.

◉ **눈물을 흘리며 우는 꿈**

남의 일에 끼어 구설수에 오르게 되고 좋은 관계를 유지해오던 주변 사람들에게 인심을 잃게 된다.

◉ **눈물을 질질 짜는 꿈**

어떤 일에 힘든 고비마다 무척 어려움을 겪게 된다. 지지부진하고 알력이 있다.

◉ **땀을 흘리는 꿈**

매사에 되는 일이 없고 노력한 만큼의 대가가 주어지지 않아 의욕이 상실되어 심리적으로 많이 위축되어 있는 상태이다. 건강을 해칠 수도 있으니 주의해야 한다.

◉ **온몸에서 땀이 줄줄 흐르는 꿈**

우환, 손실 및 장애가 발생하게 된다.

◉ **이마에 땀방울이 맺혀 있는 꿈**

가정에 우환이 생길 징조이다. 부모가 아프거나 금전적 지출이 생기고 다쳐서 상처를 입기도 한다.

◉ **땀을 많이 흘리면서 답답하다고 느끼는 꿈**

심신이 허약해져 모든 일에 의욕을 상실하게 된다. 근심걱정이 생기고 건강을 해칠 수도 있다.

◉ **땀을 많이 흘리면서 시원하다고 느끼는 꿈**

기력이 왕성하고 매사에 활력이 넘친다.

◉ **땀을 닦아내는 꿈**

몸과 마음이 안정되고 잃었던 기력을 회복한다. 어떤 추천서나 계약서를 작성하게 된다.

◉ 침을 시원하게 뱉는 꿈

그동안 계획하던 일이 성공적으로 이루어진다.

◉ 누군가의 얼굴에 침을 뱉는 꿈

그 사람에게 험한 말을 하여 마음의 상처를 입힌다.

◉ 누군가가 자신의 얼굴에 침을 뱉는 꿈

하루 온종일 재수가 없겠다. 구설수로 인하여 망신을 당하게 되고 싸움과 소송이 발생한다.

◉ 산을 보고 침을 뱉는 꿈

부모에게 불효를 저지르거나 직장 상사에게 쓸데없이 반항하여 구설수에 오르거나 망신을 당하겠다.

◉ 입 안에서 침이 마르는 꿈

사업 등 자신이 하는 일에 돈이 부족하니 많은 고통이 따른다.

◉ 정액에 관한 꿈

꿈에서의 정액은 일의 성과, 정신적 또는 물질적인 유산, 정력, 시빗거리 등을 상징한다.

◉ 정액이 많이 나와 쌓이는 꿈

정신적 또는 물질적인 소득을 얻거나 많은 작품을 제작하게 된다.

◉ 정액이 남의 피부에 묻는 꿈

남자라면 머리를 쓰는 일이 생기겠고 여자라면 임신을 할 징조이다. 하지만 간혹 구설수나 망신살이 생길 수도 있다.

◉ 정액이 속옷에 묻어 얼룩져 있는 꿈

하루 온종일 기분이 불쾌하고 몸이 무겁다. 실수, 구설수, 시비 등에 휘말리겠다.

⦿ **정액을 보거나 사정을 하는 꿈**

정신적으로 힘든 노동을 하거나 지출이 늘어나겠다.

⦿ **정액이 피로 보이는 꿈**

마음을 터놓고 사귈 수 있는 친구를 만나게 된다.

피

⦿ **피에 관한 꿈**

꿈에서의 피는 재물이나 진리, 생명력을 상징한다.

⦿ **몸에 피가 묻는 꿈**

몸에 피가 조금 묻으면 계약을 하거나 누군가의 재정을 보증하게 된다. 또 다른 사람을 칼로 찔러 그 사람의 피가 나에게 묻으면 그 사람을 도와주고 재물을 얻을 수 있다. 하지만 몸에 묻은 피를 닦거나 옷을 빨면 재산상의 손해를 입는다.

⦿ **누군가의 옷에 더러운 피가 묻어 있는 꿈**

그 사람이 큰 화를 당할 수 있다.

⦿ **피를 토하는 꿈**

가정에 좋지 않은 일이 생기거나 재산상의 손해를 볼 수 있다.

⦿ **호수나 강이 피로 변하는 꿈**

종교계통에서 큰 활동을 할 징조이다.

⦿ **코피를 흘리는 꿈**

　자신이 코피를 흘리면 재산상의 큰 손해를 보게 된다. 하지만 다른 사람이 코피를 흘리는 모습을 보면 그 사람에게 물질적, 정신적으로 도움을 받게 된다.

⦿ **뜸을 뜨는 도중에 피가 나는 꿈**

　하는 일이 일사천리로 진행이 될 징조이다. 특히, 사업가나 상인은 시기를 잘 만나 사업이 호전되어 큰 재물을 얻게 되고 관직에 있는 자는 상사의 배려와 자신의 노력으로 승진하게 된다.

⦿ **피를 마시는 꿈**

　많은 재물을 집안으로 끌어들이겠다.

⦿ **누군가가 피를 흘리며 죽어 있는 꿈**

　길몽이다. 엄청난 재산이 들어올 것이다.

⦿ **피를 보고 피하는 꿈**

　큰돈을 벌 기회를 놓쳐버린다. 하지만 피를 보고도 아무렇지 않으면 큰돈을 벌 것이다.

⦿ **가파른 곳에 굴러 피가 흐르는 꿈**

　횡재수가 있겠다.

⦿ **동물의 피를 보는 꿈**

　원하던 일이 성사되고 재물이 생길 꿈이다.

⦿ **자기 입 속에 피를 머금었다가 삼키는 꿈**

　흉몽이다. 비통하고 애절한 일을 겪게 된다.

⦿ **피가 흥건한 가운데 앉아있는 꿈**

남자라면 재물과 권리, 명예가 생기겠으나 여자의 경우에는 임신이나 출산에 있어 재액이 생길 수 있으니 각별히 조심해야 한다.

◉ 뱃속에 피가 고여 배가 불러오는 꿈

아주 좋은 꿈이다. 엄청난 부를 축적하게 된다.

◉ 누군가에 자신의 피를 주는 꿈

금전적인 손해가 생기게 된다.

◉ 여자가 생리하는 꿈

좋은 소식이 있거나 좋은 조건으로 계약을 체결하게 된다. 그동안의 근심걱정이 사라지겠다.

◉ 소녀가 초경을 치르는 꿈

실제로 초경을 하거나 좋은 소식이 전해진다.

생물에 관한 꿈

동물

돼지 / 용 / 호랑이 / 사자 / 곰 / 소
코끼리 / 여우, 늑대 / 원숭이 / 양 / 말
뱀 / 토끼 / 개 / 닭 / 쥐 / 고양이
바다동물 / 양서동물 / 물고기 / 각종 어류
조류 / 곤충류

식물

숲, 나무 / 꽃 / 과일이나 열매
채소, 각종 풀, 해조류 / 농사, 곡식류

동물

돼지

◉ **돼지에 관한 꿈**

꿈에서의 돼지는 횡재, 재물, 돈, 사업체, 명예의 상징이거나 사람의
성격, 신분, 운세 등을 나타낸다.

◉ **돼지를 보는 꿈**

운수대통의 꿈을 상징하므로 복권의 당첨, 매매 등으로 뜻하지 않은
횡재를 할 꿈이다.

◉ **돼지가 떼로 몰려오는 꿈**

전혀 예상하지 못했던 일이 순조롭게 풀리거나 소액을 투자한 일이
뜻밖의 호재로 인해 일확천금을 가져다 줄 징조이다.

◉ **돼지가 집으로 들어오는 꿈**

아주 큰 돼지가 집으로 들어오면 복록을 얻게 되고 복이 많은 배우
자를 얻게 되는 등 행운을 가져다줄 꿈이다.

◉ **돼지가 따라다니는 꿈**

재물을 얻게 될 것이다. 그러나 따라오는 돼지를 발로 차면 투기나 투자에 손해를 보게 되고, 역한 냄새가 나는 돼지가 따라다니면 평판이 좋지 않은 사람에게 청혼을 받게 된다.

◉ 돼지우리에 불이 나는 꿈

하는 일마다 순조롭게 번창하고 횡재수까지 들어오게 될 징조이니 복권을 사는 것이 좋겠다. 재물과 돈이 저절로 굴러 들어오는 꿈이다.

◉ 황소만한 돼지가 방 안으로 들어오는 꿈

전혀 뜻하지 않은 일 또는 투자 등으로 별안간 돈벼락을 맞게 될 징조이다. 복권을 사는 것이 좋겠다.

◉ 누군가의 우리에 있는 돼지를 모조리 자신의 집으로 끌고 오는 꿈

복권 등에 당첨되거나 결혼이나 계약이 성사되는 등 하는 일마다 모두 소원성취이다.

◉ 돼지가 쫓아오거나 돼지를 끌어안는 꿈

높은 자리에 오르는 등 크게 성공하게 된다.

◉ 가까운 사람 누군가가 돼지를 몰고 오는 꿈

가까운 시일 내에 누군가가 돈을 가져오게 된다.

◉ 돼지를 붙잡아매는 꿈

새로운 식구를 얻게 되거나 도움을 줄 사람을 만나게 되고 매사 강력한 운세가 뒷받침되어 크게 성공하게 될 것이다.

◉ 돼지가 똥을 누는 꿈

돼지가 똥을 누는 꿈이라면 더 이상 무슨 말을 하겠는가. 평생 한번 꿀까 말까한 꿈이니 지금 당장 복권을 사야 한다. 머지않아 당신 손에 엄청나게 큰돈이 들어오게 된다.

◉ 돼지를 타고 오는 꿈

　장차 대길할 징조이다. 특히 사업이나 투자에서 많은 이익을 볼 수 있겠다. 횡재수도 있으니 복권을 사는 것도 좋을 것이다.

◉ 돼지고기를 먹는 꿈

　꿈에서 돼지고기를 먹으면 질병이 생길 징조이므로 건강관리에 특히 조심해야 한다. 하지만 돼지를 통째로 삼거나 구워 칼로 잘라먹으면 자신의 작업이나 작품이 주위사람들에게 인정을 받게 되든지, 지금 진행 중에 있는 일의 성과가 좋게 나타난다.

◉ 돼지를 죽이는 꿈

　살아 있는 돼지를 죽이면 입학이나 취직이 되는 등 길조이지만 돼지가 저절로 죽게 되면 흉할 징조이다. 자신이 돼지를 직접 죽였다면 그 동안 추진해 온 일들이 순조롭게 진행되어 좋은 결과를 가져오게 된다. 그런데 돼지 엉덩이를 칼로 찌르고 목을 쳐서 죽이면 무슨 일이든 시작은 좋으나 그 끝이 지지부진하게 결과가 좋지 못하다.

◉산 정상에 있던 멧돼지가 내려와 이빨로 자신의 배를 찌른 꿈

　태몽으로 아이가 장차 최고의 명예 또는 권리를 말년에 획득하게 된다.

◉ 돼지새끼를 안고 집으로 들어오는 꿈

　태몽으로 아내 또는 새댁이 임신을 하게 되는 꿈이다. 재복과 인덕을 갖춘 총명한 아기가 태어날 징조이다.

◉ 아내가 돼지를 안고 있는 꿈

　재복과 인덕을 갖춘 아기를 잉태하게 될 징조이다. 아이가 장차 사업가로 대성할 수 있을 것이다.

◉ **붉은 털이 있는 돼지를 보는 꿈**

임신을 하거나 출산을 하게 된다. 귀한 자식이 태어날 징조이다.

◉ **어미돼지가 새끼를 낳는 꿈**

결혼이나 임신·출산을 하게 되는 등 매사에 기쁜 일이 뒤따르게 된다. 각기 다른 색깔의 돼지새끼들이 태어나면 가족 중에서 이별을 하게 되는 사람이 생기거나 뿔뿔이 다른 일을 하게 된다.

◉ **돼지를 쓰다듬는 꿈**

태몽이라면 장차 큰 부자가 될 인물을 낳게 될 것이다. 돼지의 머리를 쓰다듬으면 태몽일 경우 장차 엄청난 재물을 소유하지만 부모의 속을 썩일 인물을 낳게 될 것이다.

◉ **돼지새끼를 안아 올리는 꿈**

증권, 부동산 등에 투자한 돈이 뜻밖의 호재를 만나 큰돈이 되어 돌아올 징조이다. 돈과 관련된 횡재수가 들어올 기회이므로 잘 이용해야 한다.

◉ **사나운 돼지가 자신을 발로 밟아 쓰러뜨리는 꿈**

빚쟁이로부터 괴로움을 겪게 된다.

◉ **자신이 돼지와 성교하는 꿈**

사업체 또는 돈벌이와 관계되는 어떤 계약을 맺을 수 있게 된다.

◉ **돼지와 함께 노는 꿈**

재물과 돈이 저절로 굴러 들어오는 꿈이다. 자신이 사업가라면 정말 좋은 꿈을 꾼 것이다 현재 진행 중인 사업이 순조롭게 진행되어 머지 않아 큰돈을 만질 수 있게 된다.

◉ **돼지가 강 한가운데서 허우적거리는 꿈**

누군가의 방해로 일에 차질이 생기게 되고, 건강에 이상이 생기거나 물건이나 돈을 잃어버리게 될지도 모르니 조심하는 것이 좋다.

◉ 많은 돼지를 실은 차를 운전하는 꿈

책임자가 되어 일을 운용시켜 성공적으로 그 일을 마무리하며 공로를 인정받게 된다.

◉ 많은 돼지새끼를 실어다 마당에 풀어놓는 꿈

자손에게 경사가 있고 자신의 것이 되지 않을 재물을 많이 만지게 된다. 하지만 노인이 이 꿈을 꾸었다면 건강에 주의해야 한다.

◉ 돼지의 목을 누르는 꿈

경쟁이나 재판 등에서 이기게 되거나 사업을 하게 되거나 재물을 얻게 된다.

◉ 돼지에게 쫓기는 꿈

금전적인 문제로 말썽이 일어나 시끄러워진다. 쫓던 돼지가 도중에 사람으로 변하면 경찰서에 불려가는 일이 생기게 된다.

◉ 돼지머리를 제사상에 올려놓는 꿈

자신의 작품 등이 주위 사람들에게 인정을 받게 된다. 또는 누구에겐가 물질적인 대가를 받게 된다.

◉ 돼지를 타고 물 위를 건너는 꿈

현재 진행 중인 사업 또는 투자에서 좋은 결과를 얻게 된다. 하지만 끝까지 무사히 잘 건너야 한다.

◉ 돼지가 자신의 치마를 물고 흔드는 꿈

굉장한 행운이 당신 곁에 가까이 와 있음을 암시하는 징조이다. 주식 대박, 집값 상승, 복권 또는 경품 당첨 등 기쁜 소식이 전해지게 된다.

치마를 입은 사람이 미혼의 여자일 경우 장차 부자가 될 사람과 결혼을 하게 된다.

◉ 돼지털을 전부 깎아버리는 꿈

모든 경쟁에서 패배하게 되고 가족에게 우환이 생기게 된다. 뜻하지 않게 시비를 가릴 일이 생겨 송사가 일어나는 등 고통을 겪게 될 것이다.

◉ 돼지가 논밭을 엉망으로 만드는 꿈

운세가 좋지 않으니 매사에 조심해야 한다. 특히 부동산 거래시 사기를 당할 우려가 있으니 되도록 하지 않는 것이 좋다.

◉ 죽은 돼지를 어깨에 걸머지고 오는 꿈

가정에 우환이 생겨 근심하게 된다.

◉ 멧돼지를 타고 산으로 올라가는 꿈

경제학자나 기업을 운영하는 경영인으로 출세하여 그 이름을 세상에 떨치겠다. 입학이나 승진, 합격, 자격취득 등 행운이 따른다.

◉ 멧돼지를 잡는 꿈

어떠한 경쟁이든 반드시 승리하여 자신의 지위나 권리를 확보하게 된다.

◉ 사람을 물려고 덤벼드는 멧돼지를 죽이는 꿈

힘들고 어려운 일이지만 누군가로부터 자신을 지키게 된다.

◉ 돼지가 얼굴을 할퀴는 꿈

누군가에게 사기를 당하게 되니 사람을 조심해야 한다.

◉ 돼지를 파는 꿈

자기 소유의 물건을 잃어버리거나 남에게 일거리를 빼앗기게 된다.

◉ 돼지와 싸우는 꿈

돼지우리를 치우는데 어미돼지가 공격을 해와 싸우다 이기면 뜻밖의 횡재를 하게 될 것이니, 한 번 복권 등을 구입해보는 것도 좋겠다.

◉ 우리 밖에 있는 돼지를 잡지 못하는 꿈

편안하지가 않다. 가족 중에 누가 집을 나가거나 집안의 재물이 줄어들 징조이다.

◉ 돼지 한 마리가 갑자기 여러 마리로 변하는 꿈

재물이 생기고 사업이 번창하겠다. 특히 연구하는 직업을 가진 사람은 그 연구 성과가 좋은 결실을 맺는다.

용

◉ 용에 관한 꿈

꿈에서의 용은 최고의 권력자, 명예, 득세, 사업체, 기관 등을 상징한다.

◉ 용이 나타나는 꿈

대길의 운이 찾아왔다. 소원하던 일을 이루게 되니 부귀공명이 눈앞에 있다. 만약 여자가 꾼 꿈이라면 훌륭한 아이를 낳을 꿈이다.

◉ 용이 승천하는 꿈

바다에서 승천하는 용을 보면 성공하게 될 사회적 기반을 마련하게 된다. 화재가 난 집에서 용이 승천하고 있으면 사람들의 이목을 집중시킬 정도로 눈부시게 성공하게 된다. 가족 중 누군가가 승천하는 용을 보면 출세할 사람과 만나게 되거나 어떠한 계약을 성사시키게 된다.

◉ 두 마리의 용이 뒤엉켜서 승천하는 꿈

어떤 일을 동업으로 성공적으로 이루거나 운명적인 배우자와 결합하게 되고, 장차 문무를 겸비한 뛰어난 자식을 생산하게 될 것이다.

◉ 용이 여의주를 물고 하늘로 승천하는 꿈

사람이 꿀 수 있는 꿈 가운데 단연 으뜸이다. 신분이 높아지고 입신양명하게 된다. 국가 또는 대기업 등에서 최고통치권자 내지는 최고의 사결정권자로서 만인의 존경과 부러움을 받겠다. 또 모든 일이 자기 마음먹은 대로 이루어진다, 합격, 취직, 승진, 당선, 호황 등 현재 추진하고 있는 일이 최고의 결실을 맺게 되는 길몽 중의 길몽이다.

◉ 해룡이 승천하는 꿈

길몽 중의 길몽이다. 장차 큰 기업체나 기관의 책임자가 되어 수많은 사람들을 거느리게 된다. 합격, 특진, 영전, 당선, 우승 등 주로 명예 또는 권위와 관련된 좋은 소식이 머지않아 찾아올 것이다.

◉ 황룡이 승천하는 꿈

이 꿈은 주로 절대적인 권력과 관련이 많다. 천하통일, 소원성취, 부귀영화, 입신양명, 금의환향 등 이루 말할 수 없는 영예가 따르게 된다.

◉ 청룡이 승천하는 꿈

이 꿈은 주로 관직과 관련이 깊은데 공직에 있는 사람이 이 꿈을 꾼다면 자신의 명예를 지키며 입신양명하게 될 징조이다. 학자라면 학문연구에 매진하여 훌륭한 업적을 남길 것이다.

◉ 용이 울부짖으며 하늘로 올라가는 꿈

하는 일마다 성공하고, 많은 사람들로부터 존경을 받게 된다.

◉ **연못에서 용이 하늘로 올라가는 꿈**

학문과 진리를 탐구하게 된다. 승진, 합격, 당선, 자격취득, 승리, 성공 등이 있다.

◉ **용이 구름 속으로 들어가는 꿈**

국가 최고 기관에 몸을 담아 입신양명함을 예시하는 꿈이다.

◉ **용이 입으로 금을 토해내는 꿈**

엄청난 재물을 얻게 될 징조이다. 횡재수가 있어 복권 등 투자를 한다면 좋은 결과가 있을 것이다. 또한 가정이나 직장에 경사가 있고 각종 경쟁에서 이기게 된다.

◉ **자신이 용으로 변해 승천하는 꿈**

후일에 큰 명성을 얻어 세상에 알려지게 되어 명예로운 일을 하게 된다.

◉ **용이 집안을 훤히 밝혀주는 꿈**

가정에 크나큰 행운이 찾아오겠다. 미혼자가 있다면 좋은 배우자를 만나 결혼을 하게 되고 장사나 사업을 하는 사람은 대호황을 누리게 된다.

◉ **자신이 청룡을 낳는 꿈**

부인과 새댁은 임신을 하여 옥동자를 낳는 태몽이다. 창조, 발견, 발명, 행운 등의 길조이다.

◉ **청룡이 하늘에서 내려와 방으로 들어오는 꿈**

태몽으로, 부인과 새댁은 임신을 하여 훌륭한 아들을 낳는다. 재물과 돈이 들어온다.

◉ 용 두 마리가 날아와 옷 속으로 들어오는 꿈

쌍둥이를 가지게 될 태몽이다. 의젓하고 총명한 아이가 한꺼번에 둘이나 태어나게 되니 부인이나 새댁이 있는 가정이라면 이보다 더한 경사는 없겠다.

◉ 자신이 용을 낳는 꿈

아주 좋은 태몽이다. 건강하고 훌륭하게 장성할 옥동자를 잉태하게 될 징조이다

◉ 용이 이불 안으로 들어오는 꿈

훌륭한 자식을 낳을 태몽이다.

◉ 용이 대문 안으로 들어오는 꿈

누군가 자신을 보살펴주고 도와줄 사람을 만나게 된다.

◉ 용이 방안으로 들어오는 꿈

횡재수가 있어 돈과 재물을 얻게 된다.

◉ 용을 타고 산으로 들어가는 꿈

학업, 사업 등이 순조롭게 진행되거나 관직에 등용된다.

◉ 용이 구름 속에 빗방울을 떨어뜨리는 꿈

태몽이라면 태아가 유산이 될 징조이다.

◉ 깜깜한 동굴 속에서 용이 물을 뿜어내는 꿈

자신의 사업이나 골칫거리들이 전혀 예상하지 못했던 사람으로부터 엄청난 도움을 받게 될 징조이다.

◉ 용이 안개 속에 있다가 다시 나타나는 꿈

한동안 은둔생활을 하게 되거나 비밀이 생기게 된다. 또는 모자지간에 이별 등이 있다.

◉ **하늘에서 용이 내려오는 꿈**

자신이 누리고 있는 모든 기득권을 잃게 되거나 반대로 어렵고 벅찬 일이 해결되기도 하는 꿈이다

◉ **날아다니는 용을 손으로 잡는 꿈**

이 꿈은 하늘이 내려준 절호의 기회이다. 사업 또는 가세가 번창하게 될 징조이니 이 기회를 놓치지 말아야 한다.

◉ **죽은 사람이 용으로 환생하는 꿈**

힘겹고 고달픈 현실에서 벗어나 보다 멋지고 풍요로운 인생으로 발전하기 위한 전환점에 도달한 징조이다. 조금만 더 참고 노력한다면 소원성취, 금의환향 등 영예로운 일이 있을 것이다.

◉ **자신의 몸이 용으로 변하는 꿈**

크게 입신출세할 길운이 트이고 가업이 번창하여 부귀를 얻고 명성을 떨치며 지위가 높아져서 대중의 존경을 받게 된다.

◉ **자신의 얼굴이 용의 머리 모양으로 변하는 꿈**

입신출세할 꿈이다. 어떤 기관이나 단체의 대표가 되어 일의 주도권을 잡게 된다. 승진, 성공 등의 길조이다.

◉ **용이 승천하자 천둥 번개가 진동하는 꿈**

지도자가 되어 권세와 명예를 얻으나 아랫사람의 실수로 인해 자신의 이력에 좋지 못한 일이 있게 된다.

◉ **용을 타고 날아다니는 꿈**

좋은 징조이다. 대운이 찾아오니 무슨 일을 하든지 앞길에 막힘이 없다. 크게 출세하여 권력과 명성, 재물을 얻게 된다. 합격, 취업, 당선, 자격취득 등의 운이 따른다.

◉ 용이 날아가 완전히 사라져 버리는 꿈

협조자, 권세, 명예, 일거리가 한때 세상에 알려 지지만 차츰 사라져 버린다.

◉ 용이 죽는 꿈

실수로 인해 현재의 기회를 놓치게 되거나 하던 일이 대로 진행되지 않는다. 사귀던 이성친구가 있다면 서로간의 믿음이 사라져 헤어질 징조이다.

◉ 용의 얼굴에 침을 뱉는 꿈

시비, 싸움, 소송으로 시끄러운 일이 생긴다. 경망한 짓으로 망신을 당한다.

◉ 용이 사람을 물어 죽이는 꿈

강력한 세력에 의해서 일이 성취되거나 반대로 어떤 사람의 파산을 보게 될 것이다.

◉ 용을 보았어도 자신에게서 희미하게 사라지는 꿈

세상 사람들의 시선을 받으나 곧 잊혀 지게 되며, 좋은 기회를 놓치고 운이 쇠퇴한다.

◉ 용이 나무에 걸리는 꿈

누군가의 함정이나 모략으로 어려운 일을 만나게 된다.

◉ 용과 싸우다 잠이 깬 꿈

자신에게 주어진 임무가 너무 벅차고 힘이 든다는 암시이다. 용과 싸우다 쫓기는 꿈을 꾸었다면 명예와 권세를 얻기 위해 최선을 다했지만 일이 이루지 못하고 어려운 일을 겪게 될 것이다.

◉ 용이 자신의 귀를 무는 꿈

귓병을 알게 되거나 청각 장애를 겪게 될지도 모른다.

◉ 용이 우물로 들어가거나 냇가에 빠지는 꿈

관재수와 구설수가 있으니 언행을 조심하는 것이 좋다.

◉ 피투성이가 되어 있는 작은 용을 보는 꿈

누군가의 시기나 모함으로 신변에 위험이 닥치게 되거나 병에 걸리게 되고 모친에게 좋지 못한 일이 생기게 된다.

◉ 용궁으로 가는 꿈

주위로부터 벗어나 자유로워지고 싶다는 것을 암시한다.

◉ 용의 문장이나 조각을 보는 꿈

훌륭한 사람이나 유명한 사람에 관한 기사를 읽거나 희귀한 물건이나 서적과 관련된 일을 하게 된다

◉ 용을 껴안는 꿈

용을 두 팔로 꽉 껴안고 있으면 여기저기서 일거리가 밀려들게 되며 머지않아 훌륭한 배우자를 만나게 된다.

◉ 용이 물속에서 잠자는 꿈

재물을 얻거나 어떤 기관에 소속되어 있는 일에 관계하게 된다.

◉ 용이 다른 동물로 변하는 꿈

쓸데없는 고집으로 손해를 보거나 정권 투쟁이 치열해진다. 용이 사람이나 다른 동물로 변해서 공격을 하면 하고자 하는 일이 몇 차례 고비를 맞기는 하지만 끝내는 성취하게 된다.

호랑이

◉ **호랑이에 관한 꿈**

꿈에서의 호랑이는 성적인 공격성, 욕구의 강렬함을 나타낸다. 또는 권세와 명예를 가진 사람, 큰 사업체와 일거리, 벅찬 일, 사건, 단체 그리고 승리, 권리, 성공 등의 일을 각각 상징하기도 한다.

◉ **호랑이를 보는 꿈**

단순히 호랑이를 보는 꿈이라면 현재 자신이 처한 상황이나 인간관계, 환경 등이 자신에게 불리하게 진행되어 스트레스를 받거나 시련을 겪을 것을 암시한다.

◉ **죽은 조상이 호랑이와 함께 보이는 꿈**

손재, 인재 등의 위험이 닥칠 것을 미리 알려주는 꿈으로 이사할 생각이 있다면 심각하게 고려해보는 것이 좋다.

◉ **호랑이 등에 올라타는 꿈**

무슨 일이든지 조만간 대성공을 거둬 주위 사람들의 부러움과 존경을 한 몸에 받을 수 있게 된다. 또 귀인이나 부유한 사람의 도움으로 출세를 하거나 사업이 번창한다.

◉ **호랑이 등에 타고 집으로 들어가는 꿈**

명예와 세력을 얻게 되는 등 출세하게 되는 좋은 꿈이다.

◉ **호랑이와 싸워 이기는 꿈**

어려운 상황을 극복하고 자신의 뜻대로 일을 성공적으로 성사시키게 된다.

◉ 호랑이가 사람으로 변하는 꿈

　명예나 권위를 얻거나 임신을 했다면 똑똑하고 장차 크게 될 아이가 태어날 징조이다.

◉ 호랑이가 자신 앞에 무릎을 꿇고 있는 꿈

　권력층 사람을 굴복시킬 수 있다.

◉ 호랑이새끼 두 마리를 한꺼번에 안은 꿈

　태몽으로 연년생인 형제를 두게 되고 그들이 자라서 높은 지위에 오르거나 부유하게 살게 된다.

◉ 호랑이가 집으로 들어오는 꿈

　태몽이라면 장차 만인의 추앙을 받게 될 인물을 낳게 된다.

◉ 호랑이가 집에 왔다가 사라지는 꿈

　태몽이라면 곧 태어날 아이가 요절하거나 장차 권세를 잡지 못한다.

◉ 임산부가 호랑이를 피하는 꿈

　태아가 유산이 되거나 일반적인 경우, 어떠한 상황에서 권리를 얻게 되더라도 곧 그것을 상실하고 일찍 사망하기도 한다.

◉ 호랑이가 예쁜 새끼를 낳는 꿈

　사업이 잘 되어 확장을 하게 된다. 한 단체나 조직의 장이 휘하에 부하를 많이 거느리게 된다. 사원채용, 새 식구, 출산, 기구개편, 재산증식 등이 있다.

◉ 호랑이가 덤벼들자 크게 소리치는 꿈

　태몽이다. 장차 크게 될 귀한 자식을 잉태하게 된다.

◉ 호랑이에게 싹싹 빌거나 절을 하는 꿈

　태몽으로 오랫동안 기다리던 임신을 하게 되는데, 장차 종교적으로 업적을 남길 인물을 낳게 될 것이다.

◉ 호랑이와 성교하는 꿈

생각하고 있던 사업을 시작하고 훌륭한 작업이나 작품 등을 성사시키게 된다. 또는 사업가 또는 권력층의 사람과 계약하게 되어 동업을 하게 된다. 태몽이기도 하다.

◉ 넓은 초원에서 호랑이들이 한가로이 노는 꿈

훌륭한 인물을 만나거나 위인에 대한 글을 읽게 된다.

◉ 호랑이가 자신을 노려보는 꿈

자신의 기반이 되어주었던 세력이나, 사람의 눈 밖에 나거나 구설수에 말려들게 되니 행동을 조심하는 것이 좋다.

◉ 호랑이에게 쫓기는 꿈

하고자 하는 일이 제대로 풀리지 않고 어려움을 겪게 된다. 호랑이를 피해 다니면 하고 있는 일이 실패하거나 만약 태몽이라면 유산하게 된다.

◉ 호랑이가 마구 날뛰며 으르렁거리는 꿈

안팎으로 시끄럽고 어지러운 일들이 발생하여 손실과 장애를 치르게 되며 가정과 직장 및 일신상에 말썽과 다툼, 불상사 등 좋지 못한 풍파가 따르게 된다.

◉ 호랑이가 무서워 도망치려해도 그냥 떨고만 있는 꿈

앞으로 벅찬 일이나 권력자 또는 세도가에게 심적 고통을 당하게 된다.

◉ 백호가 공격해 오는 꿈

주로 관청이나 직장, 법적 소송, 형벌 등과 관련된 일이 생기게 된다.

간혹 흉험한 일이나 애통한 일을 겪게 될지도 모른다.

◉ 호랑이를 죽이는 꿈

그동안의 방해물이나 온갖 고생은 물러가고 소원했던 일이나 준비해온 일들이 결실을 맺는다는 것을 암시한다. 미혼자는 좋은 배우자를 얻거나 직장을 구하던 사람을 천직을 얻어 인정을 받겠다.

◉ 호랑이에게 물리는 꿈

승승장구하여 세상에 명성을 떨치는 길운이 들어올 것을 암시하므로 추진하거나 계획한 바를 실행에 옮긴다면 성공을 거둘 수 있게 된다.

◉ 호랑이가 다치거나 병이 드는 꿈

경쟁이나 공방 및 각종 이해관계에서 불리하게 되어 손해를 보게 된다.

◉ 호랑이가 가축을 물고 달아나는 꿈

재산상의 손실이 생기게 될 징조이니 사업이나 가정에 신경을 써야 한다.

◉ 새끼를 밴 호랑이가 절벽에서 떨어지는 꿈

결혼이나 성공 등 바라는 일에 어려움이 따르게 되니 자신을 자제하면서 때를 기다리는 것이 좋다.

◉ 호랑이의 울음소리를 듣는 꿈

사회적으로 큰 사건이 생기거나 높은 지위에 오르게 된다. 혹은 정치적으로 큰 혼란을 겪을 수도 있다.

◉ 호랑이의 이빨이 빠지는 꿈

기다리고 있던 일들이 잘 풀리지 않고 상당히 어려움을 겪게 된다.

◉ 큰 구렁이가 호랑이 몸을 감고 있는 꿈

누군가로 인해 곤경에 빠지거나 소송에 말려들게 된다.

◉ **호랑이가 몸에 감긴 뱀을 바위에 문대어 잘라 버리는 꿈**

어떤 큰 세력을 꺾거나 협조자와 더불어 어떤 사업을 성취시킬 수 있다.

◉ **호랑이들이 개처럼 자신을 졸졸 따라다니는 꿈**

누군가에게 도움을 받거나 계획한 일이나 사업이 잘 추진되어 대성하게 된다.

사자

◉ **사자에 관한 꿈**

꿈에서의 사자는 권세나 명예를 가진 사람, 군인, 경찰, 거대한 사업체, 성공 등을 상징한다.

◉ **수사자가 나타나는 꿈**

지금까지 고민했던 문제가 원만히 해결되고, 귀인이나 협력자의 도움으로 일이 순조롭게 진행될 수 있는 좋은 징조이다.

◉ **사자의 등에 올라타는 꿈**

자신이 어려울 때 주위의 도움으로 난관을 헤치고 원하는 바를 이루게 된다.

◉ **사자의 등에 타고 가는 꿈**

소원하던 일을 성취하므로 이로 인해 세상에 이름을 떨치고 입신양

명하게 된다. 자신이 꼭 원하던 사람을 배우자로 맞아들이거나 사업에
있어 좋은 동반자를 만나게 된다. 또 사자를 타고 집으로 가면 고급 관
리의 자리에 오르게 된다.

◉ 사자들이 들판에서 한가로이 뛰어노는 꿈

지위나 학식이 높은 사람을 만나게 되거나 위인전을 읽게 된다.

◉ 사자가 산에 올라 큰 소리로 울어대는 꿈

정치집단이나 사회단체의 장이 되어 막강한 권력을 쥐게 된다. 또 사
자의 울음소리를 들으면 자신의 작품이 사람들의 시선을 받게 된다.

◉ 사자가 갈기를 세우고 달려오는 꿈

아주 길몽이다. 명성을 크게 떨치거나 권세가 높아지게 된다. 앞날에
막힘이 없다. 명예, 재물 등이 따른다.

◉ 사자를 타고 산으로 올라가는 꿈

직장에서 승진하거나 사업이 번창하게 된다. 입학, 당선, 합격, 취득,
승리 등의 길조이다.

◉ 예쁜 새끼 사자가 집으로 들어오는 꿈

태몽이다. 아주 영리한 아이를 낳게 된다. 재물, 돈, 횡재, 식복 등의
길운이다.

◉ 사자와 싸워 이기는 꿈

소원을 이룰 수 있는 대길의 꿈이다. 큰 사업을 성취할 수 있고 권력
층 사람을 굴복시킬 수 있다. 그동안의 시련은 모두 물러나 앞으로는
승승장구하게 될 것이다.

◉ 사자에게 쫓기는 꿈

임산부가 이 꿈을 꾸었다면 유산될 가능성이 높다. 순조롭게 진행 중

인 일이 실패하겠다.

곰

◉ **곰에 관한 꿈**

　꿈에서의 곰은 권력자, 단체, 세력, 권력, 재물 등을 상징한다.

◉ **곰을 보는 꿈**

　자신에게 벅찬 일이 생기거나 권력이나 재물 등이 생긴다.

◉ **곰을 죽여 웅담을 얻는 꿈**

　자신의 작품이 선풍적인 인기를 끌거나 사업이 크게 성공하여 사람
들의 부러움을 한 몸에 받게 된다.

◉ **곰이 예쁜 새끼를 낳는 꿈**

　태몽이라면 아주 훌륭한 자식을 낳는다. 또는 사업이 크게 번창하거
나 신상품을 개발하는 등 모든 일이 순조롭게 풀릴 징조이다.

◉ **곰이 높은 곳으로 기어오르는 꿈**

　길몽이다. 자신의 신분이 높아지거나 하고 있는 일이 순조롭게 풀리
게 된다.

◉ **많은 곰들이 집안으로 들어오는 꿈**

　생산, 무역, 유통업 등에 투자하면 톡톡히 한몫을 챙기게 된다. 재물,
횡재수가 있다.

소

◉ **소에 관한 꿈**

　집안 식구, 협조자, 집, 재산, 사업체 등을 상징한다.

◉ **소를 보는 꿈**

　꿈에 소를 보면 보통 재물 운이 있고 행복한 생활을 하게 되지만 노령자에게는 좋지 못한 일이 일어나게 된다. 임산부가 이 꿈을 꾸면 대부분 아들을 낳는다. 또 큰 소를 보면 조상의 음덕으로 귀한 자식을 두게 된다.

◉ **황소가 수레를 끌고 가는 꿈**

　수레를 끄는 소가 힘들어 하는 꿈이면 흉몽이고, 손쉽게 끌고 가는 것을 보는 꿈은 길몽이다. 모든 일이 원만하게 진행되어 가고 있다는 것을 암시해 주는 꿈이니 계속 노력을 한다면 성공을 하게 된다.

◉ **황소를 타고 가는 꿈**

　자신이 노력한 대가를 얻게 된다. 지도적인 위치에 올라서거나, 귀인이나 협력자의 도움을 얻어 크게 성공할 징조이다.

◉ **황소가 짐을 풀고 있는 꿈**

　쌀, 곡식 등 식품이 가득하고 먹을 것이 풍족하게 된다. 재물과 돈이 생긴다.

◉ **세 마리의 황소가 매어져 있는 꿈**

　태몽이다. 아들 세 명을 낳거나 이 꿈을 꾸고 태어난 아기는 스스로 일을 해결하며 성공할 수 있는 인물이 된다.

◉ 암소를 끌어다 매는 꿈

자신의 소유가 된다는 것을 뜻한다. 어려운 상황이 닥치거나 도움이 필요할 때에 가깝게 자신을 도와줄 사람이 생기거나 그 재난을 벗어나 상황을 극복하고 재물이 불어남을 뜻한다.

◉ 소가 집으로 들어오는 꿈

소가 저절로 집으로 들어오거나 자신이 밖에서 소를 안으로 끌어 들이는 꿈은 많은 재물이 들어올 징조이다. 열심히 노력하면 장차 가업이 번창하고 가정에 좋은 일이 자주 생겨 반드시 큰 부자가 될 수 있는 좋은 꿈이다. 하지만 소가 방안으로 들어오면 노력의 대가도 없이 가난한 생활을 하게 된다.

◉ 자신이 소를 타는 꿈

그동안의 노력한 대가를 얻게 된다. 또 소를 타고 길을 가면 귀인을 만나서 큰 도움을 받거나 지도를 받아 신임을 받는 위치에 오르게 된다.

◉ 소가 언덕을 올라가는 꿈

재물이 들어올 징조이다. 장차 크게 성공하여 재산이 늘어나게 된다.

◉ 목장에 흩어져 있는 수많은 소를 보는 꿈

수많은 소가 자신의 소유가 된다는 것을 의미하며 앞으로 많은 고용인을 두거나 그 만큼에 해당하는 큰 규모의 사업체를 갖게 될 것을 암시한다.

◉ 소가 새끼를 낳는 꿈

오랫동안 소원하던 일이 성사되며, 재물도 들어오게 되지만 만약에 누런 암소가 검정 송아지를 낳는다면 이는 좋은 않은 태몽으로 장차 가족과 분쟁을 일으킬 아이를 낳게 된다.

◉ 소를 타고 어느 성으로 들어가는 꿈

기쁜 일이 생길 징조이다. 주변 사람들로부터 인정을 받게 되어 부러움과 찬사를 받게 된다.

◉ 소가 상처를 입고 피를 흘리는 꿈

여러 사람들에게 칭찬받고 그 능력을 인정받는다. 미혼일 경우 경제적으로 아주 부유한 집과 혼사가 맺어지고 상인이나 사업가는 큰 이익을 얻겠다.

◉ 소를 끌어다 고삐를 기둥에 매는 꿈

새로운 친구나 가족, 고용인을 얻게 되고 재물이 들어오게 된다.

◉ 고삐가 풀린 소를 보는 꿈

가족과 떨어져 살게 되거나 결혼 생활이 파탄에 이르고 마음이 산란해지게 된다.

◉ 검은 소가 외딴 곳에 매어져 있는 꿈

탐탁치 않은 며느리나 자식과 별거하게 된다.

◉ 물소를 보는 꿈

조상이 음식을 달라고 요구하는 징조이다.

◉ 소가 대문을 나가는 꿈

재판을 받는 등 좋지 않은 일이 생기게 될 꿈이니 모든 일에 주의를 기울이는 것이 좋다.

◉ 소가 자신의 집 마당에서 대소변을 보는 꿈

귀인의 도움과 주위 사람들의 협력으로 재물과 이권이 풍성해지고 사업과 가정이 흥해진다.

◉ 소가 밭을 가는 꿈

엄청난 일복이 터진다.

◉ 소의 양쪽 뿔을 꼭 잡고 힘을 주는 꿈

마음먹은 대로 뜻이 이루어지고 소원성취하게 된다.

◉ 조상이 끌어다 맨 소 두 마리 중에 한 마리가 죽는 꿈

둘 중의 하나의 일이 성사되거나 고용인 중 한 사람의 일이 성사되고, 혹은 고용인의 하나가 죽을 수도 있다.

◉ 불로 소를 불태우는 꿈

재난과 우환 등 궂은 일이 생기고 자신의 건강에 이상이 생기거나 사고 같은 말썽에 휘말리게 된다.

◉ 기르던 소를 잃어버리고 다른 소를 사는 꿈

자신의 소유였던 것이 상실되고 다른 것을 선택한다는 의미로 그 이전에 추진하던 사업 등이 새롭게 바뀌어 성장함을 의미한다.

◉ 기르던 소를 팔고 다른 소를 사는 꿈

집이나 사업체를 바꾸거나 새로 장만하게 된다.

◉ 소를 파는 꿈

자신 소유의 집과 재물, 사업, 사람 등을 잃게 된다. 또 누군가에게 빌려준 돈이 있다면 돌려받기 어렵게 된다.

◉ 소가 지쳐 있는 꿈

호주나 직장 상사 등 자신과 관련이 있는 사람 중 높은 사람이 고통을 당한다. 지친 소가 짐을 가득 싣고 힘들어하면 벅차고 힘든 일을 하면서 고통스러워하게 된다.

◉ 자신이 소를 안거나 소가 안겨 오는 꿈

누군가의 부고를 받거나 병에 걸려 고생을 하게 되니 행동을 조심하는 것이 좋다.

◉ 소를 죽이는 꿈

그동안의 고생은 물러가고 소원했던 일이나 준비해온 일들이 결실을 맺는다. 자신이 평소 원하던 배우자를 얻게 되고 구직자라면 천직을 얻을 꿈이다.

◉ 소를 몰고 가는 꿈

새 식구를 맞게 될 징조이다. 또한 하는 일에 재운이 따라 부동산이나 주식 등에 투자를 하였다면 많은 이득을 얻을 것이다.

◉ 소가 수레를 끄는 꿈

소가 수레를 끌면 인복이 많아 사람들의 협력으로 자신의 사업을 꾸준히 성공적으로 진행시켜 나가게 된다. 소가 수레로 소금가마를 운반하면 중년이나 말년이 되어 많은 재물을 모으게 된다.

◉ 소를 끌고 산으로 가는 꿈

태몽이라면 장차 명예와 재물을 겸비한 인물이 될 자식을 낳게 될 것이다. 환자가 깊은 산속으로 소를 끌고 들어가는 꿈을 꾸면 사람을 잃거나 재물이 손실된다. 죽은 사람이 소를 산 속으로 끌고 가는 것을 보면 자신의 기득권을 모두 잃고 방황을 하게 된다.

◉ 소를 훔치는 꿈

많은 재물을 얻게 되며 결혼이나 임신을 하게 된다.

◉ 소를 누군가가 훔쳐가는 꿈

부동산 매매를 하면 손해를 보게 된다.

◉ 자신이 소의 뿔에 받히는 꿈

흉몽이다. 의외의 일에 연관되어 재판을 받게 되거나 채권자에게 빚 독촉을 받게 된다. 또 불량한 사람들과 교류하다 그 사람의 배신으로 재물 손실과 구설수에 오르내리게 된다. 건강 또한 조심해야 한다.

◉ 소의 뿔에 피가 묻은 꿈

머지않아 높은 자리에 오르게 될 꿈이다. 입신양명, 금의환향 등 운수대통이다.

◉ 소에게 먹이를 주는 꿈

도박을 하면 손해를 보고 직장에서 사표를 쓸 일이 생긴다.

◉ 소의 눈이 빠져 있는 꿈

가정이나 직장에서 온종일 답답한 꼴을 보게 된다.

◉ 소가 다쳤거나 피를 흘리는 꿈

가정풍파나 돌발사고 및 재물파탄 등 좋지 못한 액화가 발생하게 된다.

◉ 죽은 소를 보는 꿈

투기나 투자에 실패하여 재물을 잃게 되거나 사람과 헤어지게 된다. 죽은 소를 땅에 묻으면 집안에 환자가 생기거나 상을 당하는 등 우환이 생기게 된다.

◉ 도살장으로 끌려가는 소를 보는 꿈

함께 일하고 있는 사람과 손발이 맞지 않아 일을 진행시키는데 어려움을 겪게 된다.

◉ 달려가는 소를 잡지 못하는 꿈

고용인이 도망을 가거나 가까운 사람이 속을 썩이겠다. 재산의 손실을 심하게 입게 된다.

◉ 뿔이 없는 소를 보는 꿈

하는 일마다 착오나 말썽이 생기니 손해가 많이 난다.

◉ 소가 길을 막는 꿈

횡재수가 있다. 복권에 당첨이 되겠다.

◉ 죽은 소를 묻는 꿈

집안에 화근이 생기게 된다.

◉ 소가 자신을 보고 웃는 꿈

자신과 관련된 사람과 다투거나 불쾌한 일이 생기게 된다.

◉ 많은 사람들이 쇠고기를 자르는 꿈

물건을 서로 나누어 가지려는 과정에서 시비가 일게 된다.

코끼리

◉ 코끼리에 관한 꿈

꿈에서의 코끼리는 덕망이 높고 부귀한 사람, 지식인, 기관, 사업체, 운반 수단, 권세, 명예, 재산을 상징한다.

◉ 코끼리가 보이는 꿈

꿈에 코끼리를 보면 아주 좋은 꿈이다. 그동안의 노력을 보상받게 되고 경제적으로 힘들었지만 주위의 도움으로 이를 잘 극복해 갈 것이다. 코끼리가 크면 클수록 좋다.

◉ 자신이 코끼리의 등에 타고 있는 꿈

귀인이나 협력자를 만나 도움을 받거나 가르침을 받는 일이 생기게 된다. 또 대중의 지지를 받아 머지않아 기업이나 어느 단체에서 우두머리가 된다. 여성이 이 꿈을 꾸었다면 다른 사람들에게 자신을 인정받거나 부귀한 사람을 배우자로 맞게 된다.

◉ 코끼리를 타고 채찍질 하는 꿈

후원을 얻어 사업체를 운영한다.

◉ 코끼리에게 짓밟히는 꿈

자신의 야심이나 실력을 마음껏 발휘하지 못하지만 누군가의 도움으로 어려움을 넘기게 된다.

◉ 코끼리가 집안으로 들어오는 꿈

협력자를 만나 도움을 받게 된다. 또 귀한 손님이 오거나 새로운 식구를 맞이하게 되고 태몽이라면 아주 영리한 아이를 낳게 된다. 건강이 좋지 않았다면 빠른 쾌차를 보이겠다.

◉ 코끼리가 뱃속으로 들어오는 꿈

아주 좋은 꿈이다 태몽이라면 장차 훌륭한 성직자가 될 아이를 낳게 된다. 대업성취, 물질적 풍만, 진리의 보고 등이 있다.

◉ 상아를 얻는 꿈

재물을 얻든지 진귀한 물건을 얻는다.

◉ 코끼리가 몸을 씻는 꿈

좋지 않다. 예기치 못한 재난이나 풍파가 생길 징조이다.

여우, 늑대

◉ 여우에 관한 꿈

 꿈에서의 여우는 교활하고 변태적인 사람, 관리, 희귀한 일거리, 재물, 명예나 권리 따위를 상징한다.

◉ 여우를 보는 꿈

 엉뚱하게 피해를 보거나, 어이없게 손해를 당할 징조이다. 또는 누군가에게 의심을 받거나 손재나 송사가 일어날 징조이니 거래, 계약 관계에 있어 각별한 주의가 필요하다.

◉ 여우를 잡는 꿈

 학교나 관청에서 명예나 권세가 주어지게 되는 꿈이다.

◉ 여우가 먹이를 물고 굴로 들어가는 꿈

 수중에 굴러 들어온 복을 친구에게 빼앗긴다.

◉ 여우와 싸우는 꿈

 주위의 교활한 사람에게 속을 우려가 있다는 것을 암시한다.

◉ 늑대에 관한 꿈

 꿈에서의 늑대는 고급 관리, 검찰관, 경찰관, 강력범 등과 동일하고 권리 또는 막강한 힘을 등을 상징한다.

◉ 깊은 산속에서 늑대가 자신을 노려보고 있는 꿈

 좋지 않다. 재판정에서 검사의 논고를 듣게 되거나 경찰관에게 심문을 당하게 된다.

◉ 늑대가 사람으로 변하는 꿈

자신과 가까이 지내던 주위 사람이나 친구가 배신을 하게 된다. 또 늑대가 개로 변하는 꿈은 자신이 추진하던 일의 결과가 기대만큼 나오지 않게 됨을 암시한다.

◉ 늑대가 다리를 무는 꿈

아랫사람이나 믿고 의지하던 사람으로부터 배신을 당하게 된다.

◉ 여러 마리의 늑대가 집안으로 들어오는 꿈

손재수가 있겠다. 도둑을 맞거나 예기치 않던 일이 터져 어려움을 겪게 된다.

◉ 늑대에게 가축이 물려 죽는 꿈

생각지도 못했던 곳에서 도움이 찾아온다. 막강한 권력가의 도움으로 자신의 일을 성사시킨다. 하지만 늑대가 가축을 물고 달아나면 재물을 도난당하거나 손실을 입는다.

원숭이

◉ 원숭이에 관한 꿈

꿈에서의 원숭이는 흉내를 잘 내고 비교를 잘하며 독단적이거나 성급하고 질투심이 강한 사람, 중개자, 재주꾼, 배우, 사기꾼 등과 동일하며, 일거리, 권리 행사나 기술의 상징이기도 하다.

◉ 원숭이를 보는 꿈

흰 원숭이를 보았다면 승승장구할 수 있는 운으로 승진과 사업의 확장을 상징한다. 하지만 보통 원숭이를 보았다면 자신이 하고 있는 일에 대한 불만을 나타낸다.

◉ 원숭이가 자신에 과일을 주는 꿈

대길의 운이 찾아올 징조이다. 재물과 권위 등 가정이나 직장에서 경사스런 일이 생기게 된다. 만약에 원숭이가 복숭아를 주었다면 장수할 것이고 자두를 주었다면 축하를 받을 일이 생길 것이고 대추나 밤을 받았다면 귀한 자식을 얻게 된다. 또 잣이나 은행을 얻었다면 자신의 신분이 명예로워지게 된다.

◉ 원숭이가 이 나무 저 나무 다니면서 과일을 따 먹는 꿈

기쁜 일이다. 사업이 여기저기서 바쁘다. 하는 일마다 좋은 결과를 얻겠다.

◉ 원숭이가 높은 곳으로 기어오르는 꿈

순탄하지만은 않지만 언젠가는 자신의 입지니 영역을 확보하게 된다. 자기 아랫사람이나 대인관계에 신경을 써야 이롭겠다.

◉ 원숭이가 위에서 내려다보는 꿈

헤어진 사람이 자기 주위를 항상 맴돌고 있음을 나타낸다.

◉ 원숭이 집안으로 들어오는 꿈

가정이나 직장에서나 절제와 안정을 기하고 모든 일에 겸손하고 정당하게 처신을 하여야 한다. 그러지 않으면 뜻하지 않은 말썽이나 낭패를 보게 된다.

◉ 새끼 원숭이를 안고 있는 꿈

액운이 끼었다. 하루 온종일 기분이 좋지 않고 말썽이 생길 징조이다. 질병, 사고 등이 생길 수 있으니 주의해야 한다.

◉ **원숭이가 서로 싸우는 꿈**

누군가 자신의 일을 모방하여 시비가 일어날 징조이다.

◉ **원숭이가 고릴라와 싸우는 꿈**

흉몽이다. 인간관계나 재물에 손실이 있을 징조이다. 구설수에 오르기 쉽고 하는 일마다 말썽이 생기게 된다. 경망한 언행이나 무모한 행동을 삼가야 한다.

◉ **죽은 원숭이를 사람들이 둘러싸고 있는 꿈**

교활한 사람으로 인해 자신의 신분에 먹칠을 하게 된다. 관직에서 물러나거나 직장을 잃을 수도 있겠다.

◉ **원숭이와 정면으로 마주 보는 꿈**

누군가와 다투거나 사기나 모욕을 당하겠다. 또 누군가 자신의 권리와 명예를 빼앗으려할 징조이다.

◉ **원숭이 떼에게 조롱을 당하는 꿈**

경쟁자에게 시달리거나 누군가 자신의 일을 방해해 고통을 받는다. 하지만 자신을 조롱하는 원숭이를 물리친다면 모든 고통이 사라지고 일이 잘 해결된다.

◉ **원숭이가 괴성을 지르는 꿈**

말이 많은 사람을 만나 하루 온종일 시달림을 받는다.

◉ **원숭이의 귀가 떨어져나가는 꿈**

자신의 주위에 있던 사기꾼이나 품성이 좋지 못한 사람이 자신에게서 멀리 떨어져나가게 된다.

◉ **원숭이가 산이나 숲에서 노는 꿈**

방탕이나 신변잡기 등 경거망동을 삼가야 한다. 그렇지 않으면 대인관계에 문제가 생기거나 재물의 손실이 생기게 된다.

◉ 원숭이가 음식을 먹는 꿈

도난이나 큰 손해를 보게 된다.

◉ 원숭이가 도둑질을 하는 꿈

집단 간에 알력이 생기거나 유행병에 걸릴 염려가 있으니 조심하는 것이 좋다.

◉ 원숭이가 노래를 하거나 말을 하는 꿈

부부간에 서로 믿지 못하게 되거나 자기의 주장만 앞세우다 친구나 주위 사람들을 잃을 수도 있으니 대인관계에 신경을 써야 한다.

양

◉ 양에 관한 꿈

꿈에서의 양은 선량한 사람이나 신자, 교육자, 진리 등이나 정신적 또는 물질적인 재물을 상징한다.

◉ 양들이 풀을 뜯고 있는 꿈

지금 추진 중인 일이 순조롭게 잘 진행되고 있음을 암시한다. 또 실제로 자신이 정신적, 육체적으로 다 편안하니 가정에서나 직장에서나 만족스러운 생활을 누리게 된다.

◉ 집안으로 양이 들어오는 꿈

길운이 찾아와 집안의 불화가 걷히고 경사스런 일이 찾아올 암시이다. 가정에 환자가 있다면 건강을 되찾는다.

◉ 들판에서 양들을 몰고 다니는 꿈

성직자나 교육자 등이 되어 신자나 제자를 양성하게 된다. 그리고 많은 재물을 소유하게 된다.

◉ 누군가가 양고기를 먹으라고 주는 꿈

태몽이다. 주로 아들이 태어나게 된다.

◉ 양한마리가 교회로 들어가는 꿈

훌륭한 성직자가 되겠다.

◉ 양들이 떼를 지어 몰려오는 꿈

앞으로 걱정할 일이 하나도 없다. 크게 성공하여 영화를 누리게 된다. 합격, 당선 등의 운이 따르겠다.

◉ 양을 타고 다니는 꿈

사람들에게 선망의 대상이 된다.

◉ 양이 많은 새끼를 낳는 꿈

횡재수가 있다. 부동산이나 주식 등에 투자한 것이 몇 배로 불어날 징조이다.

◉ 어미 양과 새끼 양을 함께 보는 꿈

수명이 길어질 징조이다.

◉ 양이 수레를 끄는 꿈

액운이 낄 징조이다. 지금 추진하는 일이 중도에 실패를 하거나 파탄을 맞게 되고 재물 손실이나 재난을 당할 수도 있다. 또 임산부는 유산을 하거나 조산을 할 수도 있다.

◉ 양이 몸을 긁는 꿈

액운이 생길 징조이니 각별한 주의가 필요하다.

◉ **어린 양 한 마리가 집으로 들어오는 꿈**

가정에 돈이나 재물이 들어오고 식구가 늘어날 징조이다. 잔치나 고사를 치를 일이 생기게 된다.

◉ **양을 때리거나 죽이는 꿈**

질병에 걸리거나 가정에 근심이 생기게 된다.

◉ **양의 젖을 짜는 꿈**

귀인의 도움을 받아 사업에 성공하여 많은 재산을 모으게 된다. 또 양의 젖을 마시면 어느 지도자의 가르침을 받게 된다. 취직, 승진, 합격 등의 운이 따른다.

◉ **자신이 양떼를 모는 꿈**

성직자나 교육자가 되어 인재를 양성하거나 재물을 얻게 된다.

◉ **목동이 양들을 모는 꿈**

부귀공명하고 휘하에 부하를 거느리고 대업을 성취한다. 조직결성, 모임 등의 길조이다.

◉ **양이 집 마당에 누워 있는 꿈**

가정에 우환이 생기거나 자신에게 손재수가 있으니 매사에 조심하는 것이 좋다.

말

◉ 말에 관한 꿈

말은 사람과 동일시이며 사회단체, 협조자, 일꾼, 일의 방법, 권세, 작품, 재물 등을 상징한다.

◉ 백마를 보는 꿈

그동안의 노력이 헛되지 않다. 그 보상을 받게 될 것이다. 또 사업가나 정치가, 예술가는 세상에 그 이름을 날리게 된다. 또 백마를 타는 꿈을 꾸었다면 아름답고 정숙한 아내를 맞이하게 된다.

◉ 흑마를 보는 꿈

부부사이, 친구나 연인 사이가 원만하지 못하게 되거나 가정에 불화가 생기게 됨을 암시한다. 대인관계에 신경을 써야 할 것이다. 또 흑마를 타는 꿈을 꾸었다면 음탕한 아내를 맞이하게 된다.

◉ 말을 타는 꿈

합격, 승진, 당선 등의 운이 따를 징조이다. 또 지금 추진 중인 일이 있다면 아무 문제없이 진행이 될 것이다. 수험생이라면 시험에 합격하게 되고, 선거에 입후보한 사람은 당선된다. 또 미혼녀가 이 꿈을 꾸었다면 취직이나 결혼이 성사되고, 기혼녀일 경우에는 남편이나 자식이 득세하게 된다.

◉ 말을 타고 달리는 꿈

말이 잘 달리면 길운이다. 계획하던 일들이 모두 순조롭게 진행이 된다. 사업가는 사업에 성공하게 되고 미혼자라면 결혼을 하게 된다.

◉ 말을 타고 하늘에 오르는 꿈

　입학, 승진, 당선, 합격, 학위, 자격취득, 승리, 성공, 출장, 여행, 취직 등의 행운이 따르게 된다.

◉ 말을 타고 산에 오르는 꿈

　권력을 얻게 되거나 직장에서 직위나 계급이 올라가게 된다.

◉ 말을 타고 장가를 가는 꿈

　출세를 하여 높은 자리에 오르거나 새로운 사업을 시작하여 삶이 여유로워지고 실업자인 경우 직업을 얻게 된다. 또 결혼을 하거나 귀인을 만나게 된다.

◉ 말을 타고 지나가는데 사람들이 우러러보거나 엎드려 있는 꿈

　막대한 권력이 주어지겠고 무슨 일이든 자신이 주도해나가게 된다.

◉ 하늘에서 말이 자신을 향해 달려오는 꿈

　하늘이 맑다면 좋은 소식이 있을 것이고, 하늘이 흐리거나 어두우면 나쁜 소식이 있을 징조이다.

◉ 말이 하늘에서 달려가는 꿈

　여행을 갈 징조이다. 말이 여러 마리였다면 많은 사람들과 어울려 함께 여행을 가게 된다.

◉ 달리는 말을 보는 꿈

　태몽이다. 장차 정치인이나 회사의 총수가 될 아들을 출산하게 된다.

◉ 자신 소유의 아름다운 말을 타는 꿈

　자신이 평소 생각했던 이상형의 배우자를 만나 결혼할 꿈이다. 남자라면 미모의 여인과 인연을 맺겠다. 또 다른 사람의 아름다운 말을 탄 꿈은 주위 사람들의 도움으로 사업에 성공하거나 자신의 이름을 세상

에 알리게 된다.

◉ **자신이 말을 타고 신나게 경주하는 꿈**

　성적으로 흥분되어 있음을 암시한다.

◉ **자신이 말을 급히 몰아 달리는 꿈**

　일을 급하게 추진시켜 불안한 일이 생기게 된다.

◉ **말이 자신에게 급하게 달려오는 꿈**

　다급한 소식을 듣게 된다.

◉ **갑옷을 입은 장군이 말을 타고 집안으로 들어오는 꿈**

　집안에 경사스런 일이 있고 귀한 손님이 찾아온다. 태몽이라면 똑똑한 아들을 낳게 된다.

◉ **조상이 말을 타고 집안으로 들어는 꿈**

　식구가 늘어나거나 경사스런 일이 있고 뜻밖에 먼 곳에서 기쁜 소식을 듣게 된다.

◉ **말에게 먹이를 주는 꿈**

　재산을 물려받게 되거나 힘겹게 추진하던 일들이 주위의 도움으로 어려움을 극복해 나간다. 태몽이라면 장차 훌륭하게 될 인물이 태어나겠다.

◉ **말굴레를 보는 꿈**

　질병이 없어질 징조이다. 특히, 가정에 아픈 사람이 있다면 가까운 시일 내에 완쾌하게 된다.

◉ **망아지가 굴레를 벗고 날뛰는 꿈**

　문란한 생활로 인해 불안정 한 나날을 보내게 된다.

◉ **말에 짐을 싣거나 마차에 매는 꿈**

이 꿈은 고생을 의미한다. 가정의 누군가가 좋지 못한 일을 당하거나 고달파지겠다. 이사할 일이 생기게도 된다. 또 말에 재물을 싣고 있었다면 지금껏 자신이 누리고 있던 권세를 잃는 것을 암시한다.

◉ 말 등에 안장을 얹는 꿈

먼 여행을 떠나거나 추진 중인 일을 성공적으로 마무리하게 된다.

◉ 말이 쓰러지는 꿈

자신이 진행 중인 일에 어려움이나 시련이 따르게 된다. 각종 시험에서 떨어지거나 선거에서 낙선하게 된다. 또한 연인을 잃게 될 것이다.

◉ 말에서 떨어지는 꿈

가족에게 우환이 있거나 하고 있는 일에 실패하고, 가까운 사람에게 배신을 당하게 된다. 또는 각종 시험에 낙방하고 계약이 중단되거나 파기된다.

◉ 말이 놀라서 울부짖는 꿈

누군가가 자신에게 신세 한탄을 하거나 무리한 부탁을 하게 된다. 말이 놀라서 날뛰면 질병이나 우환 및 난관에 부닥치고 말이 너무 날뛰어 말을 타기 힘든 꿈을 꾸었다면 자신의 개성과 열정이 너무 강해 이성을 찾지 못한다는 것을 의미한다.

◉ 말이나 수레가 수렁에 빠지는 꿈

자신이 하던 일이나 사업 등이 실패로 돌아가 물질적으로나 정신적으로 타격을 입고 심한 고통을 받게 된다.

◉ 말이 집 앞에서 춤을 추는 꿈

흉몽이다. 필시 가정에 풍파가 생기거나 재물의 손실 등 낭패가 생길 징조이다. 말이 춤을 추다 멈추면 그 재액이 그리 크지는 않겠다. 하지만 말이 계속 춤을 춘다면 크나큰 재액을 치르게 된다.

◉ 말에게 발로 차이는 꿈

누군가에게 공격을 당할 징조이다. 또 하고 있는 일마다 실패하는 등 불쾌한 일의 연속이다.

◉ 말이 도망치는 꿈

가정에 불미스런 일이 생겨 근심걱정이 쌓이게 된다. 이로 인해 주변 사람과의 관계도 악화될 수 있으니 조심해야 한다.

◉ 말의 성기가 발기되어 있는 꿈

남편, 아내, 자식 또는 고용인 중 누군가가 자신의 의견을 무시하거나 사사건건 반항을 하게 된다.

◉ 말이 무리지어 달리는 꿈

주변에 말썽거리가 생겨 번거롭게 된다.

◉ 말이 병이 드는 꿈

뜻하지 않은 사고나 말썽 내지 불행한 사태가 생기게 된다.

◉ 말이 단체나 군대가 도열해 있는 곳을 지나가거나 사열을 하는 꿈

누군가에게 청탁한 일이 뜻대로 이루어지지 않게 된다.

뱀

◉ 뱀에 관한 꿈

꿈에서의 뱀은 권력가, 세도가, 배우자, 악하고 미운 사람, 교활한 사

람, 정부 등을 나타내며 군사, 명예, 지혜, 정당, 작품, 일거리, 사업체나 기관을 상징한다.

◉ 흑사에 관한 꿈

흑사는 학문 연구나 특허품 또는 학자 등을 나타내고 백사는 고상하고 청렴한 사람, 일거리, 유산 상속 등과 관계가 깊다.

◉ 청사에 관한 꿈

청사는 인기인, 또는 인기 있는 직업, 작품을 상징한다.

◉ 백사가 자신을 끝까지 따라 오는 꿈

가정적으로나 사회적으로 성공하게 된다.

◉ 뱀이 사람의 뒤를 따라다니는 꿈

좋아하던 연인과 헤어지거나 부부가 이별할 징조이다.

◉ 뱀이 자신을 무는 꿈

누군가의 도움으로 출세할 징조이다. 특히 사업을 하는 사람이라면 그 사업이 날로 번창하여 부와 명예를 얻게 된다. 또 미혼자라면 결혼을 하게 된다. 뱀이 자신의 발목을 물면 큰일을 성사시키거나 경쟁에서 이기고 태몽이라면 장차 훌륭한 인물이 태어난다. 하지만 자신의 발을 문 뱀을 그 자리에서 죽이면 태몽일 경우 태아에게 좋지 않은 일이 생길 징조이다.

◉ 뱀에게 다리를 물려 피가 나는 꿈

뜻밖의 장소나 모임에서 귀인을 만나 도움을 받는다.

◉ 뱀에게 물려 그 독을 짜내는 꿈

횡재수가 있다. 복권에 당첨될 가능성이 많다.

◉ 뱀에게 물려 온몸에 독이 퍼지는 꿈

병원을 찾을 징조이다. 감기, 배탈, 신장질환, 전염병 등이 발생한다.

◉ **뱀이 자신을 물고 늘어지는 꿈**

큰 고생하지 않고 많은 재물을 모으게 될 것이다.

◉ **뱀에게 물려 독이 퍼지고 있는 꿈**

사람들에게 자신을 과시할 일이 생기거나 재물을 얻게 된다.

◉ **뱀과 자신이 성교를 하는 꿈**

능력 있고 권위 있는 사람과 계약을 맺거나 동업할 일이 생기게 된다. 임산부가 이 꿈을 꾸었다면 좋은 태몽으로, 장차 훌륭한 일을 하거나 명예로운 아이가 태어난다.

◉ **뱀이 똬리를 틀고 있는 꿈**

뱀이 똬리를 틀고 있으면 직장에서 상사의 신임을 잃거나 주위 사람과 사이가 멀어질 징조이다. 또 교활하고 간사한 사람의 흉계에 빠져 피해를 입거나 남에게 미움을 받는 일이 생기고, 병이 생겨 입원을 할 암시를 주는 꿈이다. 하지만 검은 뱀이나 구렁이가 똬리를 틀고 있으면 유산을 상속받게 되거나 자격증을 취득하게 된다.

◉ **뱀이 자신을 칭칭 감고 있는 꿈**

생각지도 않은 곳에서 돈이 생기며, 다른 사람들로부터 신뢰와 존경을 한 몸에 받는다. 또는 임신을 하거나 결혼 추진 중이던 일의 결과가 좋게 나타난다. 그러나 몸을 감고 있던 뱀이 풀려서 사라지면 가지고 있던 재산을 모두 날리고 가난하게 된다.

◉ **뱀이 자신의 몸을 감고 턱밑에서 노려보는 꿈**

배우자에게 자유를 구속받게 되거나 계속되는 불화로 인하여 이혼을 하는 등 가정 파탄을 면치 못하게 된다.

◉ **뱀이 혀를 날름거리는 꿈**

쓸데없는 일에 관여하여 구설수에 오르게 된다. 시비, 말싸움 등이 생긴다.

◉ **뱀을 때리거나 발로 밟는 꿈**

추진 중인 일에 방해가 있었으나 일시에 해소되니 좋은 결과가 있을 것이다. 그러나 임산부가 이 꿈을 꾸었다면 유산할 가능성이 많고 사고, 실패, 질병 등이 생긴다.

◉ **뱀을 어루만지는 꿈**

자신이 청사를 어루만지면 재물이 생길 징조이다.

◉ **뱀에게 쫓기는 꿈**

남들의 비방이나 구설에 연관되거나 손재 또는 말썽이 발생하게 된다.

◉ **뱀을 칼로 베는 꿈**

운수대통 할 꿈이다. 하는 일마다 순조롭게 잘 풀리니 만사가 형통이다. 특히, 사업가라면 그 사업이 한 단계 더 도약하는 전기를 맞게 된다.

◉ **자신이 독사를 죽이는 꿈**

그동안의 고민해 오던 문제들이 쉽게 해결될 징조이다. 어떤 경쟁에서 이기거나 추진해 오던 일이 좋은 결실을 맺게 된다. 특히, 직장인은 자신의 능력을 발휘하여 승진하게 되고 사업가의 경우에는 많은 이익을 남기게 된다.

◉ **뱀을 죽이는 꿈**

자신의 몸을 감고 있던 뱀을 죽이면 그동안의 어렵고 벅찬 일들이 순조롭게 해결되거나 자신을 방해하던 사람과도 멀어지게 된다.

◉ 뱀이 사람을 죽이는 꿈

좋지 않다. 집안의 가장이나 기업의 최고 자리에 있는 사람의 신변에 좋지 않은 일이 생길 징조이다. 또한 자신이 누군가를 다치게 할 수도 있다.

◉ 뱀을 잡아 먹는 꿈

뱀을 날 것으로 그냥 먹었다면 자신에게 벅차고 힘들었던 일에 좋은 결과를 얻게 되고 뱀을 토막 내어 먹었다면 새로운 지식을 알게 되거나 자신이 몰랐던 것을 남을 통해 알게 된다. 또 토막 난 구렁이를 구워 먹으면 귀인이나 책을 통해 많은 지식을 얻게 된다.

◉ 뱀이 집안이나 방안으로 들어오는 꿈

뱀이 집안으로 들어온다는 것은 가정에 경사스런 일이 생기거나 반가운 손님이 찾아온다는 징조이다. 또한 재물이 크게 불어나거나 식구가 늘어나게 된다. 뱀이 문 밖에서 집안을 들여다보고 있으면 청혼자가 나타날 징조이다.

◉ 많은 뱀이 문틈으로 들어오는 꿈

여자가 이 꿈을 꾸었다면 자신이 원하는 이성을 만나게 되지만 남자가 꾸었다면 자신의 신상에 위험한 일이 생기거나 자신에 대한 이야기를 듣게 된다. 시달림, 구속 등의 불운의 연속이다

◉ 입으로 실뱀을 토해 내는 꿈

하루 온종일 불쾌하고 불안 초조하다.

◉ 뱀들이 우글우글한 것을 보는 꿈

큰 구렁이 옆에 많은 실뱀들이 우글거리면 장차 권세를 잡아 국가나 사회단체의 지도자가 된다. 웅덩이에 뱀이 우글우글한 것을 보면 많은

재물이 들어오거나 자손들이 크게 출세할 징조이다. 또한 길가에 수많은 뱀들이 우글거리면 태몽으로 학자나 지도자 또는 교사가 될 아이가 태어나게 된다. 하지만 간혹 가정의 화목과 안정이 깨어지고 비밀, 부정, 탈선 등에 연관된 말썽과 피해가 발생하게 된다.

◉ **뱀이 물속에 있는 꿈**

여러 마리의 뱀이 물속에 있으면 전혀 예상치 못했던 골동품이나 금은보화, 부동산이나 투자로 인해 많은 재물을 얻게 된다. 하지만 붉은 뱀이거나 검은 뱀이면 비방과 구설이 생기고, 희거나 누런빛을 띠면 관공서에 연관된 말썽이나 손실이 생기게 된다.

◉ **뱀이 산으로 기어 올라가는 꿈**

시끄러운 말썽 내지 손실, 장애 등이 생겨 곤란을 치르게 된다.

◉ **뱀이 나무줄기처럼 길게 늘어져 있는 꿈**

뱀이 나무줄기 모양으로 늘어져 위장하고 있으면 음흉한 자의 꼬임에 넘어가 손해를 보게 된다.

◉ **치마 속으로 붉은 뱀이 기어들어오는 꿈**

태몽이라면 장차 건강하고 정열적인 인물이 될 아이를 낳게 된다.

◉ **뱀이나 큰 구렁이가 집 밖으로 나가거나 사라지는 꿈**

흉몽이다. 믿었던 자에게 배신을 당해 자신의 전 재산을 잃거나 건강 또한 해칠 수 있다.

◉ **큰 구렁이가 자신을 무는 꿈**

아주 좋은 배우자나 협조자를 만나게 된다. 또는 태몽으로는 큰 인물이 될 아이를 잉태한다.

◉ **검은 구렁이를 보는 꿈**

사회적으로는 확고한 지위를 굳히고 성공을 보장 받게 된다.

⦿ **검은 구렁이가 온 집안을 감고 있는 꿈**

재산상의 손실이 따르게 되고 실수로 사고를 저질러 구속되는 등 좋지 않은 일이 생기게 된다.

⦿ **구렁이가 목을 감는 꿈**

여러 계층의 사람들과 만나게 된다.

⦿ **구멍 속을 쑤셨더니 구렁이가 나오는 꿈**

각종 시험에 합격하거나 취직이 되겠다.

⦿ **구렁이가 부엌이나 주방에 있는 꿈**

집안에 먹을 것이 넘쳐나는구나. 먹을 복, 식복, 돈이 생긴다.

⦿ **구렁이가 허물을 벗고 사라지는 꿈**

지금까지의 모든 것을 다 잊고 새로운 삶을 살게 된다.

⦿ **몸에 감긴 구렁이를 떨쳐버리는 꿈**

임산부가 이 꿈을 꾸었다면 유산이 될 가능성이 많다.

⦿ **구렁이를 치마로 싸서 죽이는 꿈**

흉몽이다. 자식이 교통사고로 죽게 된다.

⦿ **임산부가 구렁이를 낳는 꿈**

임산부 자신은 태어날 아이의 사업체가 되고 임산부가 낳은 구렁이는 사업성과를 나타내는 꿈으로 앞으로 운이 매우 좋아 많은 재물을 모으게 되고 부귀영화를 누리게 된다.

⦿ **치마 속으로 누런 구렁이가 들어오는 꿈**

임신을 하게 된다. 하지만 치마 속으로 들어온 뱀이 보이지 않았다면 아이가 요절을 하거나 실종될 징조이다.

토끼

◉ **토끼에 관한 꿈**

꿈에서의 토끼는 어질고 착한 사람, 학자, 회사원, 하급 관리, 가정부, 정신적 또는 물질적인 재물, 학업 등을 상징한다.

◉ **토끼를 보는 꿈**

꿈에서 토끼를 보면 착하고 어진 사람을 만나게 된다.

◉ **토끼가 품에 안기는 꿈**

좋은 징조이다. 가정에 환자가 있다면 건강을 되찾게 되고 태몽이라면 아주 귀한 여자아이를 갖게 된다.

◉ **토끼가 번식하는 꿈**

금전 운이 있겠다. 많은 재물이 불어나고 토끼가 많이 번식하면 그만큼의 재물이 늘어나게 된다. 또 여러 토끼장에 토끼를 기르면 여러 가지의 사업을 하게 될 징조이다.

◉ **토끼에게 먹이를 주는 꿈**

오래된 문헌 속에서 새로운 자료를 발견하여 출판하게 되거나 연구논문 발표나 각종 학술세미나에 참석하게 된다.

◉ **산토끼들이 집안으로 들어오는 꿈**

재물과 돈이 들어올 징조이다.

◉ **토끼가 방안으로 들어오는 꿈**

당신의 고민거리가 해소된다. 가정에 환자가 있다면 완쾌될 길몽이다.

◉ **토끼가 옷을 물고 놓아주지 않는 꿈**

뜻하지 않은 귀인이 나타나 도와준다.

◉ 토끼가 새끼를 낳는 꿈

상당한 재물이 생기거나 사업상 횡재수가 따른다.

◉ 토끼가 나무에 오르는 꿈

금전 운이 있을 꿈이다. 특히 경제적으로 어려움에 처해있는 사업가가 이 꿈을 꾸었다면 누군가의 도움으로 지금의 상황을 극복해 나가게 된다.

◉ 토끼가 깡충깡충 뛰는 꿈

가정에서는 어른들의 사랑을 독차지하고 직장에서는 상사가 신임을 하니 주위의 부러움을 한 몸에 받겠다.

◉ 흰 토끼가 산에서 노는 꿈

모든 근심걱정이 사라질 징조이다.

◉ 토끼가 논밭을 돌아다니는 꿈

재물과 이권이 생길 징조이다.

◉ 산에서 토끼를 잡는 꿈

흉몽이다. 가정에서나 직장에서나 좋지 않은 일이 일어나게 된다.

◉ 토끼장에서 토끼가 나오려고 하는 꿈

지금 자신의 처지가 만족스럽지 않음을 암시하는 꿈이다. 직장에서 나오려고 하거나 다른 일을 추진하게 된다.

◉ 토끼가 도망을 치는 꿈

횡재수가 있다. 하지만 기르던 토끼가 도망을 가면 재물을 잃거나 실직을 하게 된다.

◉ 토끼를 쫓는 꿈

토끼를 쫓아가 잡는다면 큰 행운이 찾아오겠다. 열심히 노력하면 자수성가할 수 있다는 것을 암시하기도 한다.

◉ 토끼가 바위 뒤로 숨어버리는 꿈

많은 노력을 기울였으나 자신이 노력한 만큼의 성과를 거두지 못하게 된다.

◉ 산토끼가 어떤 동물에게 쫓기는 꿈

자신이 몸담고 있던 곳에서 떠나거나 자신과 가까운 누군가가 자신의 곁을 떠나게 된다.

개

◉ 개에 관한 꿈

꿈에서의 개는 재물, 우환, 천박함, 패륜아, 경찰관, 신문기자, 감시원, 전염병, 방해물 등 여러 가지 의미를 지니고 있다.

◉ 개를 보는 꿈

별로 좋은 꿈은 아니다. 자신이 지금 처해 있는 현실에 대한 불만이나 부모님과의 마찰로 인해 가정에서 벗어나고 싶을 때, 자신이 슬럼프에 빠져 있는 경우에 많이 꾸게 된다. 특히, 미쳐 날뛰는 개를 보는 꿈은 지금 자신이 매우 예민한 상태임을 암시한다.

◉ 개가 하늘에서 내려오는 꿈

모든 일에 순리와 정도를 따르고 자기 자신을 낮춘다면 장차 큰 행운이 따르겠으나 부도덕하고 간사함에 현혹되어 경거망동을 한다면 심 각한 질병이나 우환이 생기게 된다.

◉ 강아지를 보는 꿈

부인이 임신을 한다.

◉ 강아지를 부르는 꿈

좋은 일이 생길 징조이다. 친구와 만나거나 연락이 없었던 사람에게 서 반가운 소식이 올 수도 있다. 또한 관직에 있는 사람은 진급하고 학 자는 명성을 떨치고 사업가는 경영성과가 좋은 길몽이다. 또 자신의 개 의 이름을 부르는 꿈은 주식을 사거나 사업자금이 생길 것을 암시하는 것이다.

◉ 개를 따라다니는 꿈

누군가에게 부탁한 일이 좌절되어 다른 사람을 통해 그 일의 해결을 보게 된다. 이 꿈은 주로 탈영자가 많이 꾸는 꿈이다.

◉ 개를 끌고 다니는 꿈

협조자와 동업을 하거나 학업 등에 성과를 얻는다.

◉ 천박하게 생긴 개가 자신을 따라오거나 집으로 들어오는 꿈

노숙자나 불량한 사람을 만나 낭패를 보거나 유행성 전염병에 걸리 게 된다.

◉ 따라오는 강아지를 매몰차게 쫓아버리는 꿈

자신의 일에 방해가 되는 사람을 제거하거나 병이 완쾌된다.

◉ 개가 짖는 꿈

반흉반길몽이다. 그간 쌓여왔던 스트레스나 걱정이 서서히 풀려가고 있음을 상징하기도 하지만 개가 자신을 보고 짖으면 누군가와 싸우거나 자신을 비방하는 사람이 생긴다. 또 낯선 사람을 보고 짖어대면 자기가 사는 동네에 어떤 사건이 발생하여 당분간 시끄러울 징조이다. 또 먼 곳에서 개 짖는 소리가 들리는 꿈은 집안의 일이 외부에서 생긴다. 또 개가 사납게 짖으면 남편이 바람을 피우거나 자신이나 가족, 친지들 중에 누가 병을 얻을 우려가 있다.

◉ 개에게 물리는 꿈

개에게 물리면 재물의 손실이나 망신 등의 낭패를 겪게 된다. 자신의 개에게 물리면 가까운 사람에게 피해를 보게 되고 사나운 개에게 물리면 자신의 신변에 위험이 닥치거나 힘든 일을 맡게 되거나 시비가 일어난다. 다른 집 개에게 물리면 관청에 취직을 하게 된다.

◉ 개에게 물린 자국이 남는 꿈

취직을 하거나 자신의 임무를 완수하게 된다. 하지만 물린 자리에서 피가 나면 자신의 고용인이나 믿는 사람에게 배신을 당하게 된다.

◉ 개가 손을 물고 놓지 않는 꿈

진행 중이던 작품이나 자신의 능력 또는 일의 결과에 대하여 평가를 받게 된다.

◉ 개가 밥을 먹는 꿈

길몽이다. 재산이 늘어나고 건강 또한 좋아진다. 그동안의 모든 우환이 사라질 징조이다. 또 개에게 자신이 밥을 먹이고 고사나 치성을 드리면 재수가 좋아질 것을 암시하는 것이다.

◉ 개를 쓰다듬는 꿈

집안 식구나 고용인이 속 썩일 일이 생기게 되니 자연히 고난이 따르게 된다.

◉ 개들이 서로 싸우는 꿈

절친한 친구와 서로 의견이 맞지 않아 다투게 되거나 사랑하는 연인과 헤어질 것을 암시한다. 또 자신이 누군가의 음해를 받거나 건강을 해칠 수 있으니 조심해야 한다.

◉ 개가 고양이와 싸우는 꿈

안팎이 시끄럽다. 가정이나 직장에서 누군가와 다투게 된다.

◉ 개가 집을 나가는 꿈

금전적인 손해가 있을 징조이다. 또 자신이 마음을 잡지 못하고 이리저리 방황을 하게 된다.

◉ 개를 잃어버리는 꿈

가정에서나 직장에서나 좋지 못한 일이 생기게 된다. 직장을 잃을 수도 있겠다. 그러나 잃어버렸던 개를 다시 찾으면 다른 직업을 찾거나 금전적으로도 안정이 된다.

◉ 개가 뛰어다니는 꿈

자신감이 없고 모든 일에 의욕을 상실하게 된다. 자신의 소신껏 밀어붙인 일이 뜻대로 진행되지 않아 많은 시련이 겪게 되고 누군가에게 공박을 당하거나 시비가 일게 된다.

◉ 개가 죽어 있는 꿈

임산부가 이 꿈을 꾸었다면 유산될 징조이니 조심해야 한다.

◉ 개를 죽이는 꿈

그동안의 어렵고 힘들던 일들이 순조롭게 해결이 되고 노력을 기울여 진행하던 일이 성사된다. 시험에 합격하거나 취직이 되겠다.

◉ 개가 두 발로 걸어 다니는 꿈

가까운 사람에게 인신공격을 당하거나 누군가에게 폭행을 당하게 된다.

◉ 개고기를 먹는 꿈

권위나 명성이 크게 향상될 경우도 있으나 남과 다툴 일이 생기고, 심하면 법정싸움에 휘말릴 수도 있으니 매사에 조심해야 한다.

◉ 개를 잡아먹는 꿈

금전적으로 손해를 많이 볼 징조이다. 빌려준 돈을 떼이거나 착수하는 사업에 자본금이 너무 많이 들어가게 된다.

◉ 비싼 애완견을 사는 꿈

훌륭한 인재를 얻거나 명문학교에 입학을 하게 된다

◉ 개가 등에 올라타려고 하는 꿈

임신이나 출산이 순조롭지 못하게 되고, 이성으로 인해 구설수에 휘말리게 된다.

닭

◉ 닭에 관한 꿈

꿈에서의 닭은 인재, 합격, 공공단체, 약속, 자본금, 명성, 재물, 인연 등을 상징하고 달걀은 아이디어나 일거리, 계약의 조건 등을 의미한다.

◉ 닭을 보는 꿈

행운이 따라 계획한 일들이 잘 진행되니 재물과 권위가 자연히 따르게 된다.

◉ 닭이 우는 꿈

닭이 새벽에 울면 가정이 화목하고, 사업을 하는 사람은 그 사업이 날로 번창하게 된다. 특히, 미혼 여성은 좋은 배우자를 만나 결혼을 하는 행운을 얻는다. 또 수탉이 울면 관직이나 신분이 높아지고 암탉이 울면 재물이 들어온다.

◉ 지붕 위에서 암탉이 우는 꿈

가정의 불화로 마음이 편하지가 않다. 또 누군가에게 억압을 당하거나 남의 일에 끼어들어 괜한 구설수에 오르기 쉽다.

◉ 암탉이 알을 품고 있는 꿈

길몽이다. 행운이 따라 자신의 작품이나 하는 일이 모두 좋은 성과를 거둔다. 반가운 소식이나 경사가 겹칠 징조이니 복권을 사는 것도 좋을 것이다. 하지만 수탉이 알을 품고 있으면 손재수가 있다.

◉ 닭에게 모이를 주는 꿈

여러 가지 사업에 투자할 일이 생긴다.

◉ 닭이 모이를 쪼아 먹고 있는 꿈

어떤 계약이 성사되거나 결혼을 하게 된다. 하지만 많은 닭이 모이를 쪼아 먹으면 어디를 가나 분주하고 업무가 많아 무척 고달프다.

◉ 닭이 알을 낳는 꿈

새로운 사업을 시작하거나 새로운 아이디어가 생긴다.

◉ 수탉이 쪼려고 덤벼드는 꿈

질이 나쁜 사람에게 시달리거나 위장병에 걸릴 위험이 있다.

◉ 수탉이 서로 싸우는 꿈

안팎이 다 시끄럽다. 누군가와 크게 다투거나 구설수에 휘말리게 되고, 시비, 싸움, 소송 등의 갈등이 생긴다.

◉ 닭이 오리나 거위와 싸워 상대를 죽이는 꿈

장차 여러 가지 이로움이 생기고 장애나 말썽 등 궂은 일이 해소 된다.

◉ 닭이 다리가 묶여 꼼짝 못 하는 꿈

진행 중인 일에 실수를 하거나 처신을 제대로 못하면 큰 위험이 닥칠 징조이다. 당분간 근신하는 것이 좋을 것이다

◉ 닭이 뱀에게 감겨 있는 꿈

하는 일마다 말썽이 생기고 건강이 약해져 병원에 갈 징조이니 각별히 신경을 써야 한다.

◉ 닭이 자신에게 말하는 꿈

뜻밖의 불행이나 곤란한 일이 생겨 고통이 뒤따르게 된다.

◉ 자신이 기르고 있던 닭의 주둥이를 자르는 꿈

자신이 추진 중이던 사업상의 계약이 성립된다.

◉ 닭이 날개를 치고 깃털을 가다듬는 꿈

지위나 사업에 연관된 발전, 성취와 안정의 기쁨이 따르게 된다.

◉ 닭고기를 먹는 꿈

병이 생길 징조이므로 건강관리에 특히 조심해야 한다.

◉ 통닭을 먹는 꿈

파티나 결혼식에 초대받는다.

쥐

◉ 쥐에 관한 꿈

꿈에서의 쥐는 재산, 주택, 번영, 작품이나 일거리 또는 노력가, 관리, 회사원, 도적, 간첩, 비겁자, 작품, 일거리 등과 관계한다.

◉ 흰쥐가 나타나는 꿈

오랜 기간 소원하던 일이 성취될 꿈이다. 흰 쥐가 길을 안내하면 자신보다는 남을 위하는 마음이 앞서기 때문에 주위의 불우한 환경에 처한 사람들을 위해 헌신하게 되고 그로 인하여 많은 사람들이 자신을 따르고 복종하게 된다. 또 흰 쥐가 우리에 갇혀 있다면 여러 가지 물건들을 소유하게 된다.

◉ 쥐에게 물리는 꿈

대길의 운이 찾아왔다. 직장에서는 승진과 포상 등으로 선망의 대상이 되겠고 사랑하는 사람과 결혼을 약속하게 된다.

◉ 쥐가 발가락을 물고 놓지 않는 꿈

뜻하지 않은 협력자가 생겨 추진하고 일이 크게 성공한다. 돈과 명예를 얻게 된다.

◉ 쥐가 신발을 물어뜯는 꿈

만사가 형통할 운이다. 큰 성공으로 돈과 명예를 얻게 된다. 하지만 쥐가 자신이 벗어놓은 옷이나 가방을 물어뜯으면 집안 식구나 가까이 지내는 사람에게 좋지 않은 일을 당하게 된다.

◉ 쥐가 다른 동물과 놀고 있는 꿈

쥐가 개와 놀고 있으면 그동안 사이가 좋지 않던 사람과 화해를 하거나 부부사이가 좋아져 가정이 편안할 징조이다. 또 쥐와 개가 함께 뛰어가는 것을 보면 경사가 생긴다.

◉ **자신이 쥐가 되는 꿈**

현재의 자기 생활에 회의를 느껴 현실에서 벗어나고 싶은 마음이 꿈으로 나타난 것이다.

◉ **쥐가 고양이나 호랑이로 변하는 꿈**

직장에서 승진하고 사업이 점점 확장된다.

◉ **방안에 든 쥐를 잡으려는 꿈**

자신이 하는 일에 대한 방해자를 밝혀내게 된다.

◉ **달아나는 쥐를 돌로 던지거나 막대기로 때려서 죽이는 꿈**

횡재를 하거나 일을 성취한다. 그 쥐에서 피가 나면 많은 재물이 생긴다.

◉ **붙잡았던 쥐를 놓쳐 쥐가 달아나는 꿈**

재물과 이권의 손실이 있겠다. 또 쫓던 쥐가 구멍 속으로 들어가면 진행하던 일이 성사되지 않는다.

◉ **쥐가 쥐덫에서 발버둥치는 꿈**

주변 사람들과 다투게 되거나 어려운 일을 만나게 된다. 구설수 말썽 등이 생기게 된다.

◉ **쥐가 황급히 달아나는 꿈**

자식에게 좋은 일이 일어나거나 금전적 이득을 얻게 된다.

◉ **창고에 쌓아둔 많은 곡식을 쥐들이 먹어치우는 꿈**

큰 사업이 이루어지니 돈은 저절로 굴러들어온다.

● 쥐들이 들판에 있는 곡식을 먹는 꿈

흉몽이다. 천재지변이나 흉년이 온다. 사업을 하는 사람이라면 실패할 가능성이 높다.

● 쥐가 곳간을 들락날락하는 꿈

좀도둑으로 인해 재물이 조금씩 새어나간다. 실물수, 지출, 도둑, 우환 등이 들끓는다.

● 집안에서 쥐들이 슬프게 울거나 크게 소리 지르는 꿈

집안에 우환이 들끓고 자식과 연관된 일로 말썽이 일어나거나 금전적 손실이 생기게 된다. 시비, 싸움, 소송이 생기고 불청객이나 치한 등이 이성을 잃고 행패를 부린다.

● 쥐들이 서로 소란스럽게 싸우는 꿈

누군가의 감언이설에 속아 낭패를 보게 된다.

● 들쥐가 많이 있는 꿈

다툴 일이나 말썽, 시비가 일어난다. 또 집에 쥐가 들끓으면 이사를 하거나 집수리를 하게 될 징조이다.

● 쥐가 아픈 꿈

자신이나 가족 중의 누군가가 질병에 걸리게 될 징조이니 건강에 신경을 써야 한다. 특히 위장병이나 맹장염에 주의해야 한다.

● 쥐가 죽는 꿈

좋지 않은 징조이다 자신과 가까이 지내는 사람에게 불행한 일이 생기게 된다.

● 다람쥐를 보는 꿈

꿈에 다람쥐를 보았다면 약간의 수입이 생기게 된다. 하지만 자신보

다 큰 다람쥐를 보았다면 노름 등으로 신세를 망치게 된다.

고양이

◉ 고양이에 관한 꿈

  꿈에서의 고양이는 경찰, 감시원, 아내, 이권, 작품, 일거리 등을 상징
한다.

◉ 고양이를 보는 꿈

  꿈에 고양이가 보이면 누군가의 감시를 받거나 좋지 않은 일이 생길
가능성이 많다. 또는 헤어진 이성친구나 배우자를 그리워하는 마음이
꿈으로 보이는 것이다.

◉ 화난 고양이를 보는 꿈

  가정의 불화가 생길 암시이다. 배우자나 자신이 이성에게 배신을 당
하거나 자신의 경쟁상대에게 밀려나게 된다.

◉ 고양이에게 물리는 꿈

  고양이에게 할퀴거나 물리는 꿈은 경쟁에서 뒤지거나 추진하던 일이
주위의 반대로 순조롭지 못할 징조이다. 고양이가 자신의 목을 물면 목
과 관련된 질병에 걸릴 수도 있고 얼굴이나 손등을 할퀴는 꿈은 자신
의 명예가 땅에 떨어지겠다. 또 고양이가 사람의 손과 발을 물고 할퀴
는 꿈은 다치거나 교통사고가 생길 징조이다.

◉ 고양이를 안고 어루만지는 꿈

벅찬 일거리에 맡게 되거나 아이를 안을 일이 생긴다.

◉ **고양이가 덫에 걸리는 꿈**

이 꿈에 나타난 고양이는 현재의 경쟁상대나 자신이 경계하는 인물을 상징하는 것이다. 고양이가 덫에 의해 잡혔다면 이는 어려움을 지혜롭게 극복하고 자신의 위치를 확보하는 것을 암시한다.

◉ **자기 집 고양이가 나가는 꿈**

고용인을 해고하거나 물건을 분실하여 찾지 못한다.

◉ **고양이가 달아나는 꿈**

어떤 일이나 사건이 미궁에 빠져 그 진상이 좀처럼 밝혀지지 않는다.

◉ **고양이가 비를 맞으며 달려가는 꿈**

물건이나 돈을 잃어버릴 징조이다. 즉 도난의 위험이 있다.

◉ **고양이가 쥐를 잡는 꿈**

자신이 원하던 일을 성사시키게 된다. 특히 경찰은 범인을 잡는 등 공로를 세우게 된다.

◉ **고양이에게 쫓기는 꿈**

부상을 당하거나 교통사고의 위험이 있으니 몸조심하는 것이 좋다.

◉ **고양이를 잡아 죽이는 꿈**

자신의 일에 방해가 되는 사람이나 조건 등을 제거하게 된다.

◉ **고양이가 쥐를 잡아먹고 있는 꿈**

이제까지 자신의 앞길을 가로막던 모든 방해가 사라진다. 사업가나 상인은 큰 이익을 남기게 되고 학자는 그 이름을 날리게 되고 학생은 장학금을 탄다든지 갖고 싶었던 물건을 소유할 꿈이다.

◉ **고양이가 닭장을 들여다보는 꿈**

자신에게 이롭지 못한 사람이 나타나 자신의 소유재산에 손해를 입히거나 자신의 재산을 보호해 줄 고용인을 채용하게 된다.

◉ **고양이의 눈빛이 유난히 빛나는 꿈**

자신의 작업이나 작품 등이 사람들에게 인정을 받는다.

◉ **고양이가 두 사람 사이에 앉아 있는 꿈**

두 사람 사이에 비밀이 있음을 나타낸다.

◉ **임산부가 고양이 새끼를 낳는 꿈**

가정에 근심이 생기게 된다. 시비, 싸움, 소송, 실패 등이 있다.

◉ **친구나 애인에게 고양이를 받는 꿈**

친한 사람끼리 말다툼이나 시비가 생기고 어려움을 겪게 된다.

바다동물

◉ **거북이를 타고 바다를 건너가는 꿈**

새로운 기술력으로 신상품을 개발하여 국제적으로 크게 성공하게 된다. 성공, 승진, 당선, 합격, 학위, 자격취득 등의 운이 따른다.

◉ **거북이가 자신의 눈앞에 나타나는 꿈**

꿈에서 거북이를 보면 집안이 화목해지고 편안해질 길몽이다. 특히 기울던 가세가 펴지고 재물을 모으며 남자들은 성공을 한다.

◉ **거북이를 통째로 삼키는 꿈**

자신의 품성과 자질이 좋아지고 능력 또한 향상되어 주위의 부러움을 사게 된다.

◉ 거북이를 선물로 받는 꿈

좋은 징조이다. 뜻밖에도 헤어졌던 연인의 소식을 듣게 되거나 전에 알고 지내던 사람을 만날 수 있다.

◉ 거북이를 잡아 방으로 들고 오는 꿈

태몽이다. 아주 건강하고 똑똑한 아이가 태어날 징조이다.

◉ 임산부가 거북이를 타고 있는 꿈

태몽 중의 태몽이다. 태어날 아이는 장차 일국의 정당 당수나 통치자, 기관장 등이 되어 부귀를 누리게 되고 세력이 당당한 사람이 된다.

◉ 거북을 가까이에서 만지거나 등에 타는 꿈

태몽으로 장차 권력과 재물을 움켜쥘 인물을 낳게 된다.

◉ 거북이 등을 베고 잠을 자는 꿈

길몽이구나, 자신이 별 노력 없이도 돈이 저절로 굴러들어올 징조이다.

◉ 거북이 뒤를 따라가는 꿈

누군가의 도움을 받아 하고 있는 일이 번창해진다.

◉ 거북이의 목을 잡는 꿈

어떤 단체의 최고의 자리에 오르거나 그 단체의 주도권을 장악하게 되니 부와 명예가 뒤따르게 된다. 또는 각종 시험 등에서 수석으로 합격하겠다.

◉ 거울 속에 거북이가 비치는 꿈

재물과 돈이 들어오고 경사가 있다.

◉ 거북이가 이부자리에서 나오는 꿈

집안에 경사스런 일이 생기게 되고 돈이 들어온다.

◉ **거북이 집안이나 물속으로 들어가는 꿈**

생각지도 않던 큰 돈이 들어올 징조이다.

◉ **거북이 서식처로 가는 꿈**

높은 지위에 오르고 권세와 영화를 누리게 된다.

◉ **집안에 큰 거북이가 보이는 꿈**

무슨 말이 필요하겠는가. 무슨 일이든 다 이루어지고 재물과 돈이 들어온다.

◉ **거북이를 잡아 집밖으로 버리는 꿈**

어쩔 수 없겠다. 이제까지 누리던 복은 어디론가 사라져버린다.

◉ **거북이를 죽이거나 잡아먹는 꿈**

아주 나쁜 꿈이다. 뜻밖의 사고를 당하거나 초상이 날 수 있으니 항상 조심해야 한다.

◉ **자라가 변해 거북이가 되는 꿈**

시작은 힘들었지만 그동안의 어려움을 딛고 일어나 크게 성공하게 된다. 입신출세, 성공 등 경사스런 일이 있고 재물과 돈이 들어온다.

◉ **거북이와 자라가 같이 있는 꿈**

임산부에게는 매우 불길한 꿈이니 각별한 주의가 필요하다.

◉ **거북을 도구로 때려서 피가 흐르는 꿈**

누군가의 도움을 받게 되고 크게 성공하게 된다.

◉ **거북이가 몸통 속으로 목을 집어넣은 꿈**

누군가에게 부탁한 일이나 원하는 일이 뜻대로 되지 않아 고통스런 나날을 보내게 된다.

◉ 거북이를 잡으려 하지만 잡지 못하는 꿈

어떤 일을 성심껏 도모하지만 좋지 않은 결과를 낳게 된다.

◉ 고래에 관한 꿈

꿈에서의 고래는 큰 인물이나 권세가, 재력가, 협조자 등과 관계가 있고 작품이나, 재물, 권리 등을 상징한다.

◉ 고래가 힘차게 헤엄치는 꿈

크게 출세할 꿈이다.

◉ 고래가 물을 뿜는 꿈

자신이 원하던 이성과 결혼을 하게 된다.

◉ 고래의 뱃속으로 들어가는 꿈

높은 지위에 오르거나 막대한 부동산을 소유하게 된다.

◉ 고래가 따라오는 꿈

강한 세력에 눌려 기를 펴지 못하거나 누군가에게 협박이나 감시를 받게 된다.

◉ 고래 떼가 한가롭게 노는 꿈

가정이 편안하니 자연히 화목해진다.

◉ 배 위에서 고래를 잡아 올리는 꿈

횡재수가 있다. 복권에 당첨될 확률이 높다.

◉ 고래 떼가 몰려와 배를 뒤집는 꿈

지금 추진 중인 일이 위기에 처해지거나 중도에 실패하게 된다.

◉ 고래의 등에 올라타고 달리는 꿈

어느 단체의 지도자가 되어 일을 주도해 나가게 되거나 또는 바다를 여행하게 된다.

◉ 죽은 고래를 보는 꿈

가정에 우환이 생길 징조이니 만사에 각별한 신경을 써야 한다.

◉ 상어에 관한 꿈

꿈에서의 상어는 용감한 사람, 권력자 또는 악한 사람과 관계가 있고 인기 있는 일이나 직업, 방해물 등을 상징한다.

◉ 상어 떼가 몰려오는 꿈

누군가의 방해로 인해 손해를 입거나 여러 사람에게 시비를 당할 징조이다.

◉ 상어에게 물리는 꿈

권리와 명예를 얻는다. 그러나 다리를 물리면 가까운 사람을 잃거나 자신의 주위에 있던 능력 있는 사람이 떠나게 된다.

◉ 상어를 잡는 꿈

권위 있는 사람의 도움으로 높은 지위에 오른다. 또 그물로 상어를 잡으면 태몽으로 장차 크게 성공할 아이가 태어난다.

◉ 물개를 타고 바다를 달리는 꿈

아주 길몽이다 미혼자라면 곧 좋은 배우자를 만나고 부인이 이 꿈을 꾸었다면 임신할 가능성이 많다. 재물, 입학, 승진, 당선, 합격 등의 운이 있다.

◉ 물개가 떼를 지어 다니는 꿈

집단 훈련을 받거나 지방공연, 출장, 여행 등을 가게 된다.

◉ 물개를 잡는 꿈

횡재수가 있다. 예기치 못한 많은 재물이 생기게 된다.

◉ 물개가 가까이에 다가오는 꿈

직장이 없는 사람이라면 취직이 되겠다.

양서동물

◉ **악어에게 쫓기는 꿈**

사악하고 흉측한 사람을 만나거나 재물의 손실 등 큰 낭패를 치르게 된다.

◉ **악어를 죽이거나 잡는 꿈**

그동안의 어렵던 문제들이 점차 사라져 가정이 편안해지고 사업이 발전하여 많은 재물을 얻게 된다.

◉ **개구리에 관한 꿈**

꿈에서의 개구리는 처세 잘하고 소문 잘 내는 사람, 돈을 잘 버는 사람과 관계가 있다. 작품이나 일, 재물 등을 상징한다.

◉ **개구리가 시끄럽게 우는 꿈**

그동안의 의혹이 사라지고 억울함이 밝혀질 징조이나 혹 구설수에 오를 수 있으므로 대인관계에 신경을 써야 한다.

◉ **개구리 울음소리가 처량하게 들리는 꿈**

흉몽이다. 생각지도 못한 불운이 끼었다. 가정에 질병이나 우환이 생기게 된다.

◉ **개구리를 잡는 꿈**

만약 부인이 이 꿈을 꾸었다면 태몽이다. 똑똑하고 재주가 있는 아이가 태어난다.

◉ 두꺼비를 보는 꿈

　성품이 좋지 못하고 용모 또한 누추한 사람과 연관된 일이 생기게 된다. 하지만 시험에 합격하거나 경쟁에서 이길 수도 있다.

◉ 두꺼비를 잡는 꿈

　태몽으로 장차 대성할 아이를 낳게 된다. 또 특히 사업하는 사람은 그 사업이 크게 성공하여 많은 돈을 벌게 된다.

◉ 두꺼비가 맑은 물에서 노는 꿈

　행운이 깃드는구나, 마음먹은 일은 모두 뜻대로 이루어지고 횡재수가 있어 돈이 저절로 굴러들어온다.

물고기

◉ 물고기에 관한 꿈

　꿈에서의 물고기는 그냥 일반 사람과 동일하다. 재물이나 권리, 일, 작품 등을 상징한다.

◉ 큰 물고기를 보는 꿈

　가정이 편안하지가 않다는 징조이다. 자신이 가족과 생활하는 것에 불만이 있거나 가족을 무거운 짐으로 느끼고 있을 때에 꾸는 꿈이다. 큰 물고기는 좁은 가족관계 속에 이미 들어갈 수 없게 된 처지를 나타낸다.

◉ 자신이 물고기를 잡는 꿈

자신이 직접 낚시질을 해서 물고기를 잡으면 사업을 하여 큰 돈을 벌거나 자신에게 도움을 줄 사람을 만나니 경사가 겹쳐 만사대통이다. 그물로 잡는 것도 좋다. 하는 일마다 순조롭게 진행된다는 암시이다. 이때 큰 물고기를 잡으면 현재 하고 있는 일이 순조롭게 진행되지만 반대로 작은 물고기를 잡으면 직장을 옮기거나 곤란함을 당할 수도 있다. 또 개천이나 논바닥 웅덩이에서 물고기를 잡으면 많은 재물이나 권리를, 자신에게 도움을 줄 사람을 만나게 되고 저수지에서 많은 물고기를 잡으면 복권에 당첨될 좋은 징조이다. 하지만 흙탕물에서 물고기를 잡으면 부정한 재물을 소유하게 된다.

◉ 강에서 물고기를 잡는 꿈

자신이 미혼자라면 좋은 배우자를 만나 결혼을 하게 되고 직장인이라면 좋은 상사를 만나 회사에서 신임을 얻게 된다.

◉ 대어를 낚는 꿈

좋은 징조이다. 재물이 들어오거나 누군가에게 귀한 물건을 선물을 받게 된다. 또는 반가운 소식을 듣게 된다. 강에서 큰 물고기를 낚았다면 주위 사람들로부터 존경을 받게 되고 직장에서는 승진을 하게 된다.

◉ 많은 사람들과 함께 물고기를 잡는 꿈

여럿이 하나의 이익을 얻으니 서로 분쟁의 소지가 있다.

◉ 우물에서 물고기가 노는 꿈

흔한 꿈이 아니다. 우물 가운데 물고기가 놀면 장차 지위가 높아지거나 널리 이름을 떨치게 될 징조이다. 사업 또는 장사를 한다면 많은 돈과 명예를 함께 얻을 수 있다. 또 강물 속에서 물고기들이 놀고 있다면 어떤 계약을 성사시키고 맑은 논바닥에서 물고기들이 놀고 있으면 하고 있는 일이 좋은 결과를 맺게 된다.

◉ **물속에서 큰 물고기가 노는 꿈**

사업이 주위의 많은 도움으로 크게 발전하니 재물과 권리가 향상되고 그 기쁨이 크겠다.

◉ **물고기가 방안에서 놀고 있는 꿈**

태몽이라면 장차 부자가 될 인물을 낳게 될 것이다.

◉ **물고기가 배의 갑판 위로 뛰어오르는 꿈**

누군가를 구해주거나 횡재할 일이 생기게 된다.

◉ **물고기가 물 위를 날아다니는 꿈**

그동안 공들인 일이 모두 허사가 되니 마음이 불안하다.

◉ **물고기를 사로잡았다가 다시 놓아주는 꿈**

막혔던 운세가 트이는구나. 그동안의 근심이 사라지고 하는 일이 순조롭게 풀리게 된다. 하지만 손에 쥐고 있던 물고기를 놓치면 절친한 친구와 헤어지거나 재물을 잃게 된다.

◉ **누군가 자신에게 물고기를 선물하는 꿈**

좋은 혼처가 생길 징조이다. 또 반가운 소식이 전해지겠다.

◉ **자신이 물고기로 변하는 꿈**

아주 흉몽이다. 가지고 있던 재산을 모두 탕진하거나 사업의 실패, 직장에서는 실직을 당할 수 있으니 부동산이나 주식투자를 할 목적이었다면 당분간 보류하는 것이 좋겠다.

◉ **개구리가 변하여 물고기가 되는 꿈**

집에 도둑이 들어 물건을 도난당하거나 재물을 잃어버리는 일이 생기게 된다.

◉ **자기 자신이 물고기와 함께 헤엄을 치는 꿈**

곤란과 장애가 원만히 해결되어 큰 손실이나 말썽을 피할 수 있다.

◉ **싱싱한 물고기가 펄떡거리며 비늘을 반짝거리는 꿈**

횡재수가 있다. 뜻하지 않은 곳에서 돈이 들어오거나, 집안에 경사가 생기게 된다.

◉ **여러 가지 빛깔이 나는 물고기를 보는 꿈**

구설수에 휘말릴 수 있으니 특별히 대인관계에 신경을 써야 한다. 그러나 지병을 앓고 있는 사람이라면 병이 깨끗이 완쾌된다.

◉ **오색이 찬란한 빛깔의 물고기를 치마로 받은 꿈**

태몽이라면 장차 사람들의 주목을 끌어 유명하게 될 인물을 낳게 된다.

◉ **임신한 아내가 물고기를 낳는 꿈**

태몽이라면 예쁜 아기를 낳게 될 것이다.

◉ **물고기를 토막 내어 누군가에게 나눠주는 꿈**

누군가에게 사업 자금을 나누어 받거나 뜻하지 않은 돈을 얻게 된다.

◉ **물고기를 먹는 꿈**

길몽이다. 추진하는 일이 순조롭게 진행되어 머지않아 경사스러운 일이 생길 징조이다. 특히 사업가나 상인에게 좋은 꿈이다. 사업이 크게 발전하거나 많은 돈을 벌게 된다.

◉ **물고기를 요리해서 먹는 꿈**

애인이나 친구의 도움을 받는 일이 생기거나 누군가에게 조언을 듣거나 좋은 인생 경험을 하게 된다.

◉ 연못 위에 죽은 물고기들이 떠 있는 꿈

천재지변이나 돌림병 등으로 화를 입게 된다.

◉ 창으로 물고기를 찌르는 꿈

건강에 이상이 생기거나 몸을 다치는 우환이 발생하게 된다.

◉ 칼로 물고기를 자르는 꿈

건강이 좋지 않아 병원에 입원한다거나 추진하던 일이 제대로 풀리지 않아 고민하게 된다.

◉ 작은 웅덩이에 큰 물고기가 죽어 있는 꿈

누군가 자신에게서 떠나려는 징조이다. 평소 의지하던 친구나 아끼는 부하직원, 동료 등이 멀리 떠나게 된다.

각종 어류

◉ 잉어에 관한 꿈

꿈에서의 잉어는 재주 있는 사람, 예술 작품, 재물, 명예 등과 관계있다.

◉ 잉어를 보는 꿈

뜻밖의 행운이 찾아오는 꿈이며 태몽이라면 아들이 태어날 뿐 아니라 장차 대성할 아이가 태어난다. 하지만 죽은 잉어를 보면 임신 중에 유산할 징조이니 조심해야 한다.

◉ 잉어가 무리지어 헤엄치는 꿈

아주 좋은 꿈이다. 소원성취, 부귀영달, 입신출세하게 될 꿈이다. 태몽이라면 총명하고 귀한 자식을 낳게 된다.

◉ **연못에서 잉어가 헤엄치는 꿈**

길몽이다. 부와 명성을 얻겠다. 사업가는 사업이 번창하고, 직장인은 승진하며, 학생은 좋은 성적을 얻게 된다. 태몽이라면 귀한 아기를 갖게 된다.

◉ **연못에 있던 잉어가 갑자기 사라지는 꿈**

태몽이라면 태아가 유산될 염려가 있으니 조심해야 한다.

◉ **아주 큰 잉어를 잡는 꿈**

사업, 특히 식품업계에 투자하면 크게 성공하여 많은 돈을 거머쥐게 된다. 또 미혼자라면 좋은 배우자를 만나게 된다.

◉ **폭포 위로 큰 잉어가 뛰어오르는 꿈**

장차 크게 성공을 하거나 출세를 하게 된다. 사람들의 부러움을 한 몸에 받겠다.

◉ **잉어가 폭포에서 떨어지는 꿈**

좋지 않다. 실패와 좌절을 맛보게 된다.

◉ **잉어가 물위로 뛰어오르는 꿈**

노력의 결과가 나타나며 사업은 더욱 번창한다.

◉ **잉어를 자신의 연못이나 우물에 넣는 꿈**

하고 있는 일을 크게 이루어 출세하거나 명예를 얻게 된다.

◉ **잉어를 물이 담긴 그릇에 넣는 꿈**

명예를 얻거나 창작품을 발표하여 사람들에게 호평을 받게 된다.

◉ **자신이 잉어가 되는 꿈**

현재 자신이 처해 있는 상황에 불만이 많다. 이로 인한 정신적인 고통은 더욱 심해지나 주위에 의논할 사람이 없다.

◉ 금붕어에 관한 꿈

꿈에서의 금붕어는 인기인, 인기상품, 행복 등을 상징한다.

◉ 금붕어를 보는 꿈

장차 자신의 존재나 능력, 작품으로 인해 많은 인기를 얻게 된다.

◉ 어항 속에 있는 금붕어를 가만히 들여다보는 꿈

길몽이다. 생활이 풍족해지거나 자신의 예술작품을 발표하게 된다. 태몽이라면 장차 큰 사업체를 운영하는 기업가가 될 아이를 낳는다.

◉ 어항 속에 있는 금붕어를 낚는 꿈

허황된 꿈을 꾸고 있다.

◉ 땅에 떨어진 금붕어를 어항에 집어넣는 꿈

태몽으로 예술적 감각이 뛰어난 자식이 태어난다.

◉ 금붕어가 들어 있는 어항이 깨지는 꿈

부부간의 문제가 발생해 가정의 행복이 깨지고 사업 또한 실패하게 된다. 자녀에게 아주 좋지 않은 일이 일어날 수도 있다.

◉ 연어를 보는 꿈

좋지 않은 꿈이다. 여성이 자신의 처신을 제대로 하지 않으면 그에 따른 말썽이나 시비가 생기게 된다.

◉ 뱀장어를 보는 꿈

가정이 편안하고 모든 일이 순조롭다. 또 뱀장어처럼 매끄러운 고기를 잡는 꿈은 취직을 하거나 결혼을 할 징조이다.

◉ 미꾸라지가 물에서 헤엄을 치는 꿈

주로 가을에 좋은 일이 생긴다. 가정이 편안하고 만사형통이다.

◉ **방어나 가오리를 낚는 꿈**

귀한 손님이 찾아오거나 즐거운 일이 생기게 된다.

◉ **낙지나 문어가 몸을 감고 있는 꿈**

취직이나 입학 등이 순조롭게 이루어진다.

◉ **새우를 잡거나 먹는 꿈**

자신이 허위와 가식으로 가득 차 있다. 조심하지 않으면 추진 중인 일의 결과가 부진하거나 실패할 수 있다.

◉ **새우가 물고기로 변하는 꿈**

사기를 당하는 등 재산상의 손실이 따른다.

◉ **조개에 관한 꿈**

꿈에서의 조개는 재물, 집, 여성, 일거리, 사업체 등을 상징한다.

◉ **여성이 조개를 열고 있는 꿈**

머리가 좋은 아이가 태어날 징조이다. 남성이 이 꿈을 꾸었다면 부인이 아들을 낳을 징조이다.

◉ **조개에서 진주를 찾은 꿈**

뜻밖의 행운으로 횡재를 한다. 진리를 깨닫거나 직장에서 승진을 할 운이다. 태몽이라면 아주 총명하고 잘 생긴 아이가 태어난다.

◉ **조개를 얻거나 줍는 꿈**

만사형통이다. 미혼자라면 좋은 혼담이 오가게 되고 태몽이라면 귀한 아이를 낳게 된다. 또 그 양이 많으면 태몽일 경우 장차 크게 성공하여 부자가 될 아이를 낳게 된다.

◉ **하늘에서 떨어지는 조개를 받는 꿈**

미혼자라면 좋은 배우자를 만나고 헤어졌던 사람은 그 사람을 다시 만나게 된다. 재물과 관련된 공적인 일이 있겠다.

◉ **가리비를 먹는 꿈**

건강에 이상이 있다는 것을 암시한다.

◉ **게를 보는 꿈**

모든 일이 제대로 풀리지 않게 될 흉몽이다. 재난, 낭패, 불이익 등이 따른다.

◉ **황색 게를 보는 꿈**

건강이 좋지 않던 사람은 점차 건강을 되찾게 된다. 하지만 누구와 거래를 하거나 혼담이 오고갈 경우에는 낭패를 겪게 된다.

◉ **많은 게가 논이나 들판을 기어 다니는 꿈**

경쟁이나 분란의 소지가 많다. 이를 경계해야 자신에게 이롭다.

◉ **게를 잡는 꿈**

태몽이면 장차 큰 사업체를 운영할 아이가 태어날 징조이다. 또 논에서 게를 잡으면 그 양에 따라 재물이 생기게 된다. 물가에서 게를 잡으면 재물이나 이권이 생기고 도랑에서 잡으면 횡재수가 있겠다.

◉ **게에게 물리는 꿈**

생각지 못한 재물의 손실이나 말썽이 생기게 된다.

조류

◉ 새에 관한 꿈

꿈에서의 새는 작품이나 일거리, 재물, 권력, 좋은 일과 나쁜 일 등을
상징한다.

◉ 자신이 새가 되는 꿈

좋은 징조이다. 이제야 자신의 진가를 주위 사람에게 보여주게 된다.
추진하던 일을 잘 마무리하니 그동안의 멸시는 사라지고 존경과 부러
움을 사게 된다. 또 자신이 새가 되어 날아가면 지방출장이나 가정방문
등을 하게 된다.

◉ 새가 나는 꿈

새가 맑은 하늘을 날면 아주 기쁜 소식이나 잊고 지내던 사람으로부
터 반가운 소식이 전해진다.

◉ 날아가는 새를 잡는 꿈

배우자와 이별하게 되거나 절친하던 친구와의 의견대립 등으로 헤어
지게 된다.

◉ 새장의 새를 기르는 꿈

자신의 물건을 잘 보관한다든지 누군가를 보호해야 함을 암시한다.
또는 자기가 꼭 참여해야 할 일이 있거나 통제해야 할 일이 생기게 된
다.

◉ 새장의 새가 도망가 버리는 꿈

친하게 지내던 친구나 동료와 이별하게 되고 그들에게 병이 생길 징

조이다. 또는 직장을 옮기든지 자신의 일이나 아끼던 물건을 잃어버리게 된다.

◉ 새들이 떼를 지어 날아가는 꿈

운수대통이다. 주위의 도움으로 하는 일에 있어 막힘이 없으니 성공이 눈앞에 있다.

◉ 새알을 얻는 꿈

횡재수가 있다.

◉ 새가 집 안으로 날아드는 꿈

기쁜 소식을 듣거나 가정에 경사가 생긴다. 만약 여성이 이 꿈을 꾸었다면 임신을 하게 된다.

◉ 새의 날개가 부러지는 꿈

흉몽이다. 자식을 잃게 된다. 또 새의 날개가 떨어지면 자신의 세력이나 명예 등이 땅에 떨어지게 된다.

◉ 새에게 모이를 주는 꿈

자신이 하고 있는 작업을 누군가가 심하게 간섭하게 된다.

◉ 새가 우는 꿈

배우자에게 좋지 않은 일이 생기게 된다. 도피나 재산상의 손실이 따른다.

◉ 새들이 서로 싸우는 꿈

시비나 말썽 등이 일어난다.

◉ 새를 죽이는 꿈

배우자나 연인에게 좋지 않은 일이 생길 징조이다

◉ 학에 관한 꿈

꿈에서의 학이나 백로, 백조, 황새 등은 고고한 사람, 지조 있는 사람, 학자, 명예, 권세, 작품 등을 상징한다.

◉ 학이 하늘로 날아오르는 꿈

입신출세하여 이름을 크게 떨치거나 사업이 크게 성공하게 되니 많은 사람으로부터 존경을 받게 되고 좋은 가문의 배우자를 만난다. 또한 자신이 학을 타고 하늘을 날면 학자가 될 징조이다.

◉ 학이 품속으로 날아드는 꿈

태몽으로 장차 지혜로운 여자아이를 낳게 된다. 하지만 자신의 몸 위에 학이 날아들면 병이 생길 징조이니 건강에 신경을 써야 한다.

◉ 학이 자신의 주변에 날아와 앉는 꿈

학식이나 덕이 높은 사람을 만나 가르침을 받게 된다.

◉ 학이 자기 집안에서 누군가와 놀고 있는 꿈

태몽으로 아주 재주가 비상한 아이나 천재를 낳을 징조이다.

◉ 하늘에서 동자가 학을 타고 내려오는 꿈

태몽이라면 장차 지식인이 될 인물을 낳게 될 것이다.

◉ 아름다운 암컷 학을 잡는 꿈

아름다운 여자를 만나 결혼을 하지만 그 수명이 길지 못하다.

◉ 자신이 기르던 학을 놓아 보내는 꿈

금전 운이 있어 무슨 일을 하든 경제적으로 많은 이득을 본다.

◉ 황새가 나무 위에 앉아 있는 꿈

여러 사람을 이끌어가는 위치에서 일을 추진해 나가게 된다.

◉ 황새가 집을 짓는 꿈

앞날에 막힘이 없다. 하고자 하는 일이 모두 이루어지니 부귀와 명성이 저절로 따라온다. 태몽이라면 아주 총명하고 잘 생긴 아이를 낳게 된다.

◉ 백조를 타고 자기 집 주위를 나는 꿈

　만약 아픈 사람이 이 꿈을 꾸었다면 곧 건강이 좋아질 것이다.

◉ 연못에 있는 백조를 보는 꿈

　큰 노력 없이도 돈이 저절로 굴러들어온다.

◉ 백조가 우는 꿈

　불길하다. 곤란한 일을 당하거나 주위에서 누군가가 상을 당할 꿈이다.

◉ 공작새나 봉황새에 관한 꿈

　꿈에서의 공작새나 봉황은 이상적인 배우자, 부와 명예, 뛰어난 작품, 재물 등을 상징한다.

◉ 자신이 공작새를 소유하는 꿈

　사회적으로 존경받는 사람이나 고귀한 품격의 사람들과 교제하게 된다. 또는 신비한 이성을 알게 되거나 소중한 선물을 받게 된다. 또 태몽이라면 장차 크게 대성할 아이를 낳게 된다.

◉ 자신이 공작새나 봉황새를 타고 하늘을 나는 꿈

　이상형의 배우자를 만나거나 결혼할 꿈이다. 횡재수가 있어 뜻하지 않은 재물이 저절로 굴러들어오고 운수가 좋아 하는 일마다 성공이다. 입학, 승진, 당선, 합격 등의 경사가 있다.

◉ 공작새가 자기 주변이나 머리 위에서 날아다니는 꿈

　사람들에게 자신을 과시하고 부와 명성을 지니게 될 것이다.

◉ 공작새가 날개를 펴는 꿈

화려한 성공을 하거나 자신의 작품 등이 세상사람 들을 감동시키게
된다.

◉ **공작새를 닭장에 넣는 꿈**

태몽으로 여자아이를 낳게 된다.

◉ **봉황새를 보는 꿈**

하는 일마다 발전하고 번창하니 만사형통이다. 미혼자라면 훌륭한 배
우자를 만나 결혼을 하게 된다

◉ **한 쌍의 봉황을 얻는 꿈**

아주 좋은 태몽이다. 장차 천재적인 인물이 되거나 사회에 크게 이바
지할 인물을 낳게 된다.

◉ **독수리나 매에 관한 꿈**

꿈에서의 독수리는 대담한 인물, 권세가, 권력, 작품 등을 상징한다.

◉ **하늘에서 독수리가 빙빙 도는 꿈**

대중을 선도하는 우두머리가 되거나 경쟁자를 물리치고 제 일인자가
될 징조이다.

◉ **독수리가 하늘을 나는 꿈**

사업가는 그 사업이 번창하고 직장인은 승진을 하고, 공직에 있는 사
람은 진급을 하게 된다. 하지만 자신이 독수리를 타고 하늘을 나는 꿈
을 꾸었다면 좋지 않은 징조이다. 사업이 순조롭지 못하거나 미혼녀가
이 꿈을 꾸었다면 장차 남편의 사업이 부진하여 경제적으로 고통을 받
게 된다.

◉ **독수리가 자신을 해치는 꿈**

믿고 의지하던 사람으로부터 배신을 당하거나 건강을 해칠 징조이다.

◉ 독수리가 자신을 낚아채 하늘로 날아가는 꿈

　어려운 상황에서 협조자를 만나 일이 이루어지게 된다. 만약 이 꿈을 미혼녀가 꾸었다면 건강하고 훌륭한 배우자를 만나게 된다.

◉ 독수리가 자신을 노려보고 있어서 움직이지 못하는 꿈

　누군가가 자신을 주시하고 있음을 암시한다.

◉ 독수리나 솔개가 다가오거나 자신의 손과 발을 무는 꿈

　야심가는 권세를 얻어 높은 자리에 오르고 미혼녀라면 훌륭한 배우자와 결혼을 하게 된다. 또 학생이라면 각종 시험에서 수석을 차지한다.

◉ 매를 보는 꿈

　자신의 능력을 인정받아 사람들의 존경받게 되거나 직장에서는 그 지위가 올라가 출세할 꿈이다.

◉ 매가 자신의 집에서 기르던 닭을 물어 가는 꿈

　자신이 소유하고 있는 세력의 일부나 재물을 누군가에게 강탈당하거나 거느리던 사람 중에 누군가가 시집을 가게 된다.

◉ 매가 하늘 위를 빙빙 도는 꿈

　원하는 바를 이루고 크게 성공하여 주목을 받게 된다.

◉ 기러기에 관한 꿈

　꿈에서의 기러기는 사업, 단체, 업적, 일거리, 승리, 과시 등을 상징한다.

◉ 기러기 떼가 호수에 앉아 있는 꿈

　먼 곳에서 소식이 오거나 손님이 찾아오게 될 것이다.

◉ 기러기가 떼 지어 날아가는 꿈

　자신의 소망이 이루어지거나 경쟁에서 이기게 된다.

◉ 기러기가 구름 속으로 들어가는 꿈

좋지 않다. 하는 일마다 부진하고 말썽이 생기는 등 애로가 많고 기대했던 만큼 결과가 좋지 않아 상심이 크다.

◉ 배 위에서 갈매기를 보는 꿈

기다리던 반가운 소식을 듣게 된다.

◉ 갈매기의 울음소리를 듣는 꿈

길몽이다. 가정이 편안하고 미혼자라면 좋은 인연을 만나게 된다.

◉ 많은 갈매기들이 자신을 둘러싸는 꿈

태몽이라면 장차 거부가 될 아이가 태어난다. 하지만 주위에 그의 재산을 노리는 사람들이 많다.

◉ 까치가 떼를 지어 날아가는 꿈

하는 일마다 운이 따라 순조롭게 풀리고 그동안의 근심거리가 모두 해결된다.

◉ 까치가 우는 꿈

까치가 나무 위에서 울면 반가운 소식이 전해지거나 먼 곳에서 손님이 찾아온다. 또 결혼을 하거나 임신을 하게 된다. 하지만 지붕에서 울면 가정에 우환이 생겨 편안하지가 않다.

◉ 까치가 집을 짓는 꿈

길몽이다. 재물, 권위, 사업의 번창 등 만사형통이다. 또는 좋은 혼담이 오가거나 성사가 된다.

◉ 까치와 까마귀가 함께 노는 꿈

횡재수가 있다. 주식투자나 채권 등에서 크게 이익을 얻을 징조이다.

◉ 까마귀를 보는 꿈

길몽이다. 학생이라면 성적이 크게 향상되고 자격증을 준비한다면 지금이 적기이다.

◉ 까마귀가 우는 꿈

흉몽이다. 누군가가 자신을 헐뜯거나 주위 사람과 의견이 맞지 않아 다투게 된다. 또한 재산을 날리거나 직장에서는 신임을 잃게 된다. 또한 까마귀가 떼를 지어 울면 가족 중 누군가가 화를 당할 징조이다. 또 까마귀가 자신의 머리 위에서 울면 불길한 소식을 듣거나 좋지 않은 일이 생긴다.

◉ 까마귀 떼가 날아가는 꿈

가는 곳마다 다툼이나 시비 등 말썽이 생기게 된다.

◉ 까마귀가 지붕 위에 모여드는 꿈

흉몽이다. 도둑을 맞거나 건강을 해치게 된다.

◉ 까마귀나 까치가 송장을 파먹는 꿈

사업이 번창하여 수많은 직원을 고용하게 되거나 집안에 경사가 있어 많은 손님들을 접대할 일이 생긴다.

◉ 꾀꼬리가 방안으로 날아드는 꿈

태몽으로 아들을 낳을 꿈이다.

◉ 꾀꼬리가 나무 위에서 우는 꿈

직종을 바꾸거나 직장을 옮김으로써 큰 이익이 생긴다.

◉ 산에서 꿩을 잡는 소리를 듣는 꿈

누군가에게 좋은 사람을 소개받게 된다.

◉ 꿩을 먹는 꿈

재물의 손실, 질병이나 말썽 등 좋지 않은 일이 생긴다.

◉ 두견새를 보는 꿈

　뜻하지 않은 곳에서 소식이 오거나 사람이 찾아오게 된다.

◉ 뻐꾸기를 보거나 울음소리를 듣는 꿈

　길몽이다. 만사가 순조롭게 성사된다. 특히 좋은 배우자를 만나 결혼을 하든지, 임신을 하게 된다.

◉ 뻐꾸기의 알을 얻는 꿈

　권리, 재물이 생기거나 뜻하지 않은 희귀한 물건을 얻게 된다.

◉ 부엉이를 보는 꿈

　매사가 잘 풀리지 않아 근심 걱정이 떠날 날이 없게 된다. 집안에 도둑이 들 징조이다.

◉ 부엉이가 우는 꿈

　동네에 재난이 생긴다.

◉ 비둘기가 무리 지어 있는 꿈

　가정이 화목하고 가업이 번창하게 된다.

◉ 비둘기를 타고 날아가는 꿈

　길몽이다. 사업은 크게 번창하고 가정이 편안하고 화목하다.

◉ 비둘기에게 모이를 주는 꿈

　남에게 베풀어야 할 일이 생기게 된다.

◉ 비둘기가 품안으로 날아드는 꿈

　기쁜 소식을 듣는다. 또는 횡재수가 있다.

◉ 앵무새가 품안으로 날아드는 꿈

　만약 여성이 꾸었다면 임신할 징조이다.

◉ 앵무새가 자신을 바라보는 꿈

좋지 않다. 쓸데없는 일에 관여하여 구설수에 오르거나 친구나 동료로부터 신임을 잃게 된다.

◉ 앵무새가 말을 하는 꿈

앵무새는 꿈에서 여성을 상징하니 여성과 다툴 일이 생긴다. 하루 종일 피곤하다. 또 자신과 앵무새가 말을 하면 자신이 질병에 걸리거나 손윗사람이 사망을 할 수도 있다.

◉ 원앙새를 보는 꿈

가정은 화목하고 사업은 번창하니 이보다 기쁜 일은 없다. 결혼을 하거나 좋은 배우자를 만나겠다.

◉ 한 쌍의 원앙새를 보는 꿈

헤어졌던 부부가 다시 만나고 자녀의 혼사가 이루어지게 된다. 생활에 여유가 생기고 살림이 풍성해진다.

◉ 원앙새가 다치거나 날아가는 꿈

부부의 이별을 의미한다. 부인이나 남편이 외도를 하여 이혼을 하거나 사별을 하게 된다.

◉ 제비가 집으로 찾아드는 꿈

객지에 나갔던 가족이 돌아오고 새로운 사업을 추진하게 된다.

◉ 제비가 자신의 가슴으로 날아드는 꿈

태몽으로 아주 똑똑하고 재주가 많은 아이가 태어난다. 또 제비가 여자의 품으로 들어오면 아내가 임신할 징조이다.

◉ 제비가 둥우리를 치고 새끼를 기르는 꿈

가업이 번창할 징조이다. 가정이 화목하고 편안하다.

◉ 제비가 나뭇가지 위에 집을 짓는 꿈

흉몽이다 가업이 몰락하고 가정에 풍파가 생긴다. 하지만 제비가 처마 끝에 집을 지으면 반대로 모든 일에 막힘이 없이 모두 이루어진다.

◉ 제비집이 떨어지는 꿈

흉몽이다. 가정이 파탄이 나고 사업이 망할 징조이다.

◉ 제비가 날아가는 꿈

정든 사람과 이별하거나 정든 곳을 떠나게 된다.

◉ 참새에 관한 꿈

꿈에서의 참새는 평범한 사람, 시끄러운 사람, 음악가 등과 관계가 있고 작은 일, 작품, 재물 등을 상징한다.

◉ 참새 떼가 집안으로 날아 들어오는 꿈

가정에 경사가 생기고 재물을 얻게 될 징조이다. 참새가 많으면 많을수록 재물은 더 많아진다. 또 자신의 품안으로 참새가 날아들면 딸을 낳을 징조이다.

◉ 총으로 참새를 잡는 꿈

자신이 하고자 하는 일을 이루게 된다.

◉ 참새 떼가 곡식을 먹는 꿈

많은 고용인을 얻게 된다. 하지만 참새가 조 이삭을 쪼아 먹으면 도둑이 들거나 뜻하지 않은 재정적 손실이 생기게 된다.

◉ 참새가 전깃줄에 나란히 앉아 있는 꿈

대인관계가 원만함을 나타낸다. 정기적인 모임을 갖거나 동문회 등에 참석하게 된다.

◉ 참새들이 서로 싸우고 있는 꿈

시비를 가리거나 재판받을 일이 생기게 된다.

◉ 참새들이 시끄럽게 우는 꿈

자신이 주위 사람들에게 따돌림을 당할 징조이다.

곤충류

◉ 곤충들에 관한 꿈

꿈에서의 모든 곤충들은 비록 그 형체는 작아도 대중, 단체, 사건의 진상, 일거리, 사람의 인격이나 권리, 명예, 재물 등을 상징한다.

◉ 곤충들이 짝짓기를 하는 꿈

그동안 노력을 기울여 추진하던 일들이 좋은 결과를 얻게 된다.

◉ 곤충들이 우는 소리를 듣는 꿈

먼 곳에서 소식이 오거나 혹은 누군가가 죽었다는 소식을 듣는다.

◉ 벌레나 곤충이 뱃속으로 들어와 임신을 하는 꿈

흉몽이다. 임산부는 기형아를 낳거나 사산을 하게 된다.

◉ 임산부가 날아다니는 곤충을 보는 꿈

태몽이다. 장차 이름을 날릴 아이가 태어나겠지만 단명을 하거나 부모와 생이별하게 된다.

◉ 곤충을 죽이는 꿈

무슨 일이든 완벽하게 처리한다. 하지만 곤충을 발로 밟아 죽이면 작은 일이 성사되고, 태몽이라면 아이가 유산이 될 징조이다.

◉ 곤충이 떼 지어 다니는 꿈

자신이 하는 일이 별 어려움 없이 순조롭게 진행되니 정신적, 육체적으로 다 편안하다.

◉ 몸에 벌레가 생기는 꿈

길몽이다. 자신이 관직에 있거나 직장인이라면 파격승진을 하여 명예와 재물을 동시에 얻게 된다.

◉ 벌레가 자신의 몸을 기어 다니는 꿈

운수가 트이는 꿈이다. 그동안 마땅한 해결책이 없어 고민했던 일이 원만히 해결되어 순조롭게 진행된다.

◉ 개미에 관한 꿈

꿈에 개미가 보이면 무슨 일이든 노력을 하면 소원이 이루어진다는 것을 암시하는 것이니 요행만 바라지 말고 좀더 노력을 기울여야 한다.

◉ 개미떼가 이동하는 꿈

다른 사업을 시작하거나 직장을 옮기거나 이사를 할 징조이다. 또 개미가 질서정연하게 이동을 하면 생산적인 일을 하거나 재물을 얻게 된다. 하지만 개미떼가 웅성거리며 몰려다니면 도둑이 들거나 직장을 옮길 징조이다.

◉ 개미떼가 기어오르는 꿈

개미가 자신의 몸으로 기어오르면 다른 사람을 위해 돈을 쓰게 되고 팔이나 다리에 기어오르면 자신에게 의지하거나 도움을 요청하는 사람이 생긴다.

◉ 개미떼가 큰 벌레를 옮기는 꿈

막혔던 숨통이 트이게 된다. 어렵던 사업이 좋은 동업자들의 도움으로 순조롭게 진행이 된다.

◉ 개미집을 헐어버리는 꿈

좋지 않다. 가정이 화목하지 못하니 가족 간에 서로 불화가 생겨 뿔뿔이 흩어지게 된다.

◉ 거미에 관한 꿈

길몽으로서 귀인을 만나 원조를 받거나 기다리는 사람이 온다.

◉ 큰 거미가 집안으로 들어오는 꿈

돈이 들어오고 경사스런 일이 있다. 반가운 손님이 찾아오거나 희소식이 전해지게 된다. 하지만 집안에 있던 거미가 밖으로 나가는 꿈은 쓸데없는 지출이 많아 재산이 점점 줄어들고 가출, 사고 등 우한이 생긴다.

◉ 거미줄에 매달린 거미를 보는 꿈

자신의 주위에 있는 누군가가 자신에게 해를 입히거나 함정에 빠뜨리기 위해 일을 꾸미고 있다는 암시이다.

◉ 자신의 몸이 거미줄에 감긴 꿈

근심 걱정이 생기거나 질병을 앓게 될 흉몽이다.

◉ 거미가 먹이를 감고 있는 꿈

재물이 생기거나 믿을만한 사람을 만나게 된다.

◉ 거미줄이 여기저기 쳐 있는 꿈

사업을 확장하게 된다. 하지만 자신의 방구석이나 천정 등에 거미줄이 얽혀 있으면 두통이 생겨 고생을 하거나 운세가 막혀 하는 일마다 어려움을 당한다.

◉ 거미가 자신에게 달려드는 꿈

한 마리가 달려들면 가까운 사람에게 시달리거나 화를 당할 징조이다. 또 무수한 거미 떼가 자신에게 달려들면 악당에게 시달리거나 저주와 시비를 받게 된다.

◉ **거미에게 물리는 꿈**

어떤 사업가의 혜택을 받아 성공하게 된다.

◉ 귀뚜라미를 보는 꿈

좋지 않다. 주로 경쟁이나 다툼, 말썽 등이 생길 징조이다. 또 귀뚜라미의 우는 소리를 듣는다면 근심과 고난, 불이익 등 불운의 연속이다.

◉ **나비가 꽃에 앉아 있는 꿈**

남녀가 서로 사랑하는 사람을 만나거나 결혼을 하게 된다. 또 태몽이라면 딸을 낳을 징조이다. 나비가 유채꽃에 앉으면 뜻밖에 생각지도 않은 사람을 만나고 제비꽃에 앉으면 친구나 애인을 만나 많은 이야기를 나눈다.

◉ **나비가 날아다니는 꿈**

꿈에서 나비가 풀밭 위를 날아다니면 지금의 자신보다 좀더 새롭고 주위로부터 자신을 재평가 받고 싶은 마음이 꿈으로 나타난 것이다. 사업을 다시 시작하거나 다른 직업을 가질 수도 있다. 만약 나비가 정원에 피어있는 꽃 위를 날고 있다면 자신이나 가족 중에 누군가가 병이 들 징조이니 건강에 신경을 써야 한다. 또 나비가 떼를 지어 날아다니면 가정에 좋은 일이 생겨 기쁨이 넘친다.

◉ **자신이 나비가 되어 날아다니는 꿈**

좋은 작품을 쓰거나 사람들의 인기를 한 몸에 받게 된다. 또 자신이 나비와 같이 날아다니면 하고자 하는 모든 일이 다 이루어질 징조이다. 부와 명예가 따르게 된다.

◉ 예쁜 나비를 잡는 꿈

　태몽으로 예쁜 딸을 낳게 된다. 미혼자라면 좋은 사람을 만나 사랑을 하게 된다.

◉ 빨간 나비가 계곡에서 나는 꿈

　태몽이라면 장차 정치인이나 고위관직에 오를 아이가 태어난다.

◉ 호랑나비를 보는 꿈

　꿈에서의 호랑나비는 난봉꾼이나 팔자가 센 여성을 상징하는데 호랑나비가 창문 앞에서 날아다닐 경우 하는 일마다 순탄하지가 않고 대인관계 또한 원만하지가 못하다.

◉ 나비가 죽거나 다치는 꿈

　아내에게 좋지 않은 일이 생기고 외도하던 남자는 그 여자와 헤어지거나 시끄러운 말썽으로 인해 고생을 하게 된다.

◉ 누에가 고치를 만드는 꿈

　하고자 하는 일이 모두 다 이루어진다. 집안에 경사가 생기거나 귀한 사람을 만날 징조이다. 만약 이 꿈을 여성이 꾸었다면 좋은 배우자를 만나 결혼하게 된다.

◉ 누에나방이 고치에서 나오는 꿈

　좋은 조건으로 계약을 체결하거나 좋은 배우자를 만나 결혼을 하게 된다. 태몽이라면 귀한 자식을 얻는다.

◉ 모기를 잡는 꿈

　자신보다는 남을 위한 활동을 하게 됨을 암시한다. 또 가정에 환자가 있다면 완쾌가 되고 자질구레하던 일들이 해결된다.

◉ 모기에게 물리는 꿈

믿고 의지하던 직장동료나 친구에게 당할 징조이다. 또 독이 있는 모기에게 물리면 유행성 전염병과 질병으로 고통을 받게 된다. 망신살, 사고 등의 불운과 각종 질병 등에 시달리게 된다.

◉ 모기가 사방에서 우글거리는 꿈

낭패를 겪을 징조이다. 시끄러운 말썽이나 시비가 일어나고 간교한 사람에게 당해 재물의 손실이 있게 된다.

◉ 매미가 집안으로 들어오는 꿈

귀한 사람이 방문을 하거나 좋은 소식을 듣게 된다.

◉ 매미 울음소리가 맑게 들리는 꿈

가정이 화목하고 편안하니 꽃이 절로 핀다. 좋은 일만 생기게 된다.

◉ 잠자리채로 매미를 잡는 꿈

태몽이라면 훌륭한 예술가로 성장할 아이가 태어난다.

◉ 수풀 속에서 매미가 우는 꿈

음악회를 가거나 좋은 영화를 보게 된다.

◉ 바퀴벌레를 보는 꿈

육체적으로나 정신적으로 모두 피로하게 되므로 건강에 유의해야한다.

◉ 바퀴벌레가 방안으로 들어오는 꿈

의혹이나 구설수 등 말썽이 생긴다.

◉ 바퀴벌레를 죽이는 꿈

경쟁자나 방해자를 제거하게 된다. 가정에 환자가 있다면 곧 완쾌된다.

◉ 바퀴벌레가 식탁 위에 있는 음식을 먹는 꿈

집안에 도둑이 들 징조이다. 또는 위장염, 위통, 십이지장궤양 등이 생겨 오랫동안 고생을 하게 된다.

◉ 반딧불을 보는 꿈

어떤 일이 속 시원하게 해결되지 않고 지지부진하게 된다.

◉ 반딧불이 여기저기서 깜빡이는 꿈

좋지 않다. 사업이 망할 징조이다.

◉ 말벌을 보는 꿈

지금 현재 자신의 처한 상황에서 빨리 벗어나는 것이 좋다.

◉ 꿀벌을 보는 꿈

성실히 노력하여 사업이 크게 발전을 하니 많은 재물을 얻게 된다. 또는 가족이 늘어날 징조이다.

◉ 큰 말벌을 손으로 잡는 꿈

좋은 조건으로 계약을 성사시키게 된다.

◉ 벌이 자신을 쏘는 꿈

하는 일마다 곤경에 빠지게 된다. 건강을 잃을 수도 있고 이성과 헤어질 수도 있다. 하지만 벌이 자신의 다리를 쏘는 꿈은 집안에 좋은 일이 생길 징조이다. 임신을 하게 되고 승진, 특진, 합격 등의 운이 따른다.

◉ 벌집에 꿀이 많이 있는 꿈

뜻밖의 돈이 들어와 사업에 필요한 자금을 조달하게 된다.

◉ 벌떼가 나무 위에 집을 짓는 꿈

뜻이 맞는 여러 사람이 모여 단체를 만들거나 동업을 하게 된다.

◉ 머리에 벌침을 쏘이는 꿈

누군가에 의해 손실이 발생되고 말썽이나 곤란을 치르게 된다.

◉ 많은 벌들이 나무에 매달려 있는 꿈

여러 사람의 힘을 필요로 하는 작업이나 사업을 하게 된다.

◉ 벌들이 떼 지어 날아다니는 꿈

사람들에게 자신을 과시할 일이 생기게 된다.

◉ 벌 떼가 마구 덤벼드는 꿈

불길하다. 누군가에게 협박을 당하거나 고민거리가 생기게 된다.

◉ 벼룩이나 이를 잡으려다 잡지 못하는 꿈

진행 중인 일을 성사시키지 못하거나 도둑을 놓치게 된다.

◉ 벼룩이나 이가 이부자리에 우글우글한 꿈

하는 일마다 말썽이 생길 징조이니 매사에 침착하게 대처해야 그 피해가 적다. 또 벗은 놓은 옷에 벼룩이나 이가 우글우글하면 가족 중에 환자가 생기고 사고를 당하는 등 우환이 생긴다.

◉ 빈대가 우글거리는 꿈

재물이나 이권을 얻게 되나 여러 사람이 나눠가져야 하니 그 양이 많지는 않다.

◉ 사마귀를 보는 꿈

대개 근심이나 말썽, 손실 등 낭패가 따를 징조이다.

◉ 사마귀가 매미를 잡는 꿈

누군가의 방해로 말썽이나 다툼이 생긴다. 재산상의 피해나 손실이 있겠다.

◉ 송충이가 소나무를 갉아먹는 꿈

기근이나 재해가 발생한다.

◉ 송충이가 몸에 붙는 꿈

　재난이 닥칠 징조이다. 큰 화를 당하게 될지 모르니 조심해야 한다.

◉ 잠자리가 쌍을 지어 날아다니는 꿈

　평소 꿈꿔오던 이상형을 만나 사랑을 하게 될 꿈이다. 혼담이 있었다면 성사되고 헤어졌던 사람과 다시 만나게 된다. 또 잠자리가 떼를 지어 날아다니면 여러 사람이 함께 즐길 일이나 재물이나 이권 등이 생긴다.

◉ 잠자리가 창문으로 들어오는 꿈

　귀한 손님이나 친구 등이 찾아오거나 반가운 소식이 전해진다.

◉ 손으로 잠자리를 잡는 꿈

　태몽으로 아들을 낳을 꿈이다. 재물이나 이권 등이 생긴다.

◉파리에 관한 꿈

　꿈에서의 파리는 방해하는 사람, 방해물, 걱정거리, 선전물 을 상징한다.

◉ 파리를 보는 꿈

　큰 파리일수록 좋지 않고 걱정거리가 많다. 또 많은 파리를 보면 가정에 우환이 생길 징조이다.

◉ 파리가 몸에 붙어 떨어지지 않는 꿈

　추진 중인 일에 말썽이 생겨 고전을 한다.

◉ 파리 떼가 밥상 위에 까맣게 앉아 있는 꿈

　도둑을 맞거나 각종 질병이나 시비, 다툼, 말썽 등이 생긴다.

◉ 파리가 떼를 지어 한 곳에 모여드는 꿈

　하는 일마다 어려움을 당해 실패를 거듭할 징조이니 당분간은 무슨 일을 하든지 신중히 처리해야 한다.

◉ **파리가 귀찮게 하는 꿈**

자신이 싫어하는 사람에게 시달림을 당하게 된다.

◉ **천장에 붙어 있는 파리들을 죽이거나 쫓아버리는 꿈**

사업상 어려웠던 일이 모두 해결되고 건강을 되찾게 된다.

◉ **풍뎅이를 보는 꿈**

매사에 행운이 따른다.

◉ **구더기가 대변에서 나오는 꿈**

길몽이다. 재물과 이권이 생긴다.

◉ **거머리가 다리에 붙어 있는 꿈**

많은 재물을 얻게 되고 고용인을 두게 된다.

◉ **지렁이가 돌아다니는 꿈**

매사에 신중해야 한다. 자신을 너무 믿고 자만하면 큰 낭패를 겪을 수 있으니 섣불리 행동하면 안 된다.

◉ **지네에 관한 꿈**

꿈에서의 지네는 재벌가, 권력자, 은둔자와 관계가 있고 재물이나 세력 등을 상징한다.

◉ **지네에게 물리는 꿈**

부정이나 비리와 관련이 깊다. 간사하거나 음험한 사람과 멀리 하는 것이 좋을 것이다. 또는 사업이 위기에 처해 융자를 받을 일이 생긴다.

◉ **전갈이 천장에서 기어 다니는 꿈**

직업을 바꾸거나 직장을 옮기면 좋은 일이 생길 징조이다.

식물

숲, 나무

◉ 숲이나 나무에 관한 꿈

꿈에서의 숲은 관청이나 기업체, 학원, 연구원 등을 상징하고 나무는 사람의 몸이나 인격, 인재, 기관, 회사, 병력, 재물, 자본 등을 상징한다.

◉ 산에 숲이 우거진 꿈

자신이 평소 원하는 바를 이루게 된다. 무슨 일을 하든지 착실히 준비를 한다면 그에 상응하는 대가가 주어지게 된다. 또 이 꿈은 국가 또는 작전지역의 방어태세가 완벽함을 나타내기도 한다. 반대로 산에 나무가 듬성듬성 있으면 그만큼 방어태세가 허술하다는 뜻이다.

◉ 자신이 숲속으로 들어가는 꿈

자신의 주변 환경이 좋은 방향으로 변함을 암시한다. 직장인은 더 좋은 직장을 얻거나 새로운 사업을 시작한다. 또 학문을 연구하거나 독서, 견학 등의 일과도 관계가 있다.

◉ 숲에서 길을 잃고 헤매는 꿈

숲에서 길을 잃었다면 어떤 문제를 해결하기 위하여 열심히 노력은 하나 그 해결할 길을 찾지 못하든가 추진하는 사업의 미래가 불안하다.

◉ 숲 속에 누워있거나 앉아있는 꿈

재난과 풍파가 따르고 병원에 입원을 하게 될 수도 있으니 주의해야 한다.

◉ 나무를 심는 꿈

길몽이다. 자신이 성공할 수 있는 기반을 마련하거나 그동안의 노력한 대가를 얻게 된다. 큰 나무를 자기 집에 옮겨 심으면 훌륭한 인재를 얻거나 큰 사업체를 경영하게 되고 이사를 가게 된다.

◉ 나무가 잘 자라는 꿈

가업이 번창하니 명예와 재물이 들어오고 만사형통이다. 또 나뭇잎이 무성하면 생명력이 있고 번영한다는 뜻이니 또한 만사형통하고 생활이 윤택하게 된다.

◉ 자신이 나무에 올라가는 꿈

큰 나무 위에 편안하게 올라가 있으면 지위가 상승하는 등 명예와 이익이 늘어나지만 위태롭게 올라가 있으면 마음이 불안하고 하는 일마다 불안하니 앞길이 험난하다.

◉ 나무 밑에 앉거나 누워 있는 꿈

고민하던 문제가 모두 해결되고 병이 완쾌되는 등 운이 트인다. 또 큰 나무 밑에 앉아 있으면 급박하고 위태로운 상황에서 벗어나거나 어떤 단체나 기관의 협조로 지위가 올라가고 큰 나무에 기대면 부탁한 일이 성사된다.

◉ 메마른 나무에 꽃이 피는 꿈

지금까지 힘들었던 일들이 좋은 운을 맞아 순조롭게 진행된다. 하지만 부인이 이 꿈을 꾸었다면 재혼을 하게 되고 태몽이라면 딸을 거듭 낳게 된다. 또 소송이나 시비가 다시 생길 수 있다.

◉ 집안에 있는 나무에서 과일이 열리는 꿈

길몽이다. 신분이 상승하고 하고자 하는 일이 다 이루어진다. 결혼을 하게 되거나 직장에서는 승진할 운이다.

◉ 과일나무를 심는 꿈

과일나무를 심으면 아들을 낳고 과일나무 아래 앉아 있으면 금전 운이 있다.

◉ 꽃나무를 뿌리 채 캐는 꿈

좋은 조건으로 계약을 맺게 된다. 하지만 꽃나무를 누군가가 가지고 가면 자신의 재산을 잃게 된다.

◉ 꽃나무 더미에 눌려 어려움을 겪는 꿈

배우자나 정부, 주로 여자 쪽이 자신을 속이거나 부정한 마음을 품게 된다.

◉ 두 그루의 나무가 하나가 되는 꿈

마음이 맞는 누군가를 의지하거나 서로 협동하여 일을 추진해 나간다. 반대로 한 그루의 나무가 둘로 가라지는 꿈은 서로 다른 마음을 먹거나 불화가 생기고 배신을 당할 징조이니 주의해야 한다.

◉ 큰 나무를 벌목하는 꿈

좋은 기회가 생기거나 재물이나 이권이 생긴다. 좋은 친구가 생길 징조이다. 하지만 집안에 있는 나무를 베었다면 큰 낭패를 겪게 된다.

◉ 큰 나무가 쓰러지는 꿈

　흉몽이다. 주위의 누군가가 상을 당하거나 큰 병을 얻을 징조이다. 또 뿌리째 뽑혔다면 하는 일이 더 이상 진행되지 않거나 완전히 실패하게 된다. 또 바람에 나무가 쓰러지면 모든 일에 장애가 생겨 재물을 크게 잃을 수도 있다.

◉ 나무를 오르는 도중에 가지가 부러지는 꿈

　자신 또는 가족 중에 건강에 이상이 생길 징조이다. 나뭇가지 부러지는 소리가 크게 들렸다면 가족 중의 한 사람이 갑작스런 사고로 크게 다치거나 죽을 수도 있고 하던 사업이 망할 수도 있다.

◉ 나무가 말라서 죽는 꿈

　하는 일마다 뜻대로 되지 않고 집안에 불화가 생기고 건강을 잃을 수 있다.

◉ 집안에 있는 나무의 잎이 떨어져 앙상한 꿈

　집안에 좋지 않은 일이 생기거나 지금 하는 일이 실패할 우려가 있다.

◉ 나무가 벼락을 맞는 꿈

　좋지 않다. 하는 일마다 답답하니 앞길이 험난하다.

◉ 나무에서 떨어지는 꿈

　한순간에 재물이 사라지고 명예나 지위 또한 몰락한다.

◉ 나무를 쪼개는 꿈

　자신이나 가족 중에 좋지 않은 일이 생기고 재산의 손실이 있다.

◉ 도끼로 나무를 쪼개다가 자신의 발등을 찍는 꿈

　믿고 있던 사람에게 배신당한다.

◉ 자신이 길을 가는데 가시나무가 길을 가로막는 꿈

일이 잘 풀리지 않아 답답함을 암시한다.

◉ 대나무를 보는 꿈

하는 일마다 잘되고 근심 걱정이 사라지며 가정이 편안해지고 생각지도 않은 돈이 들어오게 된다. 그리고 산 정상에서 대나무를 보면 누구보다도 출중하고 우수한 성과를 올리게 된다.

◉ 대나무 숲을 보는 꿈

크게 이익을 볼 징조이다. 특히, 사업가나 상인은 누군가의 도움으로 사업이 발전하거나 많은 돈을 벌게 된다.

◉ 대나무 숲에 앉아 있는 꿈

몸과 마음이 편안해진다. 하지만 대나무 숲을 조심스럽게 걷고 있다면 소문이 번져나가 쓸데없는 구설수나 시비에 시달리게 된다. 또 대나무 숲에서 길을 잃으면 가정이 편안하지가 않고 직장에서도 대인관계가 원만하지 못함을 나타낸다.

◉ 자신의 집 앞에 대나무가 빽빽이 들어서는 꿈

운수대통이다. 매사에 운이 따라서 재물과 이익을 얻게 된다. 특히, 사업가는 사업이 날로 번창하고 직장인은 승진을 하게 된다.

◉ 대나무가 바람에 우는 꿈

집안에 우환이 생기거나 사람들에게 따돌림을 당하게 되니 마음이 심란하고 상심이 크다.

◉ 죽순이 자라는 꿈

자신의 뜻대로 모든 일이 이루어진다. 또 죽순을 꺾어 집으로 가져오면 아들을 낳거나 자손이 번성할 징조이다.

◉ 소나무를 보는 꿈

꿈에 큰 소나무를 보면 많은 재물과 이권이 생긴다. 태몽이라면 장차 크게 성공할 아이를 낳게 된다.

◉ 소나무에 오르는 꿈

하는 일이 잘 풀려 재물과 명성이 따른다. 또 취직이나 입학을 하는 등 경사가 생긴다.

◉ 소나무를 등에 지고 집으로 들어오는 꿈

아주 길몽이다. 잃었던 건강을 되찾고 어렵게 진행되던 사업은 자금 사정이 좋아져 좋은 성과를 얻게 된다.

◉ 자신의 집에 소나무가 산더미처럼 쌓여 있는 꿈

부귀영화를 누릴 꿈이다. 가정에 경사스런 일이 겹친다.

◉ 소나무 가지를 꺾다가 다른 사람에게 빼앗기는 꿈

믿고 의지하던 사람이 배신을 하거나 그로 인해 재산상의 손해를 입게 된다. 또 쓸데없는 일에 관여해 구설수에 오를 수도 있으니 조심해야 한다.

◉ 소나무를 자르는 꿈

흉몽이다. 부모님이 돌아가시거나 가정에 불화가 생긴다.

◉ 느티나무를 심는 꿈

자신의 앞길에 좋은 일이 있겠다. 지위가 올라가고 재물을 얻는다. 태몽이라면 귀한 자식을 얻겠으나 여성이 이 꿈을 꾸었다면 질병이 생길 징조이다.

◉ 느티나무에 앉아 있는 꿈

구설수에 오를 징조이니 평소에 처신을 잘 해야 한다.

◉ 단풍나무를 보는 꿈

사회나 직장에서 큰 공을 세운다. 이로 인해 지위가 올라가거나 승진을 하게 된다. 또는 뜻이 맞는 좋은 친구를 얻겠다.

◉ 단풍나무를 심는 꿈

단풍나무를 옮겨 심으면 재물이 생기고 지붕 위에 심으면 직장인과 수험생은 승진이나 합격 등의 좋은 일이 생긴다.

◉ 박달나무를 심는 꿈

길몽이다. 하는 일마다 운이 따라 만사형통이다. 명예와 이권이 따른다.

◉ 버드나무를 보는 꿈

친구나 사랑하는 사람과 이별을 하거나 직장을 옮기게 된다.

◉ 뽕나무를 보는 꿈

재물과 이권이 생긴다.

◉ 뽕잎이 떨어지는 꿈

좋지 않다. 하는 일마다 장애가 생겨 실패를 거듭하니 재물을 잃게 된다. 하지만 뽕나무 잎을 따서 바구니에 담으면 사업 자금을 마련하거나 재물을 얻게 된다.

◉ 뽕나무 열매를 먹는 꿈

태몽이다. 장차 크게 성공할 아이가 태어난다.

◉ 우물가에 뽕나무가 자라는 꿈

자신이 하던 일이 계획대로 안 되니 자연 근심이 생기고 자신감도 없어져 매사에 의욕이 없다. 건강을 해칠 수도 있으니 조심해야 한다.

◉ 월계수를 보는 꿈

모든 경쟁에서 승리하게 되고, 시험에 합격하거나 결혼을 하게 된다.

◉ 옻나무를 보는 꿈

마음이 심란하고 번거로운 일이 생긴다.

◉ 은행나무에 관한 꿈

은행나무는 훌륭한 인재나 은행, 사업체 등을 상징한다. 또 은행잎이 많이 쌓인 것을 보면 많은 돈을 얻거나 하고 있는 일이 좋은 결과를 얻는다.

◉ 대추나무를 흔들어 대추를 따는 꿈

딸이나 며느리, 친구와 사이가 멀어진다.

◉ 감나무에 관한 꿈

감나무는 관직이나 관리, 권세, 재물 등과 관계가 깊다.

◉ 감나무에 오르는 꿈

직장에서 승진을 하거나 신분이 높아진다.

◉ 배나무를 심는 꿈

사업을 하게 될 징조이다.

◉ 배나무에 배가 달려 있는 꿈

사업이나 자신이 하고 있는 작업이나 작품의 성과가 크다.

◉ 배나무에 꽃이 피는 꿈

배나무에 꽃이 만발하게 피면 좋은 작품을 발표하여 많은 사람들에게 교양이나 감동을 준다.

◉ 포도나무 꿈

부자가 될 징조이다. 또 꿈에 포도를 먹는다면 가정이 화목하고 기쁜 일이 생긴다.

꽃

◉ 꽃에 관한 꿈

꿈에서의 꽃은 경사나 기쁨, 작품, 명예, 성공, 영광, 계약 등을 상징한다. 또 특히 연애 운이 좋은 꿈이다.

◉ 꽃이 만발한 꿈

마당에 꽃이 만발하면 사업이 잘 되거나 여러 가지 좋은 일이 생기고, 채소밭에 꽃이 만발하면 축하 받을 일, 기쁜 일이 생긴다. 또 높은 산에 꽃이 만발하면 국가나 사회적으로 명예를 얻고 산과 들에 꽃이 만발하면 좋은 직장에 취직을 하거나 승진을 하고 좋은 작품을 출판하게 된다.

◉ 꽃들이 만발해 있는 길을 걷는 꿈

자기가 하는 일에 좋은 성과를 올리거나 직장에서 공을 세우는 등 기쁜 일이 생긴다.

◉ 누군가에게 꽃다발을 받는 꿈

아주 길몽이다. 자신이 실제로도 꽃다발을 받을 만큼 인기를 얻고 무슨 일을 하든지 최고가 된다.

◉ 꽃향기를 맡는 꿈

몸과 마음이 건강해지고 좋은 기회를 잡게 된다.

◉ 크고 탐스러운 꽃송이를 보는 꿈

자신이 지금 하고 있는 일의 성과가 그만큼 크다는 것을 의미한다.

◉ 꽃을 꺾는 꿈

좋은 배우자를 만나 결혼을 하게 되고 태몽이라면 예쁜 딸을 낳게 되고 그 아이가 장차 사회적으로 대성하게 된다. 처음 보는 꽃을 꺾으면 무엇을 발견하거나 발명 또는 창작하는 등의 업적을 남긴다.

◉ 꽃을 먹는 꿈

꽃을 삼키면 명예와 부귀가 주어지고 꽃을 씹으면 좋은 이성을 만나 연애를 하거나 결혼을 하게 된다.

◉ 꽃 속에 파묻혀 있는 꿈

좋은 배우자를 만나거나 결혼을 하게 되고 행복한 나날을 보내게 된다.

◉ 꽃이 흩날리는 꿈

실속도 없이 돈을 쓸 징조이다. 또 하늘에서 꽃이 흩날리면 재산이 분산되거나 무슨 일을 하든지 손해를 보고 꽃나무에서 꽃이 떨어지면 슬픈 일이 생기거나 자신의 운이 다한 징조이다.

◉ 여자가 꽃을 들고 찾아오는 꿈

오해로 인해 이성간의 다툼이 있다.

◉ 자신이 누군가에게 화분을 주는 꿈

가정의 형편이 나빠지거나 지금 자신의 위치가 불안한 상태이다. 좋지 않은 일이 생기거나 불이익을 겪게 된다.

◉ 꽃이 시드는 꿈

흉몽이다. 유산이 된다든가, 질병에 걸릴 위험이 있고 진행 중인 일이 실패로 돌아갈 징조이다.

◉ 국화꽃을 보는 꿈

모든 일이 순탄하게 잘 진행된다. 또 활짝 핀 국화꽃을 보면 부부사이나 연인사이가 원만하다.

◉ 집안에 **국화꽃이 만발하게 피어 있는 꿈**

가정이 편안하고 가족이 모두 건강하다.

◉ **난초를 보는 꿈**

모든 일이 순탄하다. 명성과 이익이 따르고 좋은 친구나 이성을 만나게 된다. 태몽이라면 총명하고 잘 생긴 아이를 낳는 등 기쁜 일이 생긴다.

◉ **담장 밑에 동백꽃이 활짝 피어 있는 꿈**

자신이 하는 사업이 날로 번창하고 임신을 하는 등 가정에 경사가 생긴다.

◉ **여름에 동백꽃이 피는 꿈**

횡재수가 있어 돈이 들어오지만 그 수입은 별로 많지 않다.

◉ **매화를 보는 꿈**

붉은 매화를 보면 누군가의 도움을 받아 자신의 일이 성공을 하거나 좋은 이성을 만나게 되고 흰 매화를 보면 여자로 인해 고생을 할 징조이다. 또 한 겨울에 매화를 보면 부모님이 장수를 하거나 모든 일이 순탄하지만 자손이 부실하거나 없을 수도 있다.

◉ **매화를 꺾는 꿈**

자손에게 좋지 않은 일이나 낭패가 따른다.

◉ **집안에 모란꽃이 피어 있는 꿈**

결혼을 하는 등 가정에 경사가 생기게 된다.

◉ **백합을 보는 꿈**

남성이 이 꿈을 꾸었다면 청순하고 순결한 아내를 만나게 된다.

● 벚꽃이 만발하는 꿈

좋은 인연이 나타나게 된다. 즉 자신에게 도움을 줄 수 있는 사람을 만나게 된다.

● 수선화를 보는 꿈

부귀는 얻을 수 있으나 기질이 허약하여 그 영화가 오래가지 못한다. 자신이나 가족한테 질병이 나타날 징조이니 각별한 신경을 써야 한다. 태몽이라면 딸을 낳겠다.

● 선인장을 선물로 받는 꿈

수명이 늘어나고 몸과 마음이 다 건강하다.

● 연못 속에 연꽃이 피어 있는 꿈

태몽이라면 귀한 아이를 낳게 된다.

● 연못에 연꽃을 심는 꿈

누군가의 시기와 질투를 한 몸에 받게 될 것이다

● 자신이 연꽃을 꺾어 손에 들고 있는 꿈

가정이 화목하고 가족들이 건강하다. 주위의 도움을 받아 명예와 지위를 얻게 된다.

● 장미꽃을 보는 꿈

붉은 장미를 보면 정열적인 사랑을 하게 되고, 노란 장미를 보면 누군가를 질투하거나 삼각관계로 고민하게 되고 핑크빛 장미를 보면 자신에게 좋은 일이 생기게 된다.

● 장미꽃을 꺾는 꿈

여자관계로 손해를 볼 징조이다.

● 장미꽃 한 송이를 받는 꿈

친구나 연인에게 사랑의 고백을 받거나 예쁜 선물을 받는다.

◉ **철쭉꽃을 꺾어서 품속에 감추는 꿈**

태몽으로 예쁜 딸을 낳는다.

과일이나 열매

◉ **과일에 관한 꿈**

꿈에서의 과일은 현실에서는 애정, 결실, 자금, 재물, 작품, 이권, 등을 상징한다. 과일은 그 모양이나 맛에 따라 해석이 달라지는데 대체로 둥근 것은 애정 운이 좋게 나타내고 모가 나거나 맛이 자극적인 것은 실연이나 애정 운이 좋지 않다.

◉ **과일을 따는 꿈**

운수대통이다. 자신이 간절히 원하는 소망이 이루어지거나 기다리던 자식을 얻게 된다. 태몽이라면 장차 크게 성공할 아이가 태어난다.

◉ **자신에게 누군가 과일을 따주는 꿈**

누군가가 자신의 청탁을 받아주거나 계약이 성사된다.

◉ **잘 익은 과일을 직접 따 먹는 꿈**

좋은 일을 맡게 되거나 직장에서는 부서의 책임자가 되어 중요한 직책을 맡는다. 하지만 덜 익은 과일을 따 먹으면 그 책임이 부실하여 낭패를 보고 과일을 뱉어내면 일이 중단된다. 나무 위에 올라가 과일을 따 먹으면 좋은 조건으로 계약이 성사되거나 취직, 승진, 합격 등의 경사가 있다.

◉ 과일이 그릇에 가득 담긴 꿈

그동안 노력한 결과가 만족할 만한 재물로 돌아온다. 집안에 경사가 있겠다. 또 손수레에 과일이 가득 담겨있으면 과일을 선물 받게 된다.

◉ 과일을 먹는 꿈

평소 건강이 좋지 않다면 흉할 징조이다. 또 재물을 탕진하거나 친한 친구와 헤어지는 일이 생기고 벌레 먹은 과일을 먹으면 질병에 걸리거나 유산이 될 수도 있다.

◉ 과일을 통째로 삼키는 꿈

권력, 명예, 부귀 등을 얻게 된다.

◉ 과일이 주렁주렁 열려 있는 꿈

만사가 순조롭다. 사업가는 그 사업이 크게 번창하고 미혼자는 좋은 배우자를 만나 결혼을 하게 된다. 재물운도 있어 많은 돈이 들어온다.

◉ 과일을 사는 꿈

재물을 얻게 된다.

◉ 과일을 받는 꿈

조상에게 과일을 받으면 가정에 불행이 닥쳐온다. 가족 중에 누군가가 중병에 걸려 고생하게 된다. 하지만 누군가에게 잘 익은 과일을 받으면 많은 재물을 얻거나 결혼을 하게 되고 덜 익은 과일을 받으면 사회에 봉사할 일이 생기고 자신을 아껴주는 사람을 만나게 된다. 하지만 쪼개진 과일을 받으면 확실하지 않은 사업을 시작하여 낭패를 겪고 썩은 과일을 받으면 연인과 헤어지거나 혼사가 깨지는 등 불행한 일이 생긴다.

◉ 남의 집 과일을 훔치는 꿈

임신을 할 징조이다. 또는 집안 누군가가 결혼을 하게 된다.

◉ 치마에 과일을 싸는 꿈

태몽으로 귀한 직업을 갖게 되고 평탄하게 살아갈 아이가 태어난다.

◉ 과일의 꼭지를 따는 꿈

아들을 낳는 꿈이다.

◉ 감을 먹거나 따는 꿈

헤어졌던 사람과 다시 만나게 될 징조이다. 또 감을 따먹으면 일이 단계적으로 잘 진행되고 있음을 나타낸다.

◉ 연시를 먹는 꿈

쉽게 일을 성사시키거나 이득을 보게 된다. 하지만 떨어진 연시를 먹으면 사람들에게 창피를 당하거나 구설수에 오르게 된다. 또 소녀는 초경을 치르게 된다.

◉ 곶감을 하나씩 빼먹는 꿈

재산이 조금씩 줄어든다.

◉ 귤을 먹는 꿈

지금 자신이 하는 일이 순조롭게 진행이 되고 그에 따른 이익과 공적을 얻게 된다. 하지만 신맛이 나는 귤을 먹으면 재물을 잃게 된다.

◉ 대추를 먹거나 따는 꿈

재물과 명예가 찾아온다. 집안에 누군가가 결혼을 하거나 임신을 할 징조이다. 특히 붉은 대추를 많이 따오면 많은 재물이 생기고 여러 분야에서 성공하게 된다. 하지만 혹 말썽이나 시비가 일어나면 큰 낭패를 겪게 된다.

◉ 딸기를 보는 꿈

꿈에 딸기를 보면 몸도 마음도 행복한 나날을 보내게 된다. 특히 잘 익은 딸기가 탐스러워 보이면 매사가 순조롭고 지금 자신이 하는 일에 성과를 거두게 된다.

◉ 딸기를 먹는 꿈

주위의 인기를 얻고 학교에서 우수한 성적을 받게 되는 등 좋은 일이 생긴다. 딸기를 배불리 먹었다면 자신이 하는 일에 큰 이익을 남기게 된다. 하지만 신맛이 나는 딸기를 먹었다면 병에 걸릴 징조이니 조심해야 한다. 태몽이라면 딸을 낳게 된다.

◉ 레몬에 관한 꿈

자신이나 가까운 사람에게 난처한 일이 생긴다.

◉ 매실을 얻는 꿈

뛰어난 인품이나 자질을 갖춘 사람과 인연을 맺게 된다.

◉ 매실을 먹는 꿈

어질고 다정한 배우자를 만나게 된다.

◉ 모과에 관한 꿈

모과를 따먹으면 횡재수가 있어 많은 돈이 들어온다. 하지만 모과가 시들고 현재 임신 중이라면 복중 태아에게 좋지 않은 일이 생긴다.

◉ 밤에 관한 꿈

꿈에서의 밤은 현실에서는 불분명, 불의, 불법, 범죄, 몰락 등을 상징한다.

◉ 밤을 먹는 꿈

하는 일마다 말썽이 생겨 힘이 들고 돈이 많이 들어간다. 또 쓸데없는 일에 끼어들어 구설수에 오르기 쉬우니 언행에 주의해야 한다. 하지만 밤을 배부르게 먹었다면 많은 재물을 모으게 된다.

◉ 밤을 줍는 꿈

밤을 주워 호주머니 넣으면 많은 양의 금전을 모으게 되고 자신이 하는 일이나 작업 등이 순조롭게 진행이 된다.

◉ 창고에 밤이 가득 차 있는 것을 보는 꿈

많은 재물로서 가문을 빛내게 된다. 태몽일 경우, 여자 아이가 태어날 가능성이 높다.

◉ 배를 먹거나 따는 꿈

배를 먹으면 쓸데없는 일에 관여하여 구설수에 오르고 재물을 잃게 될 징조이다. 배를 따면 태몽으로 성격이 대범하고 건강한 아이를 낳게 된다. 돈이나 선물 등 횡재수가 있다.

◉ 복숭아를 보거나 먹는 꿈

복숭아는 애정을 상징하는 과일이니 꿈에 복숭아를 보면 이성간의 감정이 좋아지고 복숭아를 먹으면 이별했던 사람과 다시 만나게 된다.

◉ 복숭아를 따는 꿈

많은 재물을 갖게 되거나 아랫사람들을 많이 거느리게 되고 태몽이라면 건강한 아이를 낳게 된다.

◉ 사과를 보거나 먹는 꿈

사람들이 자신의 넉넉한 성격에 호감을 가지게 된다. 사과를 먹으면 연인에게 사랑을 받게 되거나 결혼을 하게 된다. 그러나 덜 익은 사과를 먹으면 경솔한 언행으로 인해 다툼이 일어난다.

◉ 붉게 익은 사과를 여러 개 따오는 꿈

여러 직종의 일에 종사하여 성공을 거두게 된다.

◉ **석류를 먹거나 얻는 꿈**

태몽이라면 건강하고 현명한 아이가 태어난다. 가족 중에 건강을 잃었던 사람은 건강을 되찾는 등 경사가 있으나 집을 나간 사람이 있다면 돌아오지 않을 징조이다.

◉ **수박을 보거나 먹는 꿈**

수박을 보면 기쁜 일이 생길 징조이다. 좋은 이성을 만나거나 효성스러운 자식을 많이 보게 된다. 수박을 먹으면 자신이 하는 일에 좋은 결과가 나타나거나 큰 이익을 남긴다. 또 수박을 따서 들면 횡재수가 있다

◉ **앵두를 보거나 먹는 꿈**

앵두를 보면 재물이 생기고 앵두를 먹으면 남성의 경우 아름다운여인을 만나는 등 연애 운이 좋다.

◉ **토마토에 관한 꿈**

푸른 토마토를 보면 사랑을 시작하게 되거나 신규 사업에 투자를 하여 사업성과를 이루는 등 경사나 행운이 있다. 그러나 상하거나 썩은 토마토를 보면 불륜이나 잘못된 만남 등으로 사랑의 종말을 나타낸다.

◉ **파인애플을 먹는 꿈**

소식이 없던 친구로부터 소식이 오거나 임신을 할 징조이다.

◉ **포도를 보거나 먹는 꿈**

꿈에 포도를 보면 자손을 많이 가지게 될 징조이다. 포도를 먹으면 헤어졌던 사람과 다시 만나게 된다. 또 포도송이를 통째로 먹었다면 임신을 할 징조이나 한 알씩 따먹었다면 유산이 될 경우가 많다.

◉ 포도를 따는 꿈

학술적인 성과나 사업적인 성과를 보게 된다.

◉ 하늘에서 포도송이가 내려오는 것을 받는 꿈

태몽으로 아이가 장차 관리나 교사 또는 작가 등으로 성공한다.

◉ 참외를 먹는 꿈

태몽으로 장차 큰 인재가 될 귀한 아이를 낳게 된다.

채소, 각종 풀, 해조류

◉ 채소에 관한 꿈

꿈에서의 채소는 재물, 돈, 작품, 일거리, 사업성과 등을 상징한다.

◉ 채소를 심는 꿈

자신이 사업이나 장사를 한다면 협력자나 동업자의 도움으로 사업이 번창하고 금전적인 이득을 보게 된다.

◉ 채소를 사는 꿈

새로운 사업을 시작하거나 자신이 하는 일에 필요한 자료, 재물 등이 들어온다. 태몽이라면 태어날 아이가 장차 재물이나 권리를 얻게 된다.

◉ 채소를 씻는 꿈

새로운 일거리가 생긴다.

◉ 채소가 무성하게 잘 자라는 꿈

사업을 시작하거나 계약, 혼담, 취직 등이 성사된다.

◉ 가지를 먹는 꿈

꿈에 가지를 보거나 먹으면 만사가 순조로워 출세할 징조이다. 그러나 반대로 가지를 남에게 주면 명예와 지위가 땅에 떨어지게 된다. 또 가지를 집에 가지고 오면 태몽으로 아들을 낳게 된다.

◉ 감자나 고구마를 보는 꿈

태몽으로, 총명하고 재능 있는 아들을 낳게 된다.

◉ 감자가 그릇에 가득 담겨 있는 꿈

재물과 돈이 생기고 먹을 것이 들어온다.

◉ 마당에 고추를 널어놓은 꿈

자신이 하고자하는 일에 대한 준비를 하거나 새로운 사업을 시작하게 된다.

◉ 붉은 고추를 가득 따오는 꿈

태몽으로 태어날 아이가 장차 사업이나 작품 등으로 크게 성공을 하게 된다. 또 농부에게 싱싱한 고추를 받는 꿈도 태몽으로 옥동자를 낳게 된다.

◉ 배추나 무를 거둬들이는 꿈

길몽이다. 아주 많은 재물이 생기게 된다.

◉ 배추밭 옆에 무나 파밭이 있는 꿈

경사가 생기겠다. 머지않아 결혼이 성사될 징조이다.

◉ 배추를 소금에 절이는 꿈

흉몽이다. 자신의 재산을 온전히 보관할 수가 없고 병이 들거나 죽을 수도 있다. 또 시든 배추를 보면 좋지 않은 일이 생기거나 불길한 소식을 듣게 된다.

◉ 양파를 보는 꿈

가까운 장래에 좋지 않은 일이 일어나거나 힘든 삶을 보내게 된다. 또 양파를 캐면 동료들과 마찰이 있거나 배신당할 징조가 있다.

◉ 오이를 먹는 꿈

오이를 먹으면 자녀에게 질병이 생길 징조이다. 또 오이를 아작아작 깨물어 먹으면 성교하거나 자위행위할 일이 생긴다.

◉ 늙은 오이 하나를 따는 꿈

태몽이지만 좋지 않다. 유산될 가능성이 많다.

◉ 오이가 광주리에 가득 담겨 있는 꿈

자신이 하는 사업이 발전하여 많은 돈을 벌게 된다. 가정이 풍요롭고 편안하다.

◉ 호박을 사 가지고 집으로 돌아오는 꿈

태몽으로 귀한 자식을 낳는다. 또한 재물, 돈, 횡재수 등이 있다.

◉ 호박이 여기저기 열린 꿈

호박이 열린 만큼 재물이나 작품이나 일의 성과가 나타난다.

◉ 마를 캐거나 먹는 꿈

재물과 이권이 생기고 건강을 되찾게 된다.

◉ 인삼을 보거나 얻는 꿈

재물이 생기고 공익사업으로 명예를 얻거나 자신의 작품 등으로 존경을 받게 된다. 태몽이라면 장차 사회적으로 인정을 받거나 존경을 받을만한 아이가 태어난다.

◉ 풀에 관한 꿈

꿈에서의 풀은 일거리, 작품, 인적 자원, 재물, 연분, 연구물, 대중적인 일 등을 상징한다.

◉ 풀이 시들거나 말라죽은 꿈

천재지변이나 유행성 질환으로 많은 사람이 피해를 보게 된다.

◉ 풀이 아주 길게 자라는 꿈

자신이 좋은 능력이나 재주를 가지고 있으나 제대로 활용을 하지 못하니 중도에 일을 포기하거나 낭패가 생기게 된다.

◉ 강아지풀을 보는 꿈

누군가의 모함이나 훼방 등이 있다.

◉ 풀을 뽑는 꿈

그동안의 어려움들이 모두 해소되고 새롭게 진행하는 일들이 순조롭다.

◉ 잡초가 무성한 꿈

무슨 일을 하든지 재난이나 낭패가 따른다. 또 밭에 난 잡초를 보면 쓸데없는 일이나 자신이 하는 일에 방해가 생긴다.

◉ 잔디밭에 눕는 꿈

병원에 입원하거나 무슨 일이든 오래 기다리게 된다.

◉ 해조류에 관한 꿈

꿈에서의 해조류는 사업성과, 시험이나 청탁, 질병 등과 관계가 있다.

◉ 김이나 미역을 먹는 꿈

재물이나 이권이 생긴다.

◉ 미역을 지붕에 말리는 꿈

좋지 않다. 자신이 정신병에 걸릴 위험이 있다.

농사, 곡식류

◉ **농사에 관한 꿈**

꿈에서의 농사는 계획한 일의 성패여부, 창작 활동, 생산 활동 등을 상징한다.

◉ **농사를 짓는 꿈**

길몽이다. 만사형통이다. 자신이 하는 사업이 별 무리 없이 잘 진행이 되고 작업이나 작품 등은 좋은 결과를 얻는다.

◉ **모를 심는 꿈**

자신의 사업을 확장하거나 학설, 작품을 세상에 공개하게 된다.

◉ **처음으로 농사를 짓는 꿈**

많은 재물은 아니지만 생활하기에 불편함이 없고 가정 또한 편안하다.

◉ **사람들이 논밭에서 열심히 일하는 꿈**

많은 사람을 거느리고 사업을 하거나 어떤 단체나 기관의 도움을 받아 자신의 목적을 달성하게 된다.

◉ **밭에 씨를 심는 꿈**

사업가는 그 사업이 번창하고 직장인은 승진을 하게 된다. 가업이 번창하고 가정 또한 편안하다.

◉ **벼 베는 것을 보는 꿈**

그동안 노력해왔던 일의 성과를 보게 되고 사업은 날로 번창하니 많은 재물이 들어와 부자가 되겠다.

◉ 볏섬을 집으로 들고 오는 꿈

재물 운이 좋다 그 양만큼 재물이 들어온다.

◉ 탈곡을 하는 꿈

믿고 의지할만한 사람을 만나거나 많은 자본을 마련하게 된다. 또 열심히 탈곡을 하면 좋은 배우자를 만나 결혼을 하게 되고 자신이 남성이라면 직업이 신문기자와 관계가 있겠다.

◉ 곡식에 관한 꿈

꿈에서의 곡식은 정신적, 물질적인 재물이나 작품, 일거리 등을 상징한다.

◉ 벼가 풍성하게 잘 자란 꿈

말이 필요 없다. 부귀영화를 얻을 꿈이다.

◉ 보리나 쌀 등 곡식을 보는 꿈

재물과 이권이 생길 징조이다.

◉ 창고에 곡식이 가득한 꿈

사업이나 작품, 작업 등이 좋은 기회를 잡아 성공을 하게 되고 이로인해 많은 재물을 얻게 되고 가정이 화목하고 부귀를 누리게 된다.

◉ 오곡이 무성한 꿈

길몽이다. 주로 재물이나 이권, 이익의 획득이 순조롭다.

◉ 곡식을 마당에 펴서 말리는 꿈

새로운 사업을 시작하거나 사업성과, 자신의 작업이나 작품 등을 공개하게 된다.

◉ 쌀을 보는 꿈

꿈에서의 쌀은 정선된 일, 작품, 재물, 돈, 노력의 대가 등과 관계가 깊다.

◉ 쌀가마가 집안에 수북하게 쌓여 있는 꿈

금전 운이 특히 좋다. 부자가 되거나 사업이나 장사 등이 번창하여 많은 돈을 벌게 된다.

◉ 쌀이 하늘에서 눈이 내리듯 떨어지는 꿈

횡재수가 있다. 그동안 공들여 추진하던 사업이나 증권, 부동산등에서 엄청난 수익을 올릴 수 있게 된다.

◉ 쌀이나 보리 위에 앉거나 눕는 꿈

먹을 복이 있어 먹고사는 일은 전혀 근심하지 않아도 된다. 편안한 삶을 살게 된다.

◉ 누군가가 쌀을 가져다주는 꿈

누군가의 도움을 받아 많은 재물을 모으게 된다.

◉ 생쌀을 먹는 꿈

흉몽이다. 자신이 하는 일이나 주변에 아주 좋지 않은 일이 생기거나 자신이 사망할 수도 있다.

◉ 누군가가 곡식을 가져가는 꿈

사업이나 작품 등의 성과가 좋지 않고 재물이나 이권 등이 사라진다.

◉ 콩을 보는 꿈

콩을 많이 보면 하고 있는 일에 성과를 거두게 되고, 재물을 얻게 된다.

◉ 콩의 싹이나 잎이 상하는 꿈

자손에게 질병이 생기거나 아주 좋지 않은 일이 생기게 된다.

◉ 콩이나 팥, 녹두 등을 먹거나 다루는 꿈

　가족 간에 분쟁이 일어나서 가정에 불화가 생기게 된다. 특히 녹두를 삶거나 데치면 절친한 친구와 헤어지거나 자손들에게 질병이 생기게 된다.

◉ 땅콩이나 강낭콩 등 기타 콩에 관한 꿈

　작품이나 일거리, 사업성과 재물 등을 상징한다.

◉ 수수, 조, 옥수수에 관한 꿈

　작품, 사업성과, 사업자금, 재물 등을 상징한다.

자연이나 기후에 관한 꿈

자연

하늘 / 태양 / 달 / 별 / 대지, 흙

산 / 동굴, 바위 / 돌, 광석, 자갈, 모래

물 / 우물, 샘 / 강, 하천, 개울, 폭포 / 바다, 호수

여러 가지 기후나 현상

바람 / 비 / 눈, 얼음 / 구름 / 천둥, 번개

안개, 우박, 이슬, 서리 / 무지개 / 해일, 홍수

불 / 빛, 열 / 연기

자연

하늘

◉ 하늘에 관한 꿈

　꿈에서의 하늘은 넓은 세계, 깊은 진리, 전체적인 기반, 최고의 권력자, 부모, 남편이나 도덕, 권세, 운세 등을 나타낸다.

◉ 하늘로 올라가는 꿈

　만사형통이다. 모든 일이 순조롭게 잘 풀려 크게 출세를 할 징조이다. 부와 명예 등 사람들의 부러움을 한 몸에 받게 된다. 직장인은 승진을 하고 사업 하는 사람은 사업이 날로 번창하고 연인들은 결혼을 하게 된다. 하지만 평소 음험하거나 불량한 사람에게는 불행이 닥쳐온다.

◉ 하늘에 나 있는 길을 걷는 꿈

　소망하고 계획하는 모든 일이 다 이루어질 징조이다. 업적이 될 만한 큰 사업이나 공적인 일을 하게 되고 귀인의 도움으로 소송 등에서 이기게 된다.

◉ 하늘을 향해 누워있는 꿈

귀인의 협력으로 추진하던 일이 순조롭게 진행되고 그에 따른 이익이나 이권 등을 얻게 된다.

◉.하늘이 아름답게 보이는 꿈

사업이나 작업, 작품 등이 점차 발전을 하고 가정에는 안정과 풍요가 찾아온다. 태몽이라면 장차 예술가나 학자가 되어 이름을 떨칠 아이를 낳게 된다.

◉ 하늘과 땅이 서로 이어지는 꿈

바라던 소망이 이루어지고 임신을 하게 될 꿈이다. 하지만 하늘과 땅이 나누어지면 부모, 부부사이가 벌어지거나 가까운 사람이 배반을 하는 등 낭패나 손실이 따른다.

◉ 하늘이 둘로 갈라지는 꿈

부모상을 당하게 되거나 국가나 사회적으로 좋지 않은 일이 발생한다.

◉ 하늘에서 떨어지는 꿈

자신의 신변에 좋지 않은 일이 일어나게 될 징조이다. 주위 사람들에게 명예와 신뢰를 잃게 되고 사업에 실패하거나 직장을 잃거나 시험에서는 불합격하게 된다.

◉ 어두웠던 하늘이 갑자기 맑게 개는 꿈

모든 걱정거리가 사라지고 환자는 완쾌가 된다. 사회적 출세와 사업의 번창 등 자신이 계획했던 일들이 모두 이루어진다.

◉ 맑던 하늘이 갑자기 흐려지거나 어두워지는 꿈

국가적으로 큰 혼란을 겪게 될 징조이고 개인적으로는 자신이나 가족들이 큰 불행이나 시련을 겪게 된다.

◉ 맑고 푸른 하늘을 보는 꿈

한마디로 소원 성취할 수 있는 꿈이다. 하지만 하늘이 점점 붉어지면 아주 불길한 꿈이다. 잘못하면 가정이 파탄이 나거나 국가적으로 큰 혼란이 올 수도 있다.

◉ 하늘의 한쪽은 구름이 있고 다른 한쪽은 맑은 꿈

지금 당장은 힘들고 고달프지만 열심히 노력을 한다면 언젠가는 좋은 일이 있음을 암시한다.

◉ 하늘이 무너지는 꿈

흉몽이다. 국가나 사회적으로 큰 환란이 오거나 재물의 손실이나 낭패를 겪게 되고 가장 가까운 친구가 부모상을 입게 되어 몹시 애통해한다.

◉ 하늘에서 우는 소리가 나는 꿈

국가적으로 큰 재앙이 있음을 암시한다. 또 개인적으로는 상복을 입는 등 매우 비통한 일이 생기게 된다.

◉ 하늘의 문에 관한 꿈

등용문이나 도달해야 할 목적지 등을 나타낸다.

◉ 하늘나라의 문이 열리는 꿈

만사형통이다. 가정은 화목하고 가업은 번창한다. 명예, 지위, 재물 등이 따르고 귀인을 만나 만사가 순조롭다. 하지만 혼담이 오가는 중이라면 성사가 되지 않거나 헤어질 가능성이 많다.

◉ 하늘의 문이 붉은 빛으로 물드는 꿈

흉몽이다 국가적으로 큰 재앙이 닥친다. 전쟁이 일어나거나 정권의 혼란 등이 발생한다.

태양

◉ 태양에 관한 꿈

꿈에서의 태양은 위대한 업적이나 최고의 인물, 위대하고 훌륭한 것, 국가, 국토, 권세, 명예, 사업체, 부귀, 승리 등을 상징한다.

◉ 태양이 떠오르는 꿈

이른 아침에 해가 떠오르는 것을 보면 하는 일마다 순조롭다. 가정이 편안하고 자손에게 행운이 따를 꿈이다. 또 강이나 산에서 막 떠오르는 것을 보면 새로운 사업을 막 시작하거나 모든 일에 있어서의 성공을 의미한다. 태몽이라면 장차 크게 성공을 할 아이가 태어난다. 바다에서 해가 솟아오르면 그동안의 고생이나 노력의 대가가 주어지고 입학이나 취직, 승진, 승리 등의 행운이 있다. 태양이 하늘 한가운데로 떠오르면 자신에게 행운이 따르고 환자라면 완쾌된다. 하지만 태양이 떠오르는 듯하더니 갑자기 중천에 떠 있으면 부모와 자식이 이별을 하게 되거나 후에 다시 만나는 것을 뜻한다.

◉ 태양을 향해 절을 하는 꿈

자신이 현재 무엇인가를 간절히 원하고 있음을 암시한다. 막강한 권력의 도움으로 자신의 뜻한 바를 이루게 된다.

◉ 태양이 붉게 빛나고 있는 꿈

태몽이라면 장차 훌륭한 인격과 덕망을 갖춘 지도자가 되어 권세와 영예를 누릴 아이가 태어난다. 직장에서 승진을 하거나 자신의 작품이 좋은 평가를 받거나 합격, 취직 등 행운이 따른다.

◉ 태양이 자신의 입 속으로 들어오는 꿈

만사형통이다. 사업자는 사업이 날로 번창하여 많은 이익을 얻고 직장인은 승진을 하고 합격이나 자격증 취득 등 많은 행운이 따른다. 태몽이라면 장차 종교계통에서 대성할 아이가 태어난다.

◉ 자신이 태양을 단숨에 삼키거나 태양이 자신의 품속으로 들어오는 꿈

소원성취, 입신양명할 꿈이다. 태몽이라면 장차 훌륭한 인격과 덕망을 갖춘 지도자가 되어 권세와 영예를 누릴 아이가 태어난다.

◉ 하늘에 떠있던 태양이 갑자기 떨어지는 꿈

굉장히 불길한 꿈이다. 국가적으로는 큰 환란이 일어나거나 정권이 교체되는 등 불안하고 개인적으로는 가정의 부모나 특히 아버지, 직장이나 단체에서는 책임자나 지도자에게 불길한 일이 생기게 된다.

◉ 하늘에서 떨어지는 태양을 받는 꿈

떨어지는 태양을 치마폭에 받는 것은 태몽이라면 장차 국가나 사회적인 권세나 큰 사업체를 운영하거나 종교계통에서 크게 대성할 아이가 태어난다. 또 태양이 떨어져서 지붕에서 데굴데굴 구르는 꿈은 태몽이라면 세계적으로 이름을 떨칠 예술가나 과학자가 될 아이가 태어난다.

◉ 태양을 화살로 맞혀 떨어뜨리는 꿈

큰 공로나 업적을 세워 재물과 이권을 얻고 소송 등이나 경쟁 등에서 이기게 된다.

◉ 두 개의 태양이 떠 있는 꿈

태몽이라면 장차 아이가 두 가지의 권리를 얻거나 형제가 같은 권력이나 세력을 갖게 된다.

◉ **구름에 가려졌던 태양이 다시 나타나 빛나는 꿈**

어려웠던 문제들이 모두 해결되니 사업은 날로 번창하고 이익은 늘어난다. 지위나 신분이 올라가는 등 만사가 형통이다. 여성은 좋은 배우자를 만나고 소송에서는 이기게 되고 환자는 완쾌된다.

◉ **태양의 한가운데 사람이 서 있는 것을 본 꿈**

분열이나 분쟁이 생기고 자신이 누군가에게 미행을 당하든가 간교한 술수에 빠지게 된다.

◉ **태양이 서산으로 기우는 꿈**

태양이 동쪽에 있으면 초년 운세, 중천에 있으면 중년 운세를 나타낸다. 태양이 서산으로 기울면 자신의 운세가 점점 쇠락하고 있거나 임종을 뜻한다. 대인관계가 나빠지고 가까운 사람과 다툼이 생기고 배반을 당할 수 있다.

◉ **태양이 찌그러져 보이는 꿈**

소송이나 다툼 등 말썽이 일어나고 부부사이가 원만하지 않아 불화가 생긴다. 또 자신이 하고 있는 일이 소인배의 모함이나 훼방 등으로 부진하거나 쇠퇴하게 된다.

◉ **태양이 물속에 잠기는 꿈**

흉몽이다. 불과 물의 상극이니 사사건건 말썽이나 다툼, 부진 등 우환이 생긴다.

◉ **햇빛이 자신을 비추는 꿈**

소원성취, 입신양명할 수 있는 꿈이다. 막강한 권력자나 재력가의 도움으로 자신의 사업이나 작품 등이 크게 성공하여 많은 이익이 생기고 주위의 부러움을 한 몸에 받는다. 환자라면 완쾌되고 직장인은 승진을 하고 합격이나 취직 등이 따른다. 태몽이라면 장차 귀한 아이가 태어난다.

◉ **햇빛이 자신의 집 대문이나 방안을 비추는 꿈**

가정이 편안하고 자신의 작품이나 사업이 크게 성공한다. 태몽이라면 장차 귀한 아이가 태어난다.

◉ **햇볕이 따뜻하다고 느끼는 꿈**

사랑이나 자비, 은혜 등을 베풀거나 받게 되는 따뜻한 체험을 하게 된다.

◉ **해와 달이 자신의 몸을 비추는 꿈**

사업이 번창하고 직장에서는 승진을 하거나 취직을 하게 된다. 부부 사이가 더욱 좋아지고 미혼자라면 결혼을 하게 된다. 태몽이면 장차 귀한 아이가 태어난다.

◉ **해와 달을 동시에 보는 꿈**

직장 상사에게 잔소리나 꾸지람을 듣거나 동료나 부하 직원에게 속임을 당하거나 따돌림을 당하게 된다.

◉ **일식을 보는 꿈**

임신을 할 징조이다.

달

◉ 달에 관한 꿈

꿈에서의 달은 종교단체나 계몽적인 사업체, 권위 있는 단체, 성과나 작품, 일거리, 명예, 권력자, 지도자, 어머니, 친구 등을 나타낸다.

◉ 달을 바라보는 꿈

자신이 좋아하는 사람과 가까워질 기회가 생긴다. 또 반달이나 초승달을 바라보면 사업을 시작하거나 자신의 작업이나 작품, 사생활 등을 부분적으로 공개할 일이 생긴다. 달을 보면서 술을 마시면 큰 연구 성과를 거두거나 자신에게 막중한 책임이 주어진다.

◉ 달이 품안으로 들어오는 꿈

미혼자라면 좋은 배우자를 만나 결혼을 하게 되고 태몽이라면 머리가 좋고 예쁜 딸을 낳게 된다.

◉ 달빛이 자신의 몸을 환히 비추는 꿈

소원성취, 입신영달이다. 막강한 권력가나 재력가의 도움을 얻게 되어 만사가 형통이다. 가업이 번창하고 직장인은 승진을 하고 학생은 성적이 향상되거나 합격의 기쁨을 누리게 된다.

◉ 달빛이 자신의 집안을 환하게 비추는 꿈

가정이 화목하고 편안하니 아무 근심이 없다. 멀리서 기쁜 소식이 전해지거나 반가운 손님이 찾아오겠다. 태몽이라면 귀하고 예쁜 딸을 낳게 된다.

◉ 연못에 달이 선명하게 비치는 꿈

자신의 이름이 세상에 알려지거나 유명한 사람이 될 징조이다. 정치인이라면 국민들에게 신임을 얻고 기업의 사장이라면 직원들에게 존경을 받게 되고 자신이 연예인이라면 많은 인기를 얻게 된다.

◉ 달빛이 사방으로 흩어지는 꿈

아내나 여자 친구와 헤어질 징조이다.

◉ 달에게 비는 꿈

길몽이다. 만사형통으로 주위의 도움을 얻어 자신이 원하는 바를 이루게 된다. 사업은 날로 번창하고 합격이나 취직 등의 행운이 따른다.

◉ 활을 쏘아 달을 맞히는 꿈

가까운 동료나 친구 등과 경쟁을 하거나 싸움을 하게 되지만 자신이 이기게 된다. 또는 자손이 늘어날 징조이다.

◉ 물 속에 어려 있는 달그림자를 보는 꿈

모든 일이 뜻대로 되지 않는다. 사업은 망할 수가 있고 직장을 잃거나 결혼이 성사되지 않게 된다.

◉ 달이 나뭇가지에 걸리는 꿈

흉몽이다. 가족 중에 누군가가 불의의 사고를 당하거나 직장을 잃을 수 있다.

◉ 달이 떨어지는 꿈

흉몽이다. 어머니나 사회적으로 유명한 사람이 사망하게 된다. 또 매사가 부진하여 재물의 손실 등 낭패가 있고 특히 환자나 임산부에게는 매우 불길한 꿈이다. 가족, 연인 등이 이별을 하게 된다.

별

◉ **별에 관한 꿈**

꿈에서의 별은 희망, 진리, 권리, 성직자, 위인 등을 나타내고 별자리는 단체세력, 권력기구, 국가, 정당, 사업체 업적, 명예 등을 나타낸다.

◉ **별이 찬란하게 빛나는 꿈**

수많은 별이 찬란하게 빛나는 꿈은 대길의 운세로 학문적 성과를 얻거나 자신의 작품이 사람들에게 인정을 받게 된다. 또 가정에는 화목이, 친구사이에는 우정이, 연인들은 사랑을 얻게 된다. 샛별이 찬란하게 빛나면 위대한 인물이 나타나거나 자신의 작품을 출판하거나 사업을 하게 된다. 또 많은 별 중에 유난히 반짝이는 별을 보면 가정에 경사가 생기고 자신이 하는 일에 뛰어난 성과를 거두게 되어 사회적으로 인정을 받아 이름을 떨치게 된다.

◉ **별이 자신의 입 안으로 들어오는 꿈**

소원성취의 꿈이다. 사업은 번창하고 직장인은 승진을 하게 되고 합격이나 취직 등의 운이 따른다. 태몽이라면 아주 총명하고 건강한 아이가 태어난다.

◉ **별을 따거나 붙잡는 꿈**

태몽이라면 장차 크게 성공할 아이가 태어나고 미혼자라면 좋은 배우자를 만나게 된다.

◉ **별이 이리저리 날아다니는 꿈**

배우자가 바람을 피우게 되고 자신이 병에 걸릴 징조이다.

◉ 혜성에 관한 꿈

혜성은 신기한 일, 명성, 작품, 인물, 부귀영화 등을 나타낸다.

◉ 북두칠성이 집안으로 들어오는 꿈

횡재수가 있다. 복권에 당첨이 되거나 선물을 받게 된다.

◉ 북두칠성이 또렷하게 보이지 않는 꿈

흉몽이다. 지도자나 집안의 가장 등이 그 명예와 지위가 불안하여 고난을 겪게 되고 사업이나 추진하는 일들이 부진하다. 질병이 생기고 특히 임산부에게는 피할 수 없는 불운이 생기게 된다. 친한 친구가 곤경에 빠질 위험이 있고 자신을 견제하는 사람이 생기게 된다.

◉ 별이 사라지는 꿈

가정이 평온하지 못하고, 불행이 찾아들게 된다. 사업가는 사업이 부진하여 실패할 우려가 있고 직장인은 그 자리를 보존하기가 어렵다. 무슨 일을 하든지 꽉 막혀 답답하기만 하다. 또 갑자기 구름이 나타나 별을 가리면 조만간 자신에게 해를 입힐 사람이 나타나게 된다.

◉ 별이 떨어지는 꿈

흉몽이다. 별이 우수수 떨어지거나 유성이 꼬리를 끌며 떨어지면 사업이 부진하여 손해를 입게 되거나 다른 사업을 강구해야 하고, 직장인은 회사를 그만두어야 할 처지에 놓인다. 또 환자라면 건강을 되찾기가 어렵겠다. 뿐만 아니라 가정에는 불화가 생기고 연인들은 이별을 하는 등 궂은일의 연속이다. 별이 떨어지면서 사방으로 흩어지면 말썽이 생기고 지니고 있던 재물마저 흩어지게 된다.

◉ 하늘에서 별이 떨어져 자기 주변에 쌓이는 꿈

학문적 자료를 수집하거나 새로운 작품을 발표하게 된다.

대지, 흙

◉ 대지에 관한 꿈

꿈에서의 대지는 사회기반이나 발판이 되는 것, 판도, 배경, 세력 등과 어머니, 여성 등을 상징한다.

◉ 넓은 들판을 보는 꿈

자신이 꿈에서 보는 만큼의 사업기반이나 세력기반 등을 상징하는 것이다. 또 그곳에서 일을 하는 꿈은 권력기관 등에서 일을 하거나 큰 사업체를 운영하게 되고 들판에서 노는 꿈은 실제로 사업을 하거나 직업을 갖거나 운동경기, 시험 등을 치르게 된다.

◉ 지평선에 관한 꿈

지평선은 먼 훗날 또는 외국에서 일어나는 일과 관계가 깊다. 지평선 너머에 해가 떠오르는 꿈은 태몽이라면 장차 외국에서 출세할 아이가 태어나고 지평선 위에서 검은 연기가 피어오르면 언젠가 불길한 소식을 접하게 된다.

◉ 땅에서 물이 솟아나는 꿈

운수대통이다. 사업을 시작하려는 사람이라면 추진력 있게 밀고 나가는 것이 좋다. 또 미혼자는 좋은 배우자를 만나 결혼을 하게 된다.

◉ 땅이 갈라지는 꿈

주변 환경이 크게 변할 조짐이다. 현재 하고 있는 사업이나 세력기반이 흔들리거나 분산이 되고 이사를 갈 수도 있다. 자신이 갈라진 땅에 빠지면 주위의 가까운 사람들과 사사건건 의견대립이 생겨 말썽 등 시비가 일어난다. 하지만 자신이 땅이 갈라진 아주 깊은 곳을 내려다보면 관심이 없었던 학문 등에 깊이 몰두하게 된다.

◉ 땅이 꺼지는 꿈

어머니에게 우환이 있을 징조다. 또 자신이 땅속으로 꺼지는 꿈은 실제로 자신이 어떤 불의와 연관이 있어 죄책감을 느끼거나 감추고 싶은 비밀이 있음을 암시한다. 매사에 궂은일만 생기니 불운이다.

◉ 땅에 구덩이를 파는 꿈

구덩이를 파는 꿈은 자신에게 불운이 닥칠 것을 암시하지만 구덩이를 파고 그 안에 들어앉는 꿈은 집을 장만하거나 취직이 되고 학교에 입학하게 된다. 또 만약 그곳에서 자신이 죽는다면 무슨 일을 하든지 크게 성공한다.

◉ 땅을 청소하는 꿈

흉몽이다. 질병이 생기거나 불길한 일이 생긴다.

◉ 자신이나 부모님이 땅에 누워 있는 꿈

부모님에게 사고나 병이 생길 징조이다. 또 자신의 가족이나 절친한 친구와 의견대립이 생기니 가정에 우환이 생기고 근심걱정이 끊이질 않는다.

◉ 자신이 땅에 묻히는 꿈

횡재수가 있다. 많은 재물이 들어오거나 집을 장만하고 취직이 될 징조이다.

◉ 땅바닥에 앉아 자신이 누군가와 얘기를 나누는 꿈

좋지 않다. 재산이나 이해관계 때문에 가족 간의 다툼이 생기고 하는 일도 순조롭지 않다.

◉ **땅바닥에 자신의 이름 석자가 있는 꿈**

입신출세할 꿈이다. 자신이 사회적으로 이름을 날리겠다.

◉ **땅에서 기름이 솟아 흐르는 꿈**

금전 운이 있다. 주식이나 부동산투자 등으로 많은 돈을 얻게 된다.

◉ **집터였던 땅이 들판으로 변하는 꿈**

일가친척 등 가까운 사람들이 뿔뿔이 헤어지게 된다.

◉ **자신의 땅을 저당 잡히는 것을 문서로 이행하는 꿈**

사업이나 명예에 관련된 기쁜 일이 생기든지 안정, 발전을 누리게 된다.

◉ **논에 물이 가득 찬 꿈**

운수대통이다. 무슨 일이든 아무 문제없이 순조롭다. 생활이 여유롭게 되고 재물이 많이 생기게 된다. 하지만 자기 논에 있는 물이 넘쳐서 남의 논으로 들어가면 재산상의 손실을 입게 된다. 또 논에 물이 말라 있으면 세력을 상실하거나 재산을 모두 잃고 궁핍한 생활을 하게 된다.

◉ **논이나 밭을 가는 꿈**

새로운 작품을 구상하거나 사업을 시작하는 것을 의미한다.

◉ **논밭의 흙이 검은빛을 띠고 있는 꿈**

여러 면에서 행운이 따르게 되니 적극적으로 일을 추진해보는 것도 좋겠다.

◉ **논과 밭을 팔아버리는 꿈**

남에게 재정적인 지원을 해주게 된다.

◉ **밭을 정리하거나 밭이랑에 구덩이나 언덕을 만드는 꿈**

여러 분야의 사업 또는 학문 연구에 좋은 방도가 생긴다.

◉ 흙에 관한 꿈

꿈에서의 흙은 재물, 재료, 자본이나 영토, 기반, 세력판도 등을 상징한다.

◉ 자신의 몸에 진흙을 바르는 꿈

남에게 치욕을 당하거나 자신이 저지른 부정이나 비밀 등으로 곤란을 겪게 된다.

◉ 흙을 파서 집으로 가져오는 꿈

사업자금을 마련할 꿈이다.

◉ 흙 속에서 물건이 나오는 꿈

횡재수가 있다. 부동산 투자나 주식에 투자하는 것도 좋겠다. 만약 꿈에 흙속에서 금은보화가 나온다면 자신이 지금 하고 있는 일이 크게 성공할 징조이다.

◉ 흙에 엎드리는 꿈

흉몽이다. 자신의 수명이 짧아질 징조이다. 환자라면 완쾌되기 어렵다.

◉ 자신의 몸이나 옷에 흙이 묻는 꿈

좋지 않다 억울한 누명을 쓰거나 질병에 걸릴 징조이다.

산

◉ 산에 관한 꿈

꿈에서의 산은 국가, 정부, 사회단체, 직장, 세력, 계급, 인격, 인체,

작품, 소원 등을 상징하는데 높은 산정은 희망과 목적의 대상, 최고의 일, 상층계급, 절정, 전성기 등 최고를 의미하고 산 중턱은 중간계급, 중산층 또는 일의 중도, 산 밑은 하층부 직장의 한 부서 산하단체 등 주로 낮은 것, 산모퉁이는 기관의 일부나 어떤 사건의 전환점 등을 의미한다.

◉ 산을 오르는 꿈

높은 산 정상에 오르는 꿈은 자신의 높은 뜻을 이루거나 세상에 자신의 이름을 떨치고 생각지도 못할 많은 재물과 이익이 생기게 된다. 하는 일마다 만사형통이니 미혼자라면 좋은 배우자를 만나 결혼을 하게 되고 합격, 취직 등이 따른다. 하지만 자신이 험한 산을 오르면 현실에 대한 불만으로 안정을 찾지 못하고 방황하고 있다는 징조이고 짐을 짊어지고 산에 오르고 있는 꿈은 현재 자신이 추진하는 일이나 작업 등이 난관에 부닥쳐 손실이나 낭패 등이 따르지만 곧 이를 극복하고 희망이 찾아올 것을 암시한다. 또 날아서 단숨에 산꼭대기에 오르는 꿈은 자신이 목적하는 바를 아주 쉽게 달성하게 됨을 암시한다.

◉ 눈이 쌓인 높은 설산으로 올라가는 꿈

시험에 합격하여 입신출세한다. 입학, 승진, 합격, 당선, 승리 등 소원 성취한다.

◉ 산을 오르다 미끄러지거나 바람에 멈추는 꿈

뜻밖의 난관에 부닥쳐 지금 하고 있는 일에 고통이 따르게 된다.

◉ 산에서 내려오는 꿈

산에서 천천히 내려오는 꿈은 지금 자신이 하고 있는 일이 별 어려움 없이 순조롭게 진행되고 있음을 암시하고 산에서 급하게 내려오는 꿈은 모든 일을 너무 급하게 서두르는 바람에 큰 손해를 보거나 낭패를 겪게 된다. 높고 험한 산에서 내려오는 꿈은 주위의 도움을 받아 그동안의 근심걱정이 모두 사라지고 하는 일이 순조롭게 진행된다.

◉ 높은 산봉우리를 보는 꿈

　높은 산정은 최고의 일이나 희망, 부귀 등을 나타내니 길몽이다.

◉ 산을 짊어지거나 들어 올리는 꿈

　세상에 자신의 이름을 떨치거나 무슨 일이든 자신의 의지대로 할 수 있는 막강한 세력을 얻게 된다.

◉ 산 정상에서 소리를 지르는 꿈

　소원 성취할 꿈이다. 사람들의 주목을 받게 되고 하는 일마다 성공의 기쁨이 따른다.

◉ 산 정상에 올라갔다가 떨어지는 꿈

　흉몽이다. 하는 일마다 꼬이니 현재 자신의 상황이 매우 불안하다. 어렵게 쌓은 권위나 명예, 재산 등이 사라지거나 직장 등을 잃게 된다. 실패, 불합격, 사고, 질병, 우환, 불행 등이 있다.

◉ 산에서 길을 잃고 해매는 꿈

　자신감이 없으니 작은 난관에도 포기하게 되고 하는 일마다 꼬여 잘 풀리지 않는다.

◉ 산속에서 누군가가 자신을 인도하는 꿈

　귀인의 도움으로 그동안의 어려움이 사라지니 만사형통이다.

◉ 산을 통째로 삼키는 꿈

　태몽이라면 장차 고위관직에 오를 아이가 태어난다.

◉ 산 위에서 책을 읽는 꿈

학문을 깊이 연구해 업적을 남기거나 자신의 작업이나 작품이 사람들에게 인정을 받아 그 이름을 날리겠다. 만약 죄수가 이 꿈을 꾸었다면 감옥에서 풀려날 징조이다.

◉ **계곡에 관한 꿈**

꿈에서의 계곡은 완충지대, 접경지대 또는 어떤 기관 등을 나타낸다.

◉ **산이나 계곡을 여행하는 꿈**

주위의 도움으로 자신이 하는 일이 순조롭게 진행된다.

◉ **깊은 산속, 계곡 등에서 메아리가 들리는 꿈**

자신의 요구사항이나 바라던 바가 이루어지거나 새로운 정보나 소식을 듣게 된다.

◉ **산사태가 나는 꿈**

국가나 사회적으로 큰 환난이 오고 개인적으로는 자신이 하는 사업, 작업 등의 기반이 사라지게 된다. 또 큰 산 전체가 우르르 무너지면 자신의 경쟁상대가 몰락하여 자신이 큰 이익을 보게 된다.

◉ **산을 넘고 또 넘는 꿈**

지금 당장은 힘이 들지만 성공을 위해서는 많은 역경을 견뎌야 됨을 암시하는 것이다.

◉ **고개를 넘는 꿈**

사업상의 난관을 극복하거나 직장을 옮기게 된다.

동굴, 바위

◉ **동굴에 관한 꿈**

꿈에서의 동굴은 기관이나 학교, 연구원 등을 상징한다.

◉ **동굴 속에 꽃이 피어있는 꿈**

가업이나 사업 등이 크게 번창하고 자신이 사회적으로 많은 업적을 쌓아 사람들의 존경을 받게 된다.

◉ **동굴을 들여다보는 꿈**

학문을 연구하거나 역사적 고찰, 숨은 비밀을 캐내는 일 등과 관계가 있다.

◉ **동굴에 샘이 솟아나는 꿈**

횡재수가 있다 복권이나 주식, 부동산에 투자하면 많은 돈을 거머쥐게 된다.

◉ **동굴에서 짐승을 잡는 꿈**

합격이나 취직 등의 행운이 따른다.

◉ **바위에 관한 꿈**

꿈에서의 바위는 작품, 업적, 재물, 진리, 인재, 단체 등을 상징한다.

◉ **큰 바위를 보는 꿈**

아주 길몽이다. 가업이나 사업이 번창하고, 하는 일마다 안 되는 일이 없으니 부귀영화가 자연히 따른다. 부모 또한 건강하고 가정이 편안하다. 태몽이라면 장차 현명하고 잘 생긴 아이가 태어난다.

◉ **큰 바위에 올라앉는 꿈**

자신이 하는 일이 크게 성공하여 지위와 명예가 더욱 커지고 이익과 권리가 생긴다. 반석처럼 가정이 편안하고 재물 또한 넉넉하다. 만약 강가에 있는 바위에 앉아있었다면 더욱 많은 부와 명예를 거머쥐게 된다.

◉ **큰 바위 위에 자신이 뛰어올라가는 꿈**

많은 재물을 얻을 꿈이다. 자신이 하는 일에 있어 많은 이익이 생기거나 좋은 조건으로 계약을 맺게 된다.

◉ **주먹으로 바위를 깨뜨리는 꿈**

자신의 주장이나 권력으로 어떤 단체를 와해시켜 새로운 권력을 얻거나 전망 있는 사업을 다시 시작하게 된다.

◉ **바위가 공중에 떠 있는 꿈**

사업에 성공을 하거나 자신의 작업이나 작품 등이 사회적으로 인정을 받아 사람들로부터 존경을 받게 된다.

◉ **큰 바위를 집안으로 옮기는 꿈**

막강한 실력자나 재력가의 도움으로 사업이나 가업 등이 번창하고 명예와 재물이 따르게 된다.

◉ **큰 바위를 들거나 떠밀어서 옮겨놓는 꿈**

자신이 소속되어 있는 집단이나 거래처를 주도적으로 변화시키게 된다.

◉ **큰 바위가 굴러 떨어지는 꿈**

사업이나 가업이 몰락을 하거나 재물을 잃을 수 있다. 혹은 예기치 못한 불상사가 발생하게 된다.

◉ **바위에 머리를 심하게 부딪치는 꿈**

흉몽이다. 재난을 당하거나 교통사고 등 생명에 위험을 느낄 만한 불상사가 발생될 징조이다. 가정 또한 편안하지 않다. 재물의 손실, 근심 걱정, 말썽 등이 따른다.

◉ 큰 바위를 깨뜨려 자갈로 만드는 꿈

어떤 일에 있어 합리적으로 세분화하거나 학문이나 문서에 있어 서로 분할할 일이 생긴다.

◉ 바위에 깔리는 꿈

자신이 큰 잘못을 저지르거나 착오로 인하여 사업을 그르칠 수도 있다.

◉ 집이 바위에 깔리는 꿈

실제로는 하는 일이 활기차게 진행될 것이다.

◉ 바위가 터져 폭포가 흐르는 꿈

길몽이다. 자신이 존경받을 만한 종교인이 되어 많은 사람들을 교화시키고 재물 또한 많이 얻게 된다.

돌, 광석, 자갈, 모래

◉ 돌에 관한 꿈

꿈에서의 돌은 재물, 인격, 진리, 권리, 작품, 인재, 업적, 협조자, 기관 등을 상징한다.

◉ 돌에 꽃이 피는 꿈

가업이나 사업이 번창하고 사회적으로 인정을 받아 명예로워진다. 또 자신이 환자라면 완쾌될 징조이다.

◉ **돌 위에 앉아 있거나 서 있는 꿈**

자신이 어떤 단체나 사업에 있어 책임자가 되어 훌륭하게 이끌어가게 된다. 가정이 편안하고 풍요롭다.

◉ **길에서 돌을 줍는 꿈**

재물 운이 있을 길몽이다. 가업과 사업이 번창하고 자신이 선생님이라면 학생들로부터 존경을 받게 되고 환자라면 병이 완쾌된다.

◉ **조약돌을 강가에서 줍는 꿈**

태몽이라면 아주 총명하고 건강한 사내아이가 태어난다. 장차 고위직 관리가 되거나 학자가 된다. 횡재수도 있다

◉ **돌로 집을 짓는 꿈**

주식회사나 어떤 단체를 설립하게 된다. 마찬가지로 돌로 우물을 쌓으면 사업체를 구축하게 되고 그 우물은 교회, 학교, 주식회사 등을 상징한다.

◉ **돌로 서로를 때리는 꿈**

누군가와 논쟁을 벌이거나 시비를 가릴 일이 생긴다.

◉ **돌에 맞는 꿈**

누군가와 서로 경쟁이나 대립을 하게 된다

◉ **돌이 떨어지는 꿈**

흉몽이다. 믿고 의지하던 배우자나 친구에게 배신을 당할 징조이다. 사업이나 작품 등이 실패로 돌아간다.

◉ **돌기둥에 관한 꿈**

국가 또는 사회단체의 기둥이 될 만한 인물을 상징한다.

◉ 돌탑을 바라보는 꿈

누군가에게 부탁을 하거나 기원을 할 일이 생긴다. 또 역사 등에 관하여 연구하게 된다.

◉ 돌로 축대나 방죽을 쌓는 꿈

재물을 모아 사업의 기반을 마련하게 된다.

◉ 광석에 관한 꿈

꿈에서의 광석은 자본, 작품, 인재, 업적, 새로운 일거리 등을 상징한다.

◉ 광석을 채굴하는 꿈

자신이 문학을 하는 사람이라면 전혀 새로운 소재로 글을 쓰게 된다. 연구나 학문과 관계된 일에서 큰 성과를 얻거나 업적을 남기게 된다.

◉ 광석을 운반하는 꿈

횡재수가 있다. 많은 재물이 들어오고 뜻이 맞는 좋은 친구를 만나게 된다.

◉ 자갈이나 모래가 쌓여 있는 꿈

가업이나 사업이 점차 발전하게 되니 재물과 이권 또한 늘어나게 된다. 가정이 편안하고 화목하다. 또는 미혼자라면 좋은 배우자를 만나게 된다.

◉ 거리에 자갈을 깔아놓는 꿈

사람들에게 자신만의 노하우를 전수하거나 진리를 설파하게 된다.

◉ 모래에 관한 꿈

모래사장, 사막 등은 사업기반이 허약함, 일의 수월함, 벅찬 일, 재물 등을 상징한다.

● 온통 모래로 뒤덮여 있는 꿈

전망이 불투명한 사업이나 일을 시작한다든지 어떤 일에 실수나 착오가 생겨 피해를 입거나 말썽이 생기게 된다.

● 모래밭에 씨를 뿌리는 꿈

좋지 않다. 결과를 알 수 없는 일을 하거나 자신과는 전혀 상관없는 일을 하고 있다.

● 모래를 쥐고 걸어가는 꿈

자신도 모르는 사이에 재산이 점점 줄고 있다는 암시이다. 재산관리에 신경을 써야 한다.

● 모래에서 물건을 캐내는 꿈

그릇이나 금은보화를 캐내면 사업을 하는 데 있어 좋은 기회를 얻거나 능력 있는 사원이나 자금을 얻게 된다.

● 모래 언덕을 쌓아올리는 꿈

학문을 연구하거나 자신이 하고자하는 일의 기반을 마련하게 된다.

● 모래를 매달고 걷는 꿈

자신이 원하지 않는 일을 하게 되거나 지금 자신이 하는 일이 힘들고 고달파도 어쩔 수 없이 진행하게 된다.

● 사막에서 길을 잃는 꿈

안팎이 편안하지가 않다. 가정에서는 서로간의 이해관계로 다투게 되고 직장에서는 불만이 많다.

● 끝없는 사막을 걷는 꿈

자신이 하는 일마다 꼬이게 된다. 생활이 어려워지고 마음고생 또한 심하다.

물

◉ 물에 관한 꿈

꿈에서의 물은 그 양이나 색깔, 형태에 따라 정신적이거나 물질적인 재산, 세력이나 생활기반 또는 재물, 소원의 충족도 등을 나타낸다.

◉ 물이 맑고 깨끗한 꿈

만사형통이다. 가업이나 사업이 번창하고 가정이 편안하다. 재물과 명예, 이익과 권리가 생기니 세상에 부러운 것이 없다.

◉ 집에 물이 솟아나는 꿈

가업이 번창하겠다. 그동안의 다툼이나 걱정이 사라지고 편안하다. 환자가 있다면 완쾌되고 기쁜 소식이나 반가운 손님이 찾아올 징조이다. 또 땅에서 물이 솟아나면 미혼자라면 좋은 배우자를 만나 결혼을 하게 된다. 운수대통이다.

◉ 물을 마시는 꿈

재물 운이 좋다. 많이 마시면 마실수록 좋겠다. 가업이나 사업이 날로 번창하겠다. 뜨거운 물을 마시면 믿고 의지할만한 좋은 사람을 만나거나 자신이 하는 일이 별 어려움 없이 잘 진행된다.

◉ 물속으로 들어가는 꿈

하는 일마다 막힘이 없다. 사업가는 행운이 따라 많은 이익을 얻고 직장인은 승진을 하거나 합격, 취직 등의 기쁨이 있다. 또 새로운 출발을 하거나 도약의 기회를 잡게 된다. 또 남녀가 함께 물 속으로 들어가면 평소 자신이 원하던 이성을 만나 좋은 만남을 갖게 된다.

◉ **뜨거운 물에 몸을 씻는 꿈**

주위의 사랑을 한껏 받거나 시험에 합격, 취직이 되는 등 행운이 따른다. 또 뜨거운 물에 자신의 손발을 씻으면 병이 나을 징조이다.

◉ **물이 가득 차는 꿈**

물이 방안에 가득 차면 재물을 얻거나 믿고 의지할만한 좋은 사람을 만나게 되고 부엌에 물이 가득 차면 횡재수가 있어 엄청난 재물을 얻게 된다.

◉ **물이 가득 찬 방에서 물고기가 헤엄을 치는 꿈**

태몽이라면 장차 사상가나 문학가 실업가 등 크게 성공할 아이가 태어난다, 또 자신이 물이 가득 찬 방에서 헤엄을 치면 가정이 편안하고 대인관계도 좋아 행복한 나날이다. 또 운수대통으로 하는 일마다 재물이 따른다.

◉ **물 위를 걷거나 뛰는 꿈**

운수대통의 꿈이다. 우연히 좋은 기회를 잡거나 자신이 하는 일에 행운이 따라 모두 순조롭게 진행이 된다. 합격이나 취직 등이 따르고 특히 학문을 연구하는 사람이나 작가, 예술가 등은 자신의 이름을 세상에 알리게 된다.

◉ **물 위에 서 있는 꿈**

좋지 않다. 무슨 일이든지 오래가지 못하고 견고하지 못하다. 힘이 들고 위기가 수시로 닥치니 손실이 너무 많다.

◉ **물에 빠지는 꿈**

쓸데없는 일에 관여하여 괜한 구설수에 휘말리게 된다. 또 더러운 물속에 빠지면 자신이나 가족의 건강이 나빠질 징조이다 물에 빠졌다가

다시 올라오면 길할 징조이다. 그냥 가라앉으면 아주 불길하다

◉ **그릇에 물이 담긴 꿈**

그릇에 물이 가득 담겨 있으면 횡재수가 있어 많은 재물이 생기게 된다. 하지만 그릇이 새서 물을 담아도 채워지지 않으면 아무리 열심히 돈을 번다해도 모아지지 않는다. 또 그릇에 담긴 물이 엎질러지면 불운의 연속이다. 사업의 실패, 퇴직, 불합격, 결혼의 실패 등의 따른다. 그릇의 물이 넘쳐흐르면 그만큼의 소비가 따르니 재물의 손실이 있다.

◉ **물 한통을 들고 오는 꿈**

그 만큼의 재물이 생긴다.

◉ **물통이 비워져있는 꿈**

무슨 일을 하든지 손해를 볼 징조이니 사업을 구상중이거나 계약을 맺을 경우 다시 한번 생각해보는 것이 좋겠다.

◉ **집안으로 물줄기가 쏟아져 내리는 꿈**

재물이 생겨 풍족한 생활을 하게 된다. 하지만 집이 비도 안 오는데 물에 잠기면 가정에 액운이 낄 징조이다. 자손에게 좋지 않은 일이 생기게 되니 조심해야 한다.

우물, 샘

◉ **우물에 관한 꿈**

꿈에서의 우물은 기관, 장소, 사업체, 교회, 가업 등을 상징하고 우물

물은 자금이나 재물, 자원 등을 상징한다.

◉ 우물을 발견하는 꿈

자신의 사업이나 가업이 아무 문제없이 진행된다.

◉ 우물을 들여다보는 꿈

새로운 소식을 듣거나 반가운 소식을 듣게 된다. 우물에 자신이 비춰지면 생활에 여유를 가지게 되고 대인관계나 모든 면에서 편안하다. 또 우물물이 깨끗해 밑이 훤히 보이면 직장인이나 공직자는 자신의 정직함을 인정받아 출세를 하게 되고 우물에 화초가 보이면 결혼이 성사되거나 임신을 하게 된다.

◉ 우물에서 물이 나오는 꿈

재물 운이 좋다. 머지않아 많은 재물을 얻을 징조이다. 하지만 우물물이 넘쳐흐르면 많은 재물을 얻기도 하지만 그만큼의 지출도 많아지게 된다.

◉ 우물에서 물고기가 노는 꿈

가업이나 사업 등에서 많은 이익과 명예를 함께 얻을 수 있다. 또 자신이 우물에서 동물이나 물고기를 키운다면 자신이 속해있는 회사나 관청 등에서 공을 세워 크게 성공하게 된다.

◉ 우물이 갑자기 집에 생기는 꿈

사업을 시작하거나 취직, 합격 등이 있고 좋은 배우자를 만나 결혼을 하게 된다.

◉ 우물물을 마시는 꿈

자신이 속해있는 관청이나 회사에서 진급을 하거나 승진을 하게 되고 입학, 취직, 결혼 등 기쁜 일이 따른다.

◉ 우물물을 떠서 손발을 씻는 꿈

길몽이다. 그동안의 모든 근심걱정이 사라지고 합격, 취직, 결혼 등의 기쁜 소식이 있다.

◉ 자신이 스스로 우물에 뛰어드는 꿈

자신이 먼 곳으로 가거나 외부에 볼 일이 있다. 또는 자신이 하는 일에 이익과 권리가 크게 생긴다. 하지만 자신이 우물에서 나오지 못하는 꿈은 누군가의 모함에 빠지거나 쉽게 일을 처리하려다 손해를 보게 되고 감옥에 갈 징조이다.

◉ 우물에 빠지는 꿈

흉몽이다. 가정에 예기치 않은 사고나 재난이 닥치게 된다. 특히 집이 물에 잠길 징조이다. 또 누군가 자신을 질투하거나 미워하는 사람이 생길 수도 있고 자신의 아랫사람에게 좋지 않은 일이 생기게 된다. 술에 취해 우물에 빠지면 말썽이나 다툼, 소송 등이 생길지 모르니 조심해야 한다.

◉ 자신이 우물에 앉아있는 꿈

경쟁이나 소송 등에서 패하거나 자신이 목표로 하는 일이 성취되기 어렵다. 또한 하는 일마다 손실이 크니 낭패다. 특히 이 꿈은 아이들에게는 매우 안 좋은 흉몽이다. 또 자신이 우물 가운데 드러눕는 꿈은 흉몽 중의 흉몽으로 불행이 찾아와 재난을 겪든가 자신이 사망할 수도 있다

◉ 우물이 마르는 꿈

사업에 있어 재정적인 압박을 받거나 그 결과가 부진하여 적자를 면하기 어렵다. 혹은 자신의 거취가 불안정하니 마음고생이 심하다.

◉ 우물이 붕괴되는 꿈

경영하던 사업이나 가업이 몰락하고 가정에 액운이 끼어 부부가 헤어질 수도 있다.

◉ 우물을 고치는 꿈

지금은 비록 힘들지만 머지않아 가업이나 사업이 번창하고 모든 일들이 원만하게 진행될 징조이다.

◉ 자신이 우물에 숨는 꿈

죄를 지어 감옥에 갈 징조이다.

◉ 샘에 관한 꿈

꿈에서의 샘은 사상, 정신적, 물질적인 원천이 되는 것, 재물, 명예 등을 상징한다.

◉ 샘물이 맑고 투명하게 보이는 꿈

운수대통이다. 모든 일이 순조롭게 진행되니 재물과 이익이 따른다. 태몽이라면 장차 사업가나 예술가가 될 아이가 태어난다.

◉ 샘물이 높이 솟아나는 꿈

취직, 합격, 승진, 발탁 등의 행운이 따른다. 또 샘물이 산 밑에서 솟아나오면 관청이나 기업체와 관련하여 많은 재물을 얻거나 믿고 의지할 만한 좋은 사람을 만나게 된다. 들판이나 자신의 마당에서 샘이 솟아나오면 작가라면 언론기관이 자신의 작품을 연재하게 되고 사업가라면 사업자금을 마련하게 된다.

◉ 자신이 맑은 샘물을 긷는 꿈

가업이 날로 번창하게 된다.

◉ 샘물이 마르는 꿈

하는 일마다 말썽이고 부진하니 고생길이 훤하다.

◉ 약수를 마시는 꿈

모든 근심걱정이 사라진다. 가정이 편안하고 가족들이 모두 건강하다.

강, 하천, 개울, 폭포

◉ 강에 관한 꿈

꿈에서의 강이나 하천, 개울, 폭포는 큰 사업체, 출세 기반, 외국, 외래 문물, 도전의식 등을 상징한다.

◉ 강물이 솟구치는 꿈

만사형통이다. 사업가나 상인은 큰 이익을 남기고 직장인은 승진을 하게 된다. 취직이나 합격, 결혼이 성사되는 등 기쁜 일이 있다.

◉ 강물이 맑고 깨끗한 꿈

자신의 기업이나 사업이 좋은 기회를 맞아 크게 발전을 하게 되고 작품, 사상 등이 사람들에게 인정을 받게 된다.

◉ 강물이 가득 차 흐르는 꿈

가정이 편안하고 화목하다. 기업이나 사업 등이 날로 번창하니 큰 이익을 얻어 지위, 명예, 재물 등이 풍성하다. 하지만 강물이 거꾸로 흐르면 기존 질서에 역행하는 일을 하든지 하는 일을 중도에 포기하거나 낭패나 손실 등의 피해가 있다.

◉ 강이나 하천에서 헤엄치는 꿈

만사형통에 금전 운까지 좋다. 그동안의 모든 근심이 사라지고 하는 일마다 이익을 얻으니 엄청난 돈이 들어올 징조이다. 결혼을 한다든지 환자라면 건강을 되찾는다. 또 태몽이라면 장차 귀한 아이가 태어난다. 하지만 물살이 거세 헤엄을 제대로 치지 못하면 부정한 일을 저지르거나 질병이 생긴다.

◉ 강이나 하천에서 손발을 씻는 꿈

승진을 하거나 취직, 진급, 합격 등의 행운이 있다. 하지만 기름 같은 것이 묻어 잘 씻겨지지 않으면 하기 싫은 일을 어쩔 수 없이 하게 되고 하는 일에 성과가 없다.

◉ 강에서 물고기를 잡는 꿈

가업이나 사업 등이 날로 번창하니 재물과 이익이 따른다.

◉ 강이나 하천이 붉은 빛을 띠는 꿈

흉몽이다. 불의의 사고로 사망에 이를 수도 있다.

◉ 강의 바닥이 드러나는 꿈

국가적으로는 국고나 잉여 자금이 고갈되어 국가경제 정책에 큰 차질과 손실이 있겠고 개인적으로는 경영상 극심한 어려움에 처하거나 사회적인 지위를 잃게 된다.

◉ 하천의 물이 마르는 꿈

가업이나 사업 등이 자금의 고갈로 인해 중간에 실패하거나 재물의 손실이 크다. 하지만 환자라면 건강을 되찾을 수 있겠다

◉ 개울물이 마르는 꿈

가정이나 사업, 회사 등에 돈이라고는 눈을 씻고 봐도 없다.

◉ 마른 개울에 물고기가 많은 꿈

가업이나 사업 등이 자금이 없어 경영상 어려움이 있지만 금융기관이나 주위의 도움으로 자금을 마련하게 된다.

◉ 개울물이 흐르는 꿈

맑은 개울물이 흐르면 자신이 하는 일이 모두 순조롭게 잘 진행이 되고 미혼자라면 좋은 배우자를 만나 결혼을 하게 된다.

◉ 폭포가 마구 쏟아져 온 동네를 뒤덮는 꿈

자신이 텔레비전에 출연을 하거나 어느 기업이나 단체에 초청을 받아 강의를 하게 된다.

바다, 호수

◉ 바다나 호수에 관한 꿈

꿈에서의 바다나 호수는 그 크기에 따라 사업체나 사업기반, 세력, 출세기반, 회사, 기관, 전반적인 사회기반, 외국 등을 상징한다.

◉ 넓은 바다에서 헤엄치는 꿈

사업이 발전을 하고 직장에서는 승진을 하게 된다. 유학을 가거나 좋은 직장에 취직이 될 징조이다.

◉ 바다 한가운데서 해가 떠오르는 꿈

횡재수가 있다. 또한 가업이나 사업이 번창하여 많은 재물과 이권이 생긴다. 취직, 승진, 합격, 승리 등의 기쁜 일이 따른다.

◉ 바닷물을 마시는 꿈

오랫동안 소원하던 일이 성취될 꿈이다. 좋은 기회를 잡아 재물과 권력을 한꺼번에 거머쥐게 된다.

◉ 바다에 배가 떠 있는 꿈

하는 일마다 순조로우니 많은 이익과 재물을 얻게 된다. 또는 경쟁이나 소송에서 이기게 된다. 하지만 자신이 환자라면 아주 좋지 않은 꿈이다.

◉ 바다에서 낚시를 하는 꿈

큰 물고기를 잡는다면 소원성취의 길몽이다.

◉ 바다 위를 걷는 꿈

바다에 빠지지 않고 잘 걷는다면 아주 좋은 꿈이다. 소원성취, 만사형통이다. 사회적으로나 개인적으로 큰 공을 세워 이름을 날리게 된다. 많은 재물과 권력을 거머쥐게 된다.

◉ 바다에 빠지는 꿈

흉몽이다. 불의의 사고로 사망에 이를 수도 있으니 각별히 조심해야 한다.

◉ 파도가 거세게 일어나는 바다를 보는 꿈

가정에 불길한 기운이 감돈다. 그동안의 불만이 한꺼번에 터지니 부부간의 불화가 생기고 사회나 직장에서 대인관계가 원만하지 못하다.

◉ 바닷물이 갑자기 없어지거나 육지처럼 드러나는 꿈

생각지도 못한 일이 생겨 큰 낭패를 겪게 된다. 하지만 자신이 지금까지 많은 어려움을 겪은 처지라면 점차 그 어려움이 사라질 징조이다.

◉ **호수 가운데서 구름이 피어나는 꿈**

가업이나 사업 등이 날로 번창하여 많은 이익과 재물을 얻게 되니 만사가 편안하고 행복하다.

◉ **동물이 호수로 들어가는 꿈**

취직, 합격, 작품의 성공 등이 따른다.

◉ **호수 가운데 거목이 있는 꿈**

큰 사업을 운영하거나 공직에 있다면 진급을 하고 직장에서는 승진을 하게 된다. 어떤 계약에 있어서는 좋은 조건으로 계약을 맺게 된다.

◉ **호수가 핏빛으로 물드는 꿈**

자신이 어느 회사나 단체에 초청이 되어 좋은 강의를 하게 됨은 물론이고 그로 인해 사람들이 많은 감동을 받게 된다.

여러 가지 기후나 현상

바람

◉ **바람에 관한 꿈**

꿈에서의 바람은 거세고 강한 것, 뒤바뀌는 상황 등을 상징한다.

◉ **바람이 홀연히 일어나는 꿈**

길몽이다. 불길한 기운이 사라지고 가정에 안정과 풍요가 따른다.

◉ **바람이 거꾸로 부는 꿈**

자신이 하는 일에 반대하는 사람들이 많아 일이 지연이 되어 많은 손실이 따른다.

◉ **옷이나 소지품 등이 바람에 날리는 꿈**

옷이 바람에 날리면 자신이나 가족 중에 누군가가 질병이 생겨 고생을 하게 되고 자신의 일을 다른 사람에게 부탁하게 된다.

◉ **바람소리가 들리는 꿈**

먼 곳에서 소식이 올 징조이다.

◉ **바람에 날려서 자신이 공중에 떠다니는 꿈**

가정에 우환이 생기거나 누군가에게 질병이 생기게 되고 매사가 부진하고 액운이 껴 사기를 당하게 될지도 모른다.

◉ 바람에 자신의 집이 공중에 떠 있는 꿈

좋지 않다. 수사 기관에 연행되거나 사회적으로 탄압을 받게 된다. 또 집이 바람에 움직이면 이사하게 될 징조이다.

◉ 바람에 자갈이나 모래들이 날리는 꿈

지금 자신이 처해 있는 상황이 별로 좋지 않다. 직장을 옮기거나 새로운 일을 찾는 것이 유익하다. 아랫사람에게 배반을 당하거나 무시를 당하게 된다.

◉ 태풍이 불어 거목이 부러지거나 뽑히는 꿈

아주 흉몽이다. 가업이나 사업이 몰락하는 것은 물론이고 가정에 우환이나 사고, 질병 등이 생긴다. 이로 인해 많은 재물의 손실과 부모님이나 자신과 가깝게 지내던 누군가가 사망할 수도 있다.

◉ 폭풍우가 몰아치는 꿈

흉몽이다. 건강이 나빠지거나 매사에 액운이 껴 낭패를 보게 된다. 뿐만 아니라 급박한 사고 또는 아주 위험한 일이 닥치고 사업이나 목적한 일들이 실패로 돌아갈 가능성이 많다. 특히 인간관계에 조심해야 한다. 정신적, 육체적으로 힘이 드니 주위 사람들과 사소한 일에도 큰 오해를 살 수 있다.

◉ 회오리바람이 이는 꿈

느닷없이 어려운 일이 생겨 고전하게 된다.

◉ 태풍이 부는데도 일을 계속하는 꿈

실제로는 사회적으로 막강한 권력을 지닌 기관의 압력으로 자신이 추진 중이던 일이 중단될 수도 있다.

비

◉ 비에 관한 꿈

꿈에서의 비는 은혜로움, 사랑, 감화력, 상쾌함, 충전, 경사 등을 상징하나 비바람이나 장마는 국가나 사회 적인 환란이나 불길한 것을 의미한다.

◉ 비가 내리는 꿈

비가 시원하게 내리면 자신의 미래가 밝아진다. 추진하는 일이 순조롭게 잘 진행되고 좋은 배우자를 만나 결혼을 하게 된다. 하지만 가랑비가 부슬부슬 내리는 꿈은 반대이다. 모든 일이 순조롭지 않고 사업이나 직장에서 낭패를 겪게 된다. 질병이나 손실이 따른다. 비가 음울하게 내리면 부부사이나 직장동료, 부하직원 등과의 관계가 원만하지 못하다. 서로를 의심하거나 시기하게 되니 후회할 일이 생긴다.

◉ 비가 내리다 맑게 개는 꿈

머지않아 전화위복의 기회가 찾아오니 매사에 많은 노력을 기울여야 한다.

◉ 큰 비에 집이 무너지는 꿈

가업이나 사업이 부진하여 몰락의 위기에 처해 있고 추진하는 일마다 낭패가 따르니 정신적으로나 육체적으로 고통이 따른다.

◉ 비와 눈이 같이 내리는 꿈

좋지 않다. 얼마간은 자신이 하는 일마다 어려움이 따른다. 자신의 실수로 진행하던 일에 차질을 빚거나 언행이 일치되지 않아 직장 동료나 친구들과 마찰이 일어날 수 있다.

◉ 비가 내려 논이나 밭이 흥건한 꿈

모든 것이 풍족해질 꿈이다. 재물도 넉넉해지고 권세도 지니게 될 것이다.

◉ 모진 비바람이 세차게 몰아치는 꿈

고난이나 위험이 다가올 불길한 징조다. 육체적으로 질병에 걸리거나 정신적으로 불안정 한 나날이 될 것이다.

◉ 비가 많이 와서 우산을 쓰는 꿈

아무도 모르게 은밀한 애정을 나누게 된다. 하지만 여자와 우산을 같이 쓰고 있다면 연인과 헤어질 징조이다.

◉ 우산이 없어서 비를 맞는 꿈

이사를 가게 되거나 직장을 옮기거나 가까운 사람과 헤어질 징조이다.

◉ 많은 비를 맞아 몸이 흠뻑 젖은 꿈

누군가의 혜택을 받을 꿈이다. 가업이나 사업에는 많은 이익이 따르고 직장인은 승진을, 학문을 연구하는 사람은 큰 업적을 남기게 되고 경쟁이나 소송 등에서 이기게 된다. 하지만 건강에는 매우 좋지 않다.

◉ 비를 맞으며 산을 오르는 꿈

좋지 않다. 환자라면 건강을 되찾기 힘들겠다. 매사에 말썽이나 낭패가 따른다. 하지만 비를 맞으며 강을 건너면 그동안의 어려움들이 사라질 징조이니 일을 추진해도 무방하다.

눈, 얼음

◉ **눈에 관한 꿈**

꿈에서의 눈은 깨끗한 것, 냉정하고 단단한 것, 학설이나 사상, 재력, 법규 등을 상징한다.

◉ **눈이 쌓이는 꿈**

눈이 집안마당에 가득 쌓이면 큰 사고가 생기거나 상복을 입을 징조이다. 뿐만 아니라 산이나 땅에 눈이 쌓이는 꿈 또한 가정에 근심걱정이 생기고 특히 부모상을 당하든지, 형제나 친구, 부부가 이별할 징조이다. 무슨 일을 하든지 결과가 부진하여 어려움을 겪는다. 하지만 주먹만한 눈송이가 자신의 방안으로 들어와 쌓이면 재물이나 이권 등이 생긴다.

◉ **눈이 자신의 몸 위에 수북이 쌓이는 꿈**

가업이나 사업이 번창하겠다. 특히 상업에 종사하는 사람이라면 많은 이익을 얻게 된다. 미혼자라면 좋은 배우자를 만나 결혼을 한다.

◉ **함박눈을 맞으면 걷는 꿈**

자신이 하고 있는 일에 있어서 정부의 지원을 받거나 법을 준수해야 하는 일이 생긴다. 하지만 자신이 누군가가 눈을 맞는 것을 보면 흉몽으로 부모상을 당하거나 누군가에게 고소를 당하게 된다.

◉ **폭설이 내려 집이 무너지는 꿈**

가업이나 사업 등 자신이 하는 일이 부진하여 좌절하거나 뜻밖의 사고나 질병이 생길 징조이다.

◉ 폭설이 내려 길이 막히는 꿈

  학문이나 작품, 작업 등에서 성공이나 명성을 달성하기 힘들고 경쟁이나 소송에서 지게 된다. 또한 형제자매간에 불화가 생겨 가정이 편안하지가 않다. 하지만 환자라면 건강을 되찾을 수도 있다.

◉ 눈이 덮인 산으로 올라가는 꿈

  단체나 조직, 기업 등에서 지도자나 대표자리를 얻을 징조이다. 또 시험에 합격하거나 회사에서 승진하는 등 기쁜 소식이 있겠다.

◉ 눈 위에 난 발자국들을 뒤따라가는 꿈

  사회적으로 존경받을 만한 인물을 추종하거나 그의 업적을 기리게 된다.

◉ 눈사태가 일어나 눈이 흩어지는 꿈

  가업이나 사업 등이 부진하여 실패할 가능성이 높다. 가정 또한 편안하지 않아 불화가 끊이질 않는다.

◉ 자신이 눈사태에 묻히는 꿈

  꿈과는 반대로 길몽이다. 운수대통이니 하는 일마다 재물과 이권이 생긴다.

◉ 눈을 뭉쳐 큰 덩어리를 만드는 꿈

  주위의 도움으로 사업자금을 마련한다든지 그로 인해 재물과 이권이 생긴다. 반대로 뭉친 눈을 던져서 깨뜨리면 재물의 손실이 많고 하는 일마다 말썽이다.

◉ 눈이 쌓이지 않고 바로 녹는 꿈

  사업이나 상업에 종사하는 사람이라면 좋지 않다. 이익이 없고 재물 또한 적다. 하지만 소송이나 경쟁에서 이기게 되고 그동안의 근심걱정들이 사라진다. 자신이 환자라면 건강을 되찾을 수 있겠다.

◉ **얼음에 관한 꿈**

꿈에서의 얼음은 사업이나 자신의 소망, 사상 등이 견고함을 나타낸다.

◉ **물이 얼음으로 변하는 꿈**

길몽이다. 가업이나 사업 등은 재물과 이권이 생기고 공직에 있는 사람은 업적을 쌓아 그 명성이 높아지고 직장인은 승진을 하는 등 좋은 일이 생기게 된다. 뿐만 아니라 미혼자는 결혼을 하게 되고 거래에 있어서는 좋은 조건으로 계약을 하게 된다.

◉ **얼음을 사오는 꿈**

재물이 생기거나 사업자금을 마련하게 된다.

◉ **빙판 위를 조심스럽게 걷는 꿈**

추진하는 일에 어려움이 있지만 그 난관을 극복하게 된다. 하지만 입시나 입사, 청탁 등에는 어려움이 따른다.

◉ **빙판 위를 걷는 꿈**

흉몽이다. 자신이 하는 일에 고난과 역경이 따르지만 이를 극복하지 못한다. 경쟁이나 소송 등에서 지거나 불이익을 당하게 되고 환자라면 건강을 되찾기 어렵다.

구름

◉ **구름에 관한 꿈**

꿈에서의 구름은 사업체, 권력층, 각종 단체나 기관 등을 상징하는데 맑고 깨끗한 흰 구름은 소박하고 후덕함, 좋은 평가를 받는 작품 등을 의미하고 먹구름은 불길한 징조를 의미한다.

◉ **구름이 찬란하게 빛나는 꿈**

가업이나 사업이 번창하고 가정이 화목하고 경사가 생긴다. 또 구름이 찬란한 황금색으로 변하면 자신이 명예로워지거나 많은 재물을 얻게 되고 구름이 여러 가지 색을 띠고 찬란하게 빛나면 자신이 사람들에게 인기가 있거나 그런 사업을 하게 되고 사람들이 부러워할 만한 직업을 가지게 된다.

◉ **구름 위에 앉아 있는 꿈**

지위와 명성을 한꺼번에 얻게 된다. 하지만 자신이 구름 위를 걷는 꿈은 자신이 환자라면 죽음이 가까이 다가왔다는 암시이다.

◉ **구름을 타고 날아다니는 꿈**

단체나 기업에서 지도자가 되거나 대표자리를 얻게 된다. 가업이나 사업이 번창하고 자신의 작품이 사람들에게 좋은 평가를 받게 된다.

◉ **오색찬란한 구름을 입으로 삼키는 꿈**

태몽으로 장차 아주 총명하고 재주가 많은 아이가 태어난다.

◉ **사방에서 구름이 피어나는 꿈**

길몽이다. 가업이나 사업, 상업 등이 크게 번창해서 많은 재물과 이권을 얻게 된다. 결혼, 임신, 합격, 취직 등 자신이 원하는 일이 이루어진다.

◉ **구름이 태양을 가리는 꿈**

　남모르게 한 일로 사람들에게 좋지 못한 소리를 듣게 된다.

◉ **구름이 갑자기 달이나 별을 덮어버리는 꿈**

　누군가의 방해로 하고 있는 일이 차질이 생겨 아무 소득이 없다.

◉ **먹구름이 하늘을 온통 덮어버리는 꿈**

　가까운 시일에 불길한 일이 생길 징조이다. 하는 일마다 꼬이기 시작하고 특히 수험생이나 고시생들은 낙방이나 좋지 않은 결과를 얻게 된다. 무리하게 사업을 확장하거나 되지 않는 일을 밀고 나간다면 실패는 당연하다. 질병이나 재물의 손실이 따른다.

◉ **먹구름이 자신을 덮는 꿈**

　좋지 않다. 자신의 건강에 문제가 생길 징조이다. 또 먹구름이 자신의 집을 덮으면 가족 중에 누군가에게 병이 생기고 우환이 생긴다.

천둥, 번개

◉ **천둥이나 번개에 관한 꿈**

　꿈에서의 천둥과 번개는 초능력이나 영감, 감동, 진리, 법령, 부귀, 명성, 정력, 소식, 소문거리 등을 상징한다.

◉ 천둥과 번개가 같이 치는 꿈

만사형통이다. 권력과 명성을 한꺼번에 얻게 된다. 가업이나 사업, 상업 등은 날로 번창하고, 직장인이나 공무원은 승진을 하고 합격이나 취직 등의 행운이 따른다.

◉ 천둥소리가 사방에서 크게 들리는 꿈

가업이나 사업 등이 크게 번창하여 많은 재물과 이권을 얻고 공직이나 학문을 연구하는 사람이라면 높은 명성을 얻게 된다. 또 멀리서 천둥소리가 들리면 먼 훗날에 어떤 소식이 전해짐을 뜻한다.

◉ 천둥소리에 깜짝 놀라는 꿈

운수대통이다. 재물, 합격, 취직, 결혼, 임신 등의 행운이 있다.

◉ 번개가 집안으로 들어오거나 자신을 비치는 꿈

재물 운이 특히 좋다. 운세가 호전되어 가업이나 사업 등이 크게 번창하니 많은 재물이 들어올 징조이다. 가정이 편안하고 화목하다. 환자는 건강을 되찾고 경쟁이나 소송에서는 이기고 태몽이라면 귀한 아이가 태어난다. 합격이나 취직 등의 기쁜 소식이 전해진다.

◉ 번개가 치는 것을 보는 꿈

가정이 편안하고 화목하다 임신을 하게 되는 등 경사가 있고 자신이 하는 일이 모두 순조롭게 진행된다.

◉ 번개가 쳐서 세상이 온통 밝아지는 꿈

기쁜 소식을 듣게 되고 막혔던 일도 차츰 풀려나가기 시작한다.

◉ 벼락을 맞아 죽는 꿈

아주 길몽이다. 자신이 국가나 사회적으로 큰 업적을 세워 높은 명성을 얻게 되고 한꺼번에 많은 재물이 생기게 된다.

◉ 벼락이 떨어지는 꿈

자신의 집에 벼락이 떨어지면 가정에 재앙이 닥칠 징조이다. 벼락이 자신의 주변에 떨어지면 좋지 않은 일을 당하게 된다.

◉ 벼락을 맞아 건물이나 나무가 부러지는 꿈

자신과 관계된 어떤 기관이나 사업 등이 망하게 된다.

안개, 우박, 이슬, 서리

◉ 안개에 관한 꿈

꿈에서의 안개는 사상이나 작품, 미개척 사업, 질병이나 재난, 불길한 일 등을 상징한다.

◉ 검은 안개가 자신의 몸을 휘감는 꿈

가정에 재난과 우환이 생기고 경쟁이나 소송에서 지게 된다. 뿐만 아니라 가업이나 사업, 직장 등에서 곤란한 일을 겪게 된다.

◉ 길 앞에 안개가 끼어 있는 꿈

추진하던 일을 중단하게 된다.

◉ 안개가 서서히 걷히는 꿈

근심걱정이 점점 사라지고 가정 또한 편안해진다.

◉ 자욱한 안개 때문에 앞을 분간하기 어려운 꿈

흉몽이다. 가업이나 사업, 직장 등에서 좋지 않은 일이 생겨 곤란한 처지에 놓이게 되고 건강이 나빠질 징조이다.

◉ 우박에 관한 꿈

꿈에서의 우박은 사회적 재난이나 일의 성과 등을 상징한다.

◉ 우박이 내리는 꿈

생각했던 대로 일이 진행되지 않아서 어려움을 겪게 된다.

◉ 우박이 논밭에 떨어지는 꿈

자신이 농사를 직접 짓거나 농업과 관련된 직업을 가지고 있다면 횡재수가 있다. 많은 재물을 얻게 된다.

◉ 이슬에 관한 꿈

꿈에서의 이슬은 좋지 않은 상황이나 일거리, 건강 등을 상징한다.

◉ 이슬이 내리는 꿈

당분간은 자신의 운세가 좋지 않아 하는 일마다 꼬여 말썽이 생기니 사업을 시작한다든가 직장을 옮긴다면 다시 한번 생각해보는 것도 좋을 것 같다.

◉ 자신이 이슬을 먹는 꿈

자신이 학문을 연구하는 사람이거나 작가, 예술가라면 그 방면에서 높은 명성을 얻게 된다. 또한 환자라면 건강을 되찾게 된다.

◉ 이슬에 젖은 길을 걷는 꿈

대체적으로 인간관계가 좋아진다. 미혼자라면 좋은 배우자를 만나 결혼을 하게 되지만 자신이 노인이라면 남은 수명이 그리 길지 않다.

◉ 서리에 관한 꿈

꿈에서의 서리는 전염병, 강제적인 것 등을 상징한다.

◉ 서리가 내렸는데 꽃이 피는 꿈

이치에 맞지 않으니 좋을 리가 없다. 자신에게 불행한 일이 생길 징조이다.

무지개

◉ 무지개에 관한 꿈

　꿈에서의 무지개는 밝은 미래, 기쁜 일, 약속이나 결혼 등을 상징한다.

◉ 무지개를 보는 꿈

　머지않아 경사스러운 일이 생기게 된다. 하지만 무지개가 두 개로 끊어져 있는 것을 보는 꿈은 좋지 않은 꿈이다. 자신이 하는 일에 말썽이나 방해가 생겨 중도에 포기해야 하고 혼담이나 약속 등이 깨지고 수명이 길지 않음을 암시한다.

◉ 무지개를 타는 꿈

　소원성취의 꿈이다. 사업이 번창하고 합격, 취직, 결혼, 임신 등 자신이 희망하는 일들이 이루어진다.

◉ 자신이 무지개를 입으로 삼키는 꿈

　자신이 학문을 연구하는 사람이거나 작가, 예술가라면 그 방면에서 높은 명성을 얻게 된다. 태몽이라면 총명하고 건강한 아이가 태어난다.

◉ 비 갠 하늘에 무지개가 나타나는 꿈

　길몽이다. 사업가라면 주위의 도움으로 사업자본을 마련하게 되어 크게 성공을 하게 된다. 가정 또한 편안하고 화목하다. 생활에 활기를 띠게 되고 많은 재물을 얻게 된다.

◉ 자기 집에서 무지개가 피어나는 꿈

하고 있는 일이나 진행 중이던 혼담이 성사되고, 객지에 나가있던 가족이 무사히 집으로 돌아오게 된다. 무지개가 자기 집과 연결되어 있으면 사업가는 많은 이익을 내고 공직자는 업적을 세워 높은 명성을 얻게 된다.

◉ 영롱하게 빛나던 무지개가 검은 색이나 흰색으로 변하는 꿈

매우 불길한 꿈이다. 자신이나 가족들의 건강에 신경을 써야 한다. 또 바라던 일이 수포로 돌아가거나 약속, 계약이 취소되는 등 말썽이 생긴다.

해일, 홍수

◉ 해일에 관한 꿈

꿈에서의 해일은 환난이나 사상, 세력, 영향력 등을 상징한다.

◉ 해일이 자신을 덮치는 꿈

불가항력의 상황에 봉착하여 어려움을 겪게 된다.

◉ 해일이 이는 것을 보는 꿈

태몽이라면 장차 권력자가 되거나 예술 계통에서 크게 성공할 아이가 태어난다.

◉ 온 세상이 해일로 뒤덮이는 꿈

사회적 재난을 당하거나 혹은 사업이 크게 성공하여 막대한 재물과

이권이 생길 징조이다.

◉ 해일이 밀어닥쳐 자신의 집이 파손되는 꿈

생각지도 못한 낭패가 생길 징조이다. 자신이 추진하는 일에 크게 차질을 빚어 물질뿐만 아니라 정신적인 피해까지 보게 된다. 경쟁이나 소송 등에서 지게 되고 이사 또는 직장, 사업 등에 변동이 생긴다.

◉ 홍수에 관한 꿈

꿈에서의 홍수는 사상이나 세력, 질병 등을 상징한다.

◉ 홍수가 나는 꿈

실제로 이 꿈은 자신의 상황에 불만이 많거나 어떤 제약이나 규칙으로부터 자유롭고 싶을 때, 자신의 감정을 제어하지 못하는 상태일 때 꾸는 꿈이다. 부부가 서로 사사건건 의견 대립으로 인하여 가정에 불화가 생기고 만사가 뜻대로 되지 않는다.

◉ 홍수로 자신의 집에까지 물이 들어오는 꿈

흉몽이다. 가정에 우환이 생길 징조이다. 자신이나 가족 중에 누군가가 뜻밖에 사망할 수도 있다. 또한 가업이나 사업, 상업에 종사한다면 말썽이나 부진 등으로 재산상의 많은 손실이 있다.

◉ 홍수가 무서워 도망가는 꿈

안타깝다 좋은 기회를 스스로 놓치는 격이다.

◉ 홍수로 인해 도로가 파손되는 꿈

하고 있는 일이 순조롭지 못하고 쓸데없는 일에 끼어들어 구설수에 휘말리거나 시비가 일어난다.

◉ 홍수가 탁한 물인 꿈

흉몽이다. 국가적으로 큰 환난이 닥치게 된다.

◉ **맑은 홍수가 자기 앞으로 밀려오는 꿈**

막강한 권력을 행사하거나 그 권력을 이용해 많은 재물을 얻게 된다.

◉ **홍수로 길이 막히는 꿈**

자신의 의견이나 주장이 너무 확고하여 주위 사람들과 다툴 일이 생기게 된다. 직장동료나 친구 등과 의견대립으로 사사건건 마찰이 일어난다.

불

◉ **불에 관한 꿈**

꿈에서의 불은 사업의 방향이나 자본, 일의 성공 여부, 흥망성쇠, 소원 충족, 정열, 세력, 분노, 화근, 정화 작용 등을 상징한다.

◉ **불이 활활 타는 꿈**

자신이 하는 일이나 계획하는 일이 순조롭게 진행되어 결과가 만족스럽고 타오르는 불길처럼 많은 재물과 이권을 얻게 된다.

◉ **산과 들이 온통 불로 휩싸이는 꿈**

자기 스스로 자신의 행동이나 언행이 좋지 않음을 뉘우치게 된다. 직장인은 직장을 옮기게 된다. 만약 산과 들이 밤에 불이 났다면 흉몽으로 도둑이 들어 재산상의 피해를 입거나 사기를 당하게 된다.

◉ **자신의 집안에서 불길이 솟는 꿈**

가업이 날로 번창하고 가정에 경사가 있다. 불이 나서 자신의 집이 모두 타버렸다면 모든 일이 순조롭게 진행되고 재물과 이권이 있지만 만약 노인이라면 질병이 생긴다.

◉ 자신이 불에 타는 꿈

자신의 사업이나 일거리 등이 어려움 없이 순조롭게 진행이 되고 여러 사람으로부터 존경받는 위치에 오르게 된다. 또 자신이 누군가의 몸에 불이 나는 것을 보면 자신의 사업이나 작품, 일 등이 성공을 하거나 세상에 알려지게 된다.

◉ 불덩이가 떨어지는 꿈

하늘에서 불덩이가 떨어지면 사회적으로 어떤 혁신적인 일이 일어나게 되고 불덩이가 먼 곳으로 떨어지면 막연한 여행을 하게 된다. 또 구름 속에서 떨어지는 꿈은 태몽이라면 장차 높은 지위를 갖거나 사회적으로 크게 성공하는 아이가 태어난다.

◉ 치마나 뱃속으로 불덩이가 들어오는 꿈

태몽이라면 장차 태어날 아이가 크게 사업을 하여 성공을 하거나 좋은 배우자를 만나 결혼하게 된다.

◉ 불을 켜는데 불꽃이 한 번에 일어나는 꿈

길몽이다. 가업이나 사업, 상업 등이 순조롭게 진행된다. 재물과 이권이 들어오고 공무원이나 직장인은 진급을 하거나 승진을 하고 입학, 취직 등의 기쁨이 따른다.

◉ 불이나 대문이 타버리는 꿈

가까운 시일 내에 좋지 않은 일이 생기거나 돌연한 사고가 발생한다. 사업을 하는 사람은 일이 잘 되지 않아 어려움이 많고 하는 일마다 실패한다.

◉ 불이 옮겨 붙는 꿈

자신이 불을 여러 군데로 옮겨 붙이면 자신뿐만 아니라 자신의 작업, 작품 등이 널리 알려지게 된다. 남의 밭에 난 불이 자신의 밭으로 옮겨 붙으면 다른 사람의 권리나 재산을 자신이 갖게 된다.

◉ 불을 끄는 꿈

타오르는 불을 끄면 순조롭게 진행되던 일이 갑자기 중단된다. 또 물을 끼얹어서 불을 끄면 예방이나 대책을 세워 만일의 사태에 철저하게 대처하여 실수가 없도록 하는 것을 의미한다. 또는 물을 끼얹은 정도에 따라 그만큼의 낭비가 따른다.

◉ 불이 나서 다 타고 재만 남는 꿈

좋지 않다. 순조롭던 사업이나 일들이 차질을 빚어 부진하거나 실패하게 되니 그 재물의 손실이 너무 크다.

◉ 불이 소멸되는 꿈

흉몽이다. 가업이나 사업은 부진하여 실패하고 재물은 온데간데없다. 환자는 더욱 병세가 악화되고 경쟁이나 소송은 함정에 빠지게 된다. 공무원이나 직장인들은 자신의 자리가 위태롭다.

빛, 열

◉ 빛에 관한 꿈

꿈에서의 빛은 광명이나 영광, 희망, 계몽, 교화 등이나 명예, 세력,

생기, 정력, 명철함 등을 상징한다.

◉ **밝은 빛이 자신의 집을 비추는 꿈**

아주 길하다. 빛이 방안으로 환하게 비추면 근심걱정이나 고민들이 사라지고 가정에 경사가 있다. 특히 빛이 집안을 가득히 비추면 가업, 사업, 상업 등에 큰 이익이 따르고 공무원이나 직장인은 승진을 하게 된다

◉ **밝은 빛이 자신의 몸을 비추는 꿈**

자신이 남자라면 명예와 재물을 얻고 여자라면 장차 귀하게 될 자식이 얻겠다.

◉ **횃불에 관한 꿈**

꿈에서의 횃불은 교화, 혁명, 시위, 지도력 등을 나타낸다.

◉ **횃불을 들고 밤길을 걷는 꿈**

자신의 앞길에 많은 어려움이 있지만 이를 극복하거나 진리를 설파한다.

◉ **자신이 성화를 들고 달리는 꿈**

자신이 진리를 탐구하거나 종교적 지도자가 된다. 또 성화에 불이 붙으면 교회를 설립하거나 교리를 전파하게 된다.

◉ **촛불에 관한 꿈**

꿈에서의 촛불은 소식이나 소원, 사건의 진상 등을 상징한다.

◉ **촛불이 방안에 환하게 켜져 있는 꿈**

소원성취의 꿈이다. 가정이 편안하고 모든 일에 걱정이 없다.

◉ **촛불을 들고 있는 꿈**

누군가를 그리워하는 꿈이지만 머지않아 좋은 인연이 있겠다.

◉ **돌아가신 어머니가 촛불을 주고 가는 꿈**

  누군가의 도움으로 자신의 집을 마련하게 된다.

◉ **촛불이 꺼지는 꿈**

  기다리는 소식이 오직 않으니 답답하다. 촛불이 바람에 꺼지면 가업이나 사업 등이 어떤 압력이나 기회를 잘못 잡아 실패를 한다.

◉ **램프에 불이 켜진 꿈**

  자신의 사업이나 계획한 일들이 순조롭게 진행된다.

◉ **열에 관한 꿈**

  꿈에서의 열은 정신적, 물질적인 자본이나 힘, 권력, 정성, 자비, 변화 등을 상징한다.

◉ **아궁이에 불을 지피는 꿈**

  자신의 이름을 세상에 알리고 많은 재물을 얻게 된다. 또한 전망있는 사업을 시작한다. 하지만 불이 잘 붙지 않으면 일이 제대로 진행되지 않는다.

◉ **방바닥이 따뜻하다고 느끼는 꿈**

  재력가나 권력자의 도움으로 큰 혜택을 입거나 가정에 재물이 들어와 풍요롭다.

◉ **화롯불이 꺼져버리는 꿈**

  좋지 않다. 자신이 운이 다했으니 하는 일마다 꼬인다.

연기

◉ **연기에 관한 꿈**

꿈에서의 연기는 소문이나, 걱정거리, 전염병, 불길한 어떤 일들을 상징한다.

◉ **연기의 냄새를 맡는 꿈**

자신이 부정하게 저지른 일이나 비밀 등이 탄로가 날 징조이다.

◉ **연기가 집안에 가득차는 꿈**

누군가의 간사한 행동으로 손해를 보게 되고 쓸데없는 일에 관여하여 어려움을 겪게 된다. 혹은 화재로 인한 피해가 있을 수 있다. 또 방안에 매캐한 연기가 새어 들어오면 누군가에게 억울한 누명을 쓰거나 전염병에 걸릴 위험이 있다.

◉ **연기가 자욱하게 깔려 있어 헤매는 꿈**

자신의 업적이나 공로를 주위에서 몰라주거나 진행하는 모든 일이 답답하기만 하다. 사업이나 상업에서는 이익이 없고 경쟁이나 소송에서도 지게 된다. 환자는 병의 차도가 없고 나쁜 소식뿐이다.

물건에 관한 꿈

의류
옷 / 모자 / 신발, 양말 / 허리띠

생활용품
가구 / 침구 / 커튼, 카펫, 자리 / 병풍, 장막
가전제품 / 각종 악기 / 화분, 꽃병, 어항
보석 / 시계 / 안경 / 화장이나 화장품 / 거울
빗 / 지갑, 가방 / 수건이나 손수건 / 우산, 지팡이

주방용품
솥 / 식기 / 잔 / 수저 / 항아리
바가지, 주전자, 물통, 주방, 칼 / 광주리나 채반

서적이나 문구류
서적 / 필기도구 / 종이 / 증서 / 명함, 도장

의류

옷

◉ 옷에 관한 꿈

꿈에서의 옷은 자신의 지위나 가치, 협조자, 혜택, 독립 등을 상징한다.

◉ 옷을 입는 꿈

취직을 하거나 직장인은 승진을 하는 등 좋은 일이 생길 징조이다. 하지만 꿈에 자신이 스스로 옷을 입으면 친한 친구나 연인과 다투거나 헤어지게 된다. 또 관재가 따를 징조이니 언행에 각별히 조심해야 한다.

◉ 옷을 벗는 꿈

좋지 않다. 자신이 직장인이라면 실직을 할 징조이다.

◉ 옷을 사는 꿈

새로운 사업을 시작하거나 직업을 갖게 되고 믿고 의지할 만한 좋은 사람을 만나게 된다.

◉ 옷을 단정하게 입는 꿈

모든 일이 순조롭게 진행되어 만족하게 된다. 하지만 옷을 뒤집어 입으면 자신이 규범에 벗어나는 일을 하거나 가정에서나 직장에서 좋지 않은 일이 생기고 건강을 해칠 수 있다.

◉ 옷을 이것저것 갈아입는 꿈

좋지 않다. 가정에서나 직장에서 변경 사항이 자꾸 생긴다. 특히 사업이나 상업에 있어서는 거래처와의 계약내용 등을 제대로 살펴야 낭패가 없다.

◉ 벗어놓은 옷을 찾을 수 없는 꿈

흉몽이다. 자신의 모든 것을 잃게 될 징조이다. 친구나 연인과 헤어지거나 재물의 손실 등 정신적으로나 물질적으로 고통이 따른다.

◉ 화려한 옷을 입은 꿈

막강한 권력가나 재력가와 인연이 닿거나 이로 인해 자신 또한 신분이나 지위가 올라간다.

◉ 낡고 초라한 옷을 입은 꿈

불운을 암시한다. 신분이나 명예가 땅에 떨어지고 질병에 걸린다. 그리고 가능하면 친구나 가까운 사람과는 동업을 피하는 것이 좋겠다. 자신이 더러운 옷을 입고 있다면 이 꿈 또한 명예를 잃을 징조이다. 자신의 잘못이나 비밀이 탄로가나 큰 낭패를 겪는다. 재물의 손실은 말할 것도 없다.

◉ 옷이 닳아서 해지는 꿈

사랑하는 연인이 있다면 변심을 하여 이별을 하거나 부부는 서로가 부정한 일을 저지르게 된다.

◉ 새 옷을 만들어 입는 꿈

미혼자라면 좋은 배우자를 만나 결혼하게 된다. 하지만 이미 연인이 있다면 새로운 이성이 생겨 갈등을 하게 된다.

◉ 옷에 물을 들이는 꿈

직장을 옮기거나 취직을 하게 된다.

◉ 여러 벌의 옷을 놓고 고르는 꿈

많은 취직자리 중에서 하나를 고르게 된다.

◉ 옷이 맞지 않는 꿈

실제로 자신이 현재 생활에 많은 불만을 가지고 있다. 가정에서나 직장에서나 그 불만이 짜증으로 나타나니 대인관계가 원만하지 못하고 가정도 편안하지가 않다.

◉ 옷을 선물로 받는 꿈

윗사람이 자신에게 옷을 선물하면 좋은 취직자리나 혼처, 재물 등이 생긴다. 하지만 그 옷을 받지 않으면 반대로 하는 일마다 말썽이 생긴다.

◉ 자신이 다른 사람의 옷을 입는 꿈

근심 걱정이 생겨 고민하게 된다. 미혼자라면 마음에 들지 않는 배우자와 결혼을 할 수도 있다.

◉ 자신의 옷을 다른 사람에게 주는 꿈

좋지 않다. 특히 자신이 직장인이라면 큰 실수로 인해 사직을 당할 징조이다.

◉ 옷을 세탁하는 꿈

직장을 바꾸게 되거나 그동안의 근심걱정이 사라져 안정을 되찾는다. 하지만 재물 운은 그리 좋지 않다.

◉ **보자기에 옷을 싸는 꿈**

많은 사람을 모집할 일이 생긴다.

◉ **누군가가 자신의 옷을 찢는 꿈**

자신이 하는 일에 낭패를 보는 것은 물론이거니와 누군가의 방해로 배우자나 연인들의 사이가 나빠질 수 있다.

◉ **하얀색 옷을 입은 꿈**

자신이 하는 일마다 순조롭다. 하지만 여러 사람이 하얀색 옷을 입고 있는 것을 보는 것은 쓸데없는 일에 끼어들어 구설수에 휘말리거나 법을 위반하는 등 좋지 않은 일이 생긴다.

◉ **분홍색 옷을 입은 꿈**

사랑을 받게 되지만 병에 걸릴 염려도 있다.

◉ **붉은 색 옷을 입는 꿈**

자신이 붉은 비단옷을 입고 있다면 지위가 높아지는 등 입신양명할 꿈이고 여러 사람이 붉은 비단옷을 입고 있다면 합격이나 취직, 승진 등 기쁜 일이 있다. 하지만 윗사람이나 누군가가 붉은 옷을 입고 있으면 빌려준 돈을 받지 못하는 등 금전적인 손해를 보고 누군가와 사소한 일로 싸우거나 그를 아주 미워하게 된다.

◉ **황금색 옷을 입은 꿈**

재물 운이 따르거나 세상에 자신의 이름을 알리게 된다.

◉ **푸른색 옷을 입은 꿈**

자신이 하는 일에 많은 노력을 기울여 좋은 결과를 얻게 되고 성실하고 근면한 사람과 인연을 맺게 된다. 또한 난관에 부닥쳤던 문제들이 하나하나 해결이 되니 가정에서나 직장에서나 편안하다.

◉ 남빛이 나는 옷을 입는 꿈

이 꿈은 특히 아내에게 좋은 꿈이다. 아내가 환자라면 건강을 되찾게 되고 직장인이라면 승진, 사업이나 여러 일 등에서 좋은 결과가 있다.

◉ 예쁜 수를 놓은 비단옷을 입는 꿈

태몽이라면 장차 아주 귀하고 큰 은혜를 입게 될 아이가 태어난다.

◉ 한복을 입고 있는 꿈

자신이 미혼자라면 좋은 배우자를 만나 결혼을 하고 많은 하객들에게 축하를 받게 된다.

◉ 웨딩드레스를 입는 꿈

자신의 신분이나 입지가 좋아지고 새로 사업을 시작하거나 입학, 취직 등의 좋은 일이 있다.

◉ 삼으로 만든 옷을 입는 꿈

흉몽이다. 부모님이나 웃어른에게 좋지 않은 일이 생길 징조이다. 교통사고나 질병에 걸려 심한 고통을 당하게 된다. 잘못하면 부모상을 당할 수도 있으니 조심해야 한다.

◉ 상복을 입고 있는 꿈

자신이 유산을 상속받게 되거나 직장을 구하고 결혼을 하는 등 좋은 일이 생긴다. 가업이나 사업 등이 크게 번창하여 재물이나 이권 등을 얻게 된다.

◉ 겉옷에 관한 꿈

꿈에서의 겉옷은 협조자, 은인, 지위 등을 상징한다.

◉ 겉옷을 입고 있는 꿈

자신을 믿고 의지하는 사람들이 많다. 그들의 도움으로 일을 추진해 나간다.

● 겉옷을 잃어버리는 꿈

직장 상사나 윗사람에게 신용을 잃어 곤경에 처하지만 도움을 받지 못한다.

● 겉옷을 바꿔 입는 꿈

직장을 옮기거나 이사를 하게 된다.

● 자신의 코트를 누군가에게 빌려주는 꿈

새로운 친구나 직장, 직업 등이 생긴다.

● 군인이 사복을 입는 꿈

기다렸던 휴가를 가게 된다.

● 작업복을 입는 꿈

지금 하고 있는 일이 몹시 힘들거나 그만큼 노력을 기울여야 하는 일이 생긴다.

● 속옷에 관한 꿈

꿈에서의 속옷은 자신의 내면세계를 나타낸다.

● 속옷만 입고 다니는 꿈

자신이 하는 사업이 아주 불안한 상태이지만 주위의 도움을 받지 못해 많은 고통이 따른다.

● 팬티를 사는 꿈

하는 일마다 자신의 뜻대로 되니 운수대통이다.

● 브래지어를 사는 꿈

어떤 일에 있어 새로운 마음가짐으로 임하게 된다.

◉ 잠옷에 관한 꿈

꿈에서의 잠옷은 집이나 배우자, 직업 등을 상징한다.

◉ 잠옷을 입은 꿈

좋은 배우자를 만나거나 집을 마련하는 등 좋은 일이 생긴다. 합격이나 취직 등도 따른다.

◉ 한번 세탁한 잠옷을 입은 꿈

잠옷을 입었는데 조금 크다는 느낌이 들면 돈이 부족하여 집을 구하기 어렵거나 전셋집을 얻게 된다. 또 잠옷을 새로 구입하면 현재 자신의 생활에 변화를 가져온다.

◉ 천이나 옷감에 관한 꿈

꿈에서의 천이나 옷감은 어떤 일의 바탕이 되는 것, 즉 자본, 토지, 권리, 재물 등을 상징한다.

◉ 옷을 재단하는 꿈

누군가에 청탁할 일이 생기게 되고 누군가가 자신의 옷을 재단하면 자신이 청탁한 일이 순조롭게 진행되고 있음을 나타낸다.

◉ 옷감을 구하는 꿈

부동산에 투자하여 많은 이득을 얻거나 취직 또는 결혼을 하게 된다.

◉ 옷감이 수북하게 쌓여 있는 꿈

부동산이나 동산을 풍부하게 소유하게 된다.

◉ 누군가에게 비단을 받는 꿈

식구가 늘어나거나 혼사가 성사된다.

모자

◉ **모자에 관한 꿈**

꿈에서의 모자는 신분증, 집, 직장, 기관, 지위, 동업자 등을 상징한다.

◉ **모자를 얻는 꿈**

새로운 사업이나 일을 시작하거나 자신의 적성에 맞는 직장을 구하게 된다.

◉ **모자를 쓰는 꿈**

시험에 합격하거나 취직이 된다.

◉ **모자가 바람에 날아가는 꿈**

좋지 않다. 비밀이 탄로나 주위로부터 비판을 받거나 규칙 등을 어겨 수모를 겪는다. 직장인은 직장을 잃을 수가 있으니 언행에 주의해야 한다.

◉ **모자를 찢어버리는 꿈**

새롭게 사업을 시작하거나 직장인이나 공무원 등은 승진을 하게 된다.

◉ **모자를 잃어버리는 꿈**

가정에 우환이 생기거나 직장인이라면 직장을 잃게 된다.

◉ **모자가 땅에 떨어지는 꿈**

자신의 명예가 땅에 떨어지고 경쟁이나 소송 등에서 불리하고 재물의 손실 등이 있게 된다.

◉ **관을 쓰는 꿈**

사람들에게 인정을 받고 높은 자리에 오르게 된다.

신발, 양말

◉ **신발에 관한 꿈**

꿈에서의 신발은 가족, 자신의 위치, 행동범위 등을 상징한다.

◉ **신발을 얻는 꿈**

누군가의 도움으로 하는 일이 순조롭게 진행되고 그동안의 고민이나 걱정들이 사라진다. 태몽이라면 장차 자수성가할 아이가 태어난다.

◉ **신발을 사는 꿈**

지위와 명예를 얻게 된다. 미혼자라면 정숙하고 현명한 여자를 아내로 맞게 된다.

◉ **신발을 신는 꿈**

가정이나 직장에서 안정된 생활을 하게 된다. 혹은 성적 욕구를 나타내기도 한다.

◉ **신발을 거꾸로 신는 꿈**

한마디로 흉몽이다. 자신의 행동기반이나 입지가 좁아지고 가업이나 사업, 상업 등은 경영의 어려움을 겪고 부부나 연인들은 사소한 일로 인하여 불화가 생긴다.

◉ **자신이 낡은 신을 신고 있는 꿈**

부인이나 자녀, 아랫사람에게 병이 생기거나 좋지 않은 일이 발생한다. 또한 가업이나 사업, 상업 등에는 동업자의 배신으로 큰 손해를 보게 된다.

◉ **신발을 잃어버리는 꿈**

이별수가 있겠다. 부부나 연인 등은 서로의 불신으로 헤어지게 되고 믿었던 친구와도 헤어질 징조이다. 직장이나 사업 등도 원만하지 못하다.

◉ 양말에 관한 꿈

꿈에서의 양말은 배우자, 이력서, 계약 등을 상징한다.

◉ 양말이나 스타킹을 신는 꿈

재물 운이 좋다. 가업이나 사업, 상업 등에서 많은 이익이 생긴다.

◉ 양말이나 스타킹을 벗는 꿈

소중한 사람과 헤어지게 된다.

◉ 새 양말을 신는 꿈

직장을 옮기거나 이사를 가게 된다.

◉ 자신이 누군가에게 양말을 주는 꿈

소중한 사람과 헤어지거나 직장이나 재산을 잃게 된다.

허리띠

◉ 허리띠에 관한 꿈

꿈에서의 허리띠는 규제나 압력, 인연, 명예 등을 상징한다.

◉ 허리띠를 매는 꿈

결혼, 계약 등의 인연을 맺거나 어떤 압력을 받게 된다.

◉ 허리띠가 저절로 풀리는 꿈

자신의 실수로 재물의 손실이 따른다. 혹은 자신을 구속하던 규제나 압박에서 벗어나게 된다.

생활용품

가구

◉ 가구에 관한 꿈

꿈에서의 가구는 안정된 기반, 애정 등을 나타낸다.

◉ 가구를 사는 꿈

자신은 원하지 않지만 자신의 신변이나 주위 환경 등에 변화가 생긴다.

◉ 가구를 파는 꿈

재물 운이 좋지 않다. 뜻하지 않은 일로 재산상의 많은 피해가 생긴다.

◉ 가구를 집안으로 들이는 꿈

가업이나 사업, 상업 등에서 많은 이익을 얻게 된다.

◉ 장롱에 관한 꿈

꿈에서의 장롱은 생활환경이나 어떤 기관, 은행, 집 등을 상징한다.

◉ 장롱을 사는 꿈

재물 운이 아주 좋다. 앞으로 많은 재산을 모으게 된다. 반대로 장롱을 밖으로 내가는 것은 실직을 하거나 사업이나 상업 등에서 부진하여 실패를 하거나 부부가 헤어질 징조이다.

◉ **화려한 장롱이 방안에 있는 꿈**

가정이 편안하고 생활이 윤택해진다. 가업이나 사업, 상업 등에서 많은 이익을 얻게 된다.

◉ **장롱에서 물건을 꺼내는 꿈**

운수대통의 꿈이다. 가업이나 사업, 상업 등에서는 많은 이익이 따르고 자신의 일이나 작품 등은 사람들에게 인정을 받는 등 명예와 권세가 따른다.

◉ **침대에 관한 꿈**

꿈에서의 침대는 여러 가지 기반이나 결혼생활, 추억, 병상 등을 상징한다.

◉ **침대를 방안으로 들이는 꿈**

사업 기반을 마련하거나 좋은 배우자를 만나 결혼을 하게 된다. 반대로 침대를 밖으로 내놓는 꿈은 자금이 없어 사업을 포기하거나 실패하게 되고 부부는 이혼하게 될 징조이다.

◉ **침대에 누워있는 꿈**

새로운 사업을 시작하거나 또 다른 사랑을 시작하게 된다.

◉ **침대에서 떨어지는 꿈**

좋지 않다. 명예와 지위가 땅에 떨어질 징조이다.

◉ **더러운 침대를 보는 꿈**

자신의 건강에 이상이 생기게 된다.

◉ 책상에 관한 꿈

　꿈에서의 책상은 사업 기반, 지위나 세력 등을 상징한다.

◉ 책상에 일을 하는 꿈

　사업이나 작품 활동, 직책, 공부 등 자신이 맡은 바 책임을 다 하게 된다.

◉ 책상에서 멀어지는 꿈

　자신의 지위가 떨어지거나 사업가는 사업에 실패하고 직장인은 사직을 할 징조이다.

◉ 자신의 책상이 다른 것 보다 넓어 보이는 꿈

　자신이 속해있는 조직이나 부서 등에서 대표가 되거나 책임자가 된다.

◉ 책상이 낡아 보이는 꿈

　자신의 신분이나 지위, 직책 등이 낮아진다. 공무원이라면 견책을 받을 일이 생긴다.

◉ 누군가와 책상에 마주 앉는 꿈

　추진 중인 일에 주위 사람들과 의견이 맞지 않아 다툼이 일어나게 된다. 하지만 원탁에 둘러앉으면 토론을 하거나 회의를 하게 된다.

◉ 의자에 관한 꿈

　꿈에서의 의자는 지위나 권리, 소유권, 합격여부, 안식처, 집 등을 상징한다.

◉ 의자에 앉아 있는 꿈

　좋은 기회가 왔으니 자신의 계획에 따라 일을 추진한다면 크게 성공하게 된다. 고급스러운 의자에 앉으면 권력이나 명예를 거머쥐게 된다.

또 자신이 의자에 편안히 앉아있으면 취직이나 합격 등의 좋은 일이 따른다.

◉ 의자에 앉지 못하는 꿈

입학이나 취직 등이 어렵고 애인을 빼앗길 수도 있다.

◉ 의자를 짊어지고 가는 꿈

자신의 앞길에 많은 고난이 따른다. 만약에 의자를 산꼭대기에 갖다놓으면 갑작스런 사고를 당하게 되고 넓은 들판에 갖다놓으면 자신의 명예에 먹칠을 하게 되고 강가에 갖다놓으면 물이나 불로 인한 재난을 당하게 된다.

◉ 의자가 자신의 집 마당에 놓여 있는 꿈

만사형통의 꿈이다. 자신이 생각하는 일이나 원하는 일을 적극적으로 추진하면 좋은 일이 생길 것이다.

◉ 소파에 앉아 누군가를 기다리는 꿈

자신이 하는 사업이나 일에 대해 협조자의 도움을 기다리게 된다.

침구

◉ 이불에 관한 꿈

꿈에서의 이불은 결혼, 사업, 안식처 등을 상징한다.

◉ 이불을 얻는 꿈

자신에게 도움이 될 만한 사람에게 부탁이나 의지를 하게 된다.

◉ 이불을 펴는 꿈

좋은 기회를 잡게 된다. 사업이나 학문적 연구, 작품 등을 진행한다면 좋은 결과를 얻을 수 있다.

◉ 이불을 덮는 꿈

좋은 이불을 덮으면 하는 일마다 성공하는 등 대길하다. 하지만 이불을 덮고 누워있고 질병에 걸린 환자라면 그 병이 오래 간다.

◉ 원앙금침을 얻는 꿈

부부가 서로 사랑을 다시 한번 확인할 뿐 아니라 가정이 편안하고 생활이 윤택해진다.

◉ 비단이불을 덮고 자는 꿈

가정에 경사가 생기게 된다.

◉ 이불을 쌓아놓는 꿈

자신의 이력이나 경력 또는 병력 등을 의미한다.

◉ 이불을 갈기갈기 찢는 꿈

좋지 않다. 부부사이가 원만하지 않아 가정이 파탄이 날 지경이다. 사업이나 직장 또한 순탄하지가 않다. 사업에 실패를 하거나 사직을 당할 수도 있다.

◉ 요에 관한 꿈

꿈에서의 요는 사업 기반이나 자본, 신분증, 증명서, 소개장 등을 상징한다.

◉ 요 위에 드러눕는 꿈

좋은 술자리를 갖거나 직장에서 회식을 갖게 된다.

◉ 요를 깔아 자리를 잡는 꿈

반가운 소식이나 손님이 찾아올 징조이다.

◉ **요를 찢어버리는 꿈**

좋지 않다. 자신의 명예나 지위를 잃게 된다.

◉ **베개를 누군가와 같이 베는 꿈**

뜻이 맞는 사람과 동업을 하게 된다.

◉**베개를 편안히 베고 눕는 꿈**

가정이 편안하고 윤택하다. 미혼자라면 좋은 배우자를 만나 결혼을 하게 되고 태몽이라면 귀한 아이가 태어난다.

◉ **방석에 관한 꿈**

꿈에서의 방석은 책임 부서나 지위 또는 접대부 등을 나타낸다.

◉ **주인이 내주는 방석을 깔고 앉는 꿈**

합격이나 취직을 하게 되고 새로운 직책을 맡게 된다.

◉ **방석을 거실에 까는 꿈**

좋은 술자리를 갖거나 축하받을 일이 생긴다.

커튼, 카펫, 자리

◉ **커튼에 관한 꿈**

꿈에서의 커튼은 공개와 폐쇄, 인연, 집, 결혼, 애정 등을 상징한다.

◉ **새 커튼을 다는 꿈**

미혼자라면 좋은 배우자를 만나 결혼하게 된다.

◉ **침실에 분홍색 커튼이 쳐 있는 꿈**

가정이 편안하고 화목하다. 부부나 연인들의 사랑이 한층 더 무르익고 결혼생활이 행복하다.

◉ **비싸고 좋은 커튼을 다는 꿈**

자신의 명예나 지위가 올라가거나 반가운 손님이나 소식이 찾아온다.

◉ **커튼이 더럽거나 찢어지는 꿈**

좋지 않다. 부부 중 누군가가 몰래 부정을 저지르거나 이로 인한 다툼이나 말썽이 생긴다.

◉ **커튼 뒤에서 몰래 엿보는 꿈**

누군가 간사한 사람이 자신을 함정에 빠뜨리거나 친구, 부부 연인들 사이에 비밀이나 부정한 일이 생긴다.

◉ **붉은 카펫 위를 걸어가는 꿈**

국가적이나 사회적으로 큰 명예가 주어지거나 많은 사람들의 존경을 받게 된다.

◉ **카펫의 먼지를 터는 꿈**

가까운 시일 내에 반가운 손님이 찾아오고 좋은 소식이 전해진다.

◉ **자리에 관한 꿈**

꿈에서의 자리는 사업기반이나 자본, 세력, 집회, 지역 등을 상징한다.

◉ **자리를 짜는 꿈**

어떤 단체나 조직을 결성하거나 결혼이 성사된다.

◉ **자리를 거실에 까는 꿈**

미혼자라면 좋은 배우자를 만나 결혼을 하게 되고 계획하던 일이 성사될 징조이다.

◉ **자신의 자리를 누군가와 바꾸는 꿈**

　이사를 하거나 직장을 옮기는 등 자신의 신변에 변화가 온다.

◉ **자리가 파손 된 꿈**

　가정이 편안하지가 않다. 사업이나 직장 등에서 말썽이 생기게 된다.

병풍, 장막

◉ **병풍을 둘러치는 꿈**

　막강한 재력가나 권력가의 도움을 받게 되지만 그 병풍 뒤로 숨으면 자신의 잘못 등을 은폐하거나 회피하는 일이 생긴다.

◉ **병풍이 파손되는 꿈**

　안팎이 다 불안하다. 사업은 사업대로 부진하여 큰 낭패를 보고 가정에서는 사소한 일로 다투기 쉽다.

◉ **장막에 관한 꿈**

　꿈에서의 장막은 차단이나 한계, 시작과 끝, 어떤 비밀 등을 나타낸다.

◉ **장막을 얻는 꿈**

　좋은 조건으로 거래를 시작하거나 계약을 맺게 된다.

◉ **천막을 치는 꿈**

　우선은 임시로 어떤 기관이나 사업, 회사 등에서 일을 하게 된다.

◉ 모기장을 치고 그 안에 누워있는 꿈

평소 자신의 능력이나 마음의 준비를 철저히 하여 어떤 일에 대비하고 기대를 갖는다.

가전제품

◉ 냉장고에 관한 꿈

꿈에서의 냉장고는 보건소, 은행, 세무서 등을 상징한다.

◉ 냉장고에 음식물들이 가득 찬 꿈

부귀영화를 누릴 꿈이다. 하지만 그 음식물들이 상했다면 많은 재산상의 손해를 보게 된다. 권력이나 지위 등이 사라진다.

◉ 냉장고에서 음식을 꺼내는 꿈

자신이 하는 일이나 작업, 작품 또는 사업에 있어서 어떤 일들이 검사를 거치게 된다.

◉ 텔레비전에 관한 꿈

꿈에서의 텔레비전은 각종 새로운 정보, 광고, 희소식 등을 상징한다.

◉ 텔레비전을 구입하는 꿈

언론매체를 통해 자신이 하는 사업이나 작품, 작업 등을 광고하게 된다.

◉ 텔레비전에서 뉴스나 선전 등이 나오는 꿈

새로운 정보나 소식 등을 접하게 된다. 좋은 소식, 반가운 손님이 찾아오겠다.

◉ 라디오를 듣는 꿈

좋은 소식이나 생활정보 등을 듣게 된다. 혹은 누군가와 사소한 문제로 언쟁을 하게 된다.

◉ 선풍기에 관한 꿈

꿈에서의 선풍기는 협조기관, 인기직업, 선풍적인 일, 사업의 방향 등을 상징한다.

◉ 선풍기를 구입하는 꿈

길몽이다. 그동안의 어려움이나 방해물들이 모두 사라지고 새로운 마음가짐으로 가업, 사업 등을 다시 시작한다.

◉ 청소기가 고장 나는 꿈

자신의 공과 사를 제대로 구별하지 않아 낭패를 겪게 됨을 암시한다.

◉ 컴퓨터를 구입하는 꿈

금전 운이 좋지 못하다. 가정에서나 사업, 직장에서 경제적으로 많은 고통이 따른다.

◉ 컴퓨터의 전원을 끄는 꿈

새로 사귀는 사람이나 누군가를 만났다면 그 사람이 자신에게 매우 위험한 존재임을 암시한다.

◉ 전화를 하는 꿈

자신과 가까이 지내는 사람들과 사소한 문제로 오해를 하거나 사사건건 언쟁이 일어난다. 큰 싸움이 일어날 수도 있으니 주의해야 한다.

◉ 다리미로 옷을 다리는 꿈

잘못된 일 바로 고치게 된다.

◉ 밥통이 깨지는 꿈

흉몽이다. 부모나 가족 중의 누군가가 갑작스런 사고를 당하거나 병에 걸리고 심하면 사망을 할 수도 있다. 가업, 사업, 상업 등은 실패를 하고 직장에서는 실직, 취직이 잘 안 되거나 불합격하게 된다.

각종 악기

◉ 악기에 관한 꿈

꿈에서의 악기는 원만한 대인관계, 재물, 지위, 애정 등을 상징한다.

◉ 악기를 선물 받는 꿈

길몽이다. 그간의 마음고생은 온데간데없고 밝은 앞날이 자신을 기다린다. 가문을 일으키고 자신 또한 부귀영화를 누릴 꿈이다.

◉ 악기를 연주하는 꿈

어떤 기관이나 누군가의 도움으로 자신의 목적을 달성하게 된다. 직장에서는 자신의 능력을 인정받아 승진을 하고 합격이나 취직 등의 좋은 일이 따른다.

◉ 연주 중에 악기의 줄이 끊어지는 꿈

흉몽이다. 가업이나 사업 등이 실패하고 부부나 연인들은 헤어지게 된다. 또 유산될 가능성이 있으니 조심해야 한다.

◉ 가야금 줄이 끊어지는 꿈

배우자의 수명이 그리 길지가 않을 징조이다.

◉ 거문고의 줄을 고르는 꿈

매사가 순조롭고 가정이나 사업, 직장 등이 모두 편안하다.

◉ 피리를 부는 꿈

처음부터 잘 되는 일이 없듯이 사업이나 자신이 하는 일이 처음 얼마간은 많은 고통이 따르겠지만 조만간 그동안의 노력들이 그 결실을 맺게 된다. 주위의 칭찬이나 존경을 받게 되고 자신의 이름을 널리 알리게 된다.

◉ 색소폰을 부는 꿈

길과 흉이 같이 올 징조이다. 재물과 이권이 따르지만 대인관계가 좋지 않아 그만큼의 손실이나 좌절이 따른다.

◉ 첼로를 연주하는 꿈

매사에 신중해야 한다. 교통법규나 사람들을 대함에 있어 기본적인 매너나 태도 등에 조심해야 해로움이 없다.

◉ 피아노를 연주하는 꿈

사이가 좋지 않았던 사람들과 화해를 하거나 다시 만나게 된다. 이혼했던 부부나 헤어졌던 연인들이 다시 합치게 된다.

화분, 꽃병, 어항

◉ 화분에 관한 꿈

꿈에서의 화분은 사업, 직위, 신분 등을 상징한다. 또 화분에 심은 화초는 사업성과 등을 상징한다.

◉ **꽃병에 관한 꿈**

꿈에서의 꽃병은 예술, 애정 등을 상징한다.

◉ **자신이 예쁜 꽃병을 안고 있는 꿈**

좋은 징조이다. 자신이 환자라면 병의 차도가 있어 건강을 되찾게 된다.

◉ **꽃병이 아름답게 보이는 꿈**

자신이 예술가라면 새로운 작품을 발표하게 되고 사업가라면 신상품을 개발하여 시중에 선을 보이게 된다.

◉ **꽃병에 금이 간 꿈**

좋지 않다. 부부가 이혼을 하거나 연인들이 헤어지게 된다.

◉ **어항 속에 금붕어를 넣어 기르는 꿈**

주로 예술계통과 관련된 꿈이다. 자신이 미술이나 음악 학원을 차리거나 문화와 관련된 사업에서 좋은 일을 하게 된다.

◉ **어항이 깨지거나 물이 마르는 꿈**

흉몽이다. 가업이나 사업, 상업 등이 부진하여 실패하게 되고 부부간은 신뢰가 무너져 가정의 행복이 깨진다. 뿐만 아니라 뜻하지 않은 사고로 자녀를 잃을 수도 있다.

보석

◉ 보석에 관한 꿈

꿈에서의 보석은 최고, 명예, 권세, 재물, 상징물, 행복, 애정 등을 상징한다.

◉ 보석을 보는 꿈

태몽이라면 꿈에서 아무 색깔이 없는 보석을 보았다면 아들을 낳고 여러 가지 색깔의 보석을 보았다면 딸을 낳게 된다. 합격, 취직, 승진 등의 운이 따른다.

◉ 보석을 받는 꿈

부모님에게 보석을 받으면 가정에 경사가 있거나 혼사가 성사된다. 또 예쁜 노리개를 받으면 횡재수가 있어 실제로 윗사람에게 많은 금을 받을 징조이다. 또는 선물이나 승진, 합격, 취직 등의 운이 따른다. 연인이 반지나 보석을 주는 꿈은 연애나 결혼을 할 징조이다. 주위의 재력가나 권력자에게 보석이나 귀금속 등을 받는 꿈은 그동안 어려웠던 사업 등이 어떤 계기로 인해 정상 궤도에 오르고 태몽이라면 장차 총명하고 재물 운이 좋은 아이가 태어난다.

◉ 자신이 입으로 보석을 토하는 꿈

자신이 누군가에게 큰 은혜를 받게 될 징조이다.

◉ 보물 상자를 얻거나 보는 꿈

자신이 학자라면 새로운 학설을 정립하거나 큰 업적을 남기게 된다. 하지만 보물 상자가 텅 비어있다면 누군가의 간사한 행동으로 사기를 당하거나 낭패를 본다.

◉ 자신의 보석을 누군가에게 나눠주는 꿈

좋지 않다. 가정에 불화가 생겨 가족들이 헤어질 징조이다.

◉ 자신이 아끼던 보석을 잃어버리는 꿈

부와 명예, 재물, 친구 등 자신이 소중하게 여기던 것들을 한순간에
잃게 된다.

◉ 금과 은에 관한 꿈

꿈에서의 금과 은은 돈, 작품, 진리 등을 상징한다. 또 금반지는 부와
명예, 업적, 작품, 계약, 결혼이나 애정 등을 상징한다.

◉ 금으로 만든 술잔을 받는 꿈

자신의 신분이나 명예가 높아지고 재물 또한 따른다. 미혼자라면 좋
은 배우자를 만나 결혼하게 된다. 또 그 술잔에 술을 따라 마셨다면 말
이 필요 없다. 만사형통, 소원성취의 꿈이다.

◉ 금을 삼키는 꿈

우둔한 사람은 지혜로워지고 태몽이라면 귀한 아이가 태어난다. 또
자신이 환자라면 건강을 되찾겠다.

◉ 금을 누군가에게 빼앗기는 꿈

금전적으로 크게 손해를 보게 되지만 한편으로는 경쟁이나 소송에서
이길 가능성이 있고 환자라면 건강을 되찾을 수 있다.

◉ 자신이 은을 손에 들고 있는 꿈

매사가 좋지 않다. 추진 중인 일이 자꾸 꼬여 지체되거나 결과가 부
진하다.

◉ 은수저를 받는 꿈

그동안의 어려움이나 방해들이 모두 사라진다. 자신이 진행하는 일에 있어 주위의 도움을 얻게 되거나 혼사가 성사된다.

◉ 옥을 얻는 꿈

가업이 크게 번창하고 생활이 윤택해진다. 특히 자손에게 좋은 꿈이다.

◉ 옥을 삼키는 꿈

대인관계가 원만하지 못해 주위사람들과 언쟁이 일어나고 재물과 관련하여 다툼이 생긴다.

◉ 옥을 사는 꿈

아름답고 정숙한 배우자를 만나고 총명하고 건강한 아이를 둔다.

◉ 팔찌나 반지를 얻는 꿈

길몽이다. 매사가 순조로워 만사형통이다. 경쟁이나 소송에서는 이기게 되고 가족 중 누군가가 집을 나갔다면 돌아올 징조이다.

◉ 반지를 끼는 꿈

좋은 배우자를 만나 결혼을 할 징조이다. 마찬가지로 연인이 서로 반지를 주고받으면 결혼을 하게 되고 좋은 조건으로 계약 등을 맺게 된다.

시계

◉ 시계에 관한 꿈

  꿈에서의 시계는 배우자, 협조자, 지휘자, 작업, 생명력, 입학이나 취직, 책 등을 상징한다.

◉ 시계를 선물 받은 꿈

  입학이나 취직, 재물 등의 운이 따른다. 또 시계를 소포로 받으면 자신에게 행운이 찾아왔다는 것을 암시한다. 계획하는 일이 있다면 책임감 있게 밀고 나가면 좋은 결과를 얻게 된다.

◉ 손목시계를 사는 꿈

  합격 통지서를 받게 된다.

◉ 시계를 차는 꿈

  고급스러운 손목시계를 차면 가족에게 좋은 일이 있고, 원하는 곳에 입학하거나 취직하게 된다. 손목시계가 너무 커서 몸에 감길 정도면 뛰어난 능력으로 사회생활이나 가정생활을 주도해 나가게 된다.

◉ 시계를 잃어버리는 꿈

  자신의 권한이 상실되거나 작업, 작품 등이 당분간은 어려움을 겪게 된다.

◉ 시계가 고장 나는 꿈

  흉몽이다. 자신이나 가족 중에 누군가가 교통사고를 당하거나 질병에 걸릴 징조이다. 가업, 사업마저 부진하여 실패를 하게 된다. 하지만 시계를 수리하는 꿈은 현재 자신이 앓고 있는 병이 있다면 치료를 하게 되고 사업자금을 마련하게 된다.

◉ **금시계를 사는 꿈**

좋은 배우자를 만나거나 자신의 적성에 맞는 직장을 구하게 된다.

◉ **금시계를 받는 꿈**

부모님에게 금시계를 받으면 자신의 이름을 세상에 널리 알리게 되고 합격, 취직, 자격증, 학위 등의 운도 따른다. 또 연인에게 금시계를 받으면 결혼을 약속하게 된다.

안경

◉ **안경에 관한 꿈**

꿈에서의 안경은 통찰력, 지혜, 동업자, 신분, 선전 등을 상징한다.

◉ **금테 안경을 쓰는 꿈**

주위로부터 인정을 받아 자신의 신분이나 지위가 높아진다.

◉ **안경을 새로 사서 쓰는 꿈**

지금까지의 자신은 버리고 새로운 생활을 하게 된다.

◉ **벗어 놓은 안경을 다시 쓰는 꿈**

새로운 동업자를 만나 도움을 받게 된다.

◉ **안경을 쓰고 있는 사람을 보는 꿈**

누군가에게 자신의 속마음을 들키게 된다.

◉ **안경이 벗겨지는 꿈**

가정에 경사가 생긴다. 미혼자라면 좋은 배우자를 만나 결혼을 하게 된다.

화장이나 화장품

◉ 화장품에 관한 꿈

꿈에서의 화장품은 신분, 명예, 표지, 이름, 간판 등을 상징한다.

◉ 화장을 하는 꿈

자신이 화장을 하면 자신을 개발하기 위해 노력을 하게 된다. 또 누군가가 화장을 하는 것을 보면 그 사람의 위선으로 자신이 불쾌감을 느낀다.

◉ 화장품을 받는 꿈

누군가에게 사랑을 받게 될 징조이다. 미혼자라면 평소의 이상형을 만나 결혼을 하게 된다. 또 임신이나 출산의 기쁨이 있겠다. 하지만 자신이 남성이라면 주위의 비난이나 의혹 등이 따른다.

◉ 애인이 화장품을 주는 꿈

실제로 애인이 선물을 주거나 애정 표현을 하게 된다.

◉ 짙게 화장을 한 친구를 보는 꿈

자신이 경영하는 가업이나 사업의 상호나 간판 등이 바뀌거나 자신의 권리를 누군가에게 양도하게 된다.

◉ 향수를 얻는 꿈

태몽이라면 장차 크게 성공할 아이가 태어난다.

◉ 향수를 뿌리는 꿈

자신만의 비밀이 생기게 된다.

거울

◉ 거울에 관한 꿈

꿈에서의 거울은 협조자, 중개인, 애인, 신분증, 여유로운 마음 등을 상징한다.

◉ 거울을 보는 꿈

맑고 깨끗한 거울을 보면 자신의 명예가 올라가고 미혼자라면 결혼을 하게 된다. 또 경쟁이나 소송에서 유리하다. 하지만 재물 운이 좋지 않다. 가업이나 사업 등에서 부진하여 이익이 없다. 그리고 거울이 어둡거나 지저분하면 건강이 나빠지고 매사에 고난이 따른다.

◉ 자신의 모습이 거울에 비춰지는 꿈

자신의 아름다운 모습을 사랑하는 사람에게 보여주고 싶은 것을 의미하기도 하지만 중개자나 매개물을 통해 자신의 일을 이루거나 소식을 듣게 된다. 또 자신을 비춘 거울에 다른 사람이 비춰지면 배우자나 연인이 자신에게 관심이 없거나 사랑이 식었다는 것을 의미한다.

◉ 거울에 아무것도 비치지 않는 꿈

기다리는 소식은 오지 않고 진행하는 일에 많은 손해를 입었지만 만회하기 힘들다.

◉ 거울을 받는 꿈

평소에 원하던 배우자를 만나 결혼하게 된다. 또 기다리던 아이를 갖게 되고 태몽이라면 준수하고 똑똑한 아이를 낳게 된다.

◉ 거울을 줍는 꿈

머지않아 좋은 배우자를 만나게 된다.

◉ 거울을 닦는 꿈

자신에게 주어진 직무나 책임을 별 무리 없이 해낸다.

◉ 거울을 사는 꿈

가정에 경사가 생길 징조이다. 태몽이라면 장차 크게 성공을 하거나 효심이 지극한 아이가 태어난다.

◉ 거울이 깨지는 꿈

가정에 우환이 생길 징조이다. 자신이나 가족 중에 누군가가 질병에 걸리거나 사고를 당하게 된다. 뿐만 아니라 부부는 이혼을 하게 되고 가깝게 지내던 친구나 연인은 헤어지게 된다.

빗

◉ 빗에 관한 꿈

꿈에서의 빗은 협조자, 방법, 배우자 등을 상징한다.

◉ 빗을 보는 꿈

매사가 순조롭게 잘 진행되니 가정에서나 직장에서나 편안하다.

◉ 빗을 받는 꿈

  누군가에게 빗을 받으면 좋은 배우자를 만나거나 연인들은 사랑을
하게 된다. 또한 매사가 순조로워 많은 재물을 얻는다.

◉ 빗으로 머리를 빗는 꿈

  만사형통이다. 매사가 순조로워 많은 재물을 얻고 합격, 입학, 취직
등이 따른다.

◉ 보석으로 된 빗을 얻는 꿈

  태몽이라면 장차 좋은 품성과 많은 재복을 겸비한 아이가 태어난다.
또 금으로 만든 빗을 보면 사랑하는 사람이 생긴다.

◉ 빗이 부러지는 꿈

  자신의 지위나 명예는 땅에 떨어지고 가업이나 사업은 실패하게 된
다. 뿐만 아니라 부부가 이혼을 하거나 연인들은 헤어지게 된다.

지갑, 가방

◉ 지갑을 줍는 꿈

  평소 자신이 원하던 이성을 만나게 되고 애정이 싹트게 된다.

◉ 지갑을 몸에 지니는 꿈

  출장을 갈 일이 생기거나 직장을 옮길 수도 있다.

◉ 가방을 드는 꿈

  자신에게 좋은 기회가 왔음을 의미한다. 협력자의 도움이 있겠으니

계획하는 일이 있다면 적극적으로 밀고 나가야 좋은 결과를 얻는다.

◉ 가방이 열려져 있는 꿈

누군가가 자신의 근심거리를 해소시켜 준다.

수건이나 손수건

◉ 수건에 관한 꿈

꿈에서의 수건은 추천서, 보증서, 계약서, 소개장 등을 상징한다.

◉ 수건을 머리에 둘러매는 꿈

자신의 사상이나 이념, 주장 등을 나타낸다. 하지만 자신이 붉은 수건으로 머리를 둘러매고 있다면 흉몽으로 뜻밖의 불상사나 투쟁, 말썽 등이 일어날 수 있다.

◉ 누군가에게 손수건을 주는 꿈

자신이 남성이라면 교제하던 여성과 헤어지게 되고 여성이라면 자신의 권리를 포기하게 된다. 또한 건강에 이상이 생길 수도 있다.

◉ 누군가에게 손수건을 받는 꿈

누군가의 도움을 받거나 그 사람 밑으로 들어가 일을 하게 된다.

◉ 손수건이 더럽혀지는 꿈

불화가 생겨 부부나 연인들의 사랑이 깨지든지 헤어지게 된다.

◉ 지니던 손수건을 잃어버리는 꿈

모든 근심걱정이 사라지고 자신에게 이로운 일만 생긴다.

우산, 지팡이

◉ 우산에 관한 꿈

　꿈에서의 우산은 예방책이나 보호자, 협조자 등을 상징한다.

◉ 우산을 펼쳐드는 꿈

　좋지 않다. 매사에 말썽이 생겨 일이 지연되거나 실패하게 된다.

◉ 우산이 부서지는 꿈

　어떤 일에 있어 거래를 할 경우 자꾸 변동사항이 생기게 된다.

◉ 우산이 작아서 비를 맞는 꿈

　혼사나 사업에 있어 중매인, 중개인의 협조가 부족하여 혼사가 깨지거나 일이 성사되지 않는다.

◉ 지팡이에 관한 꿈

　꿈에서의 지팡이는 협조자, 권리, 직위, 지침 등을 상징한다.

◉ 지팡이를 짚고 일어서는 꿈

　주위의 도움으로 어려운 상황을 극복하게 된다.

◉ 지팡이로 사람을 때리는 꿈

　자신이 추진하는 일에 너무 많은 간섭이 생겨 반항을 하거나 누군가의 부정이나 비행 따위를 조사하여 책임을 추궁할 일이 생긴다.

◉ 지팡이가 부러지는 꿈

　자신에게 가장 소중한 것을 잃게 된다.

주방용품

솥

◉ 솥에 관한 꿈

　꿈에서의 솥은 기관이나 회사, 사업 등을 상징한다.

◉ 솥이 크게 보이는 꿈

　자신이 속해 있는 기관이나 운영하는 사업체가 기반이 탄탄하고 든든한 재력을 지니게 된다.

◉ 누군가에게 솥을 받는 꿈

　태몽이라면 장차 크게 성공할 아이가 태어난다. 또 횡재수가 있다.

◉ 솥이 깨지는 꿈

　가정에 우환이 생기고 사업이 부도가 날 위험이 있다.

◉ 솥이 엎어져 있는 꿈

　좋지 않다. 가업이나 사업 등이 결과가 부진하여 부도가 나거나 직장에서 사직을 강요당하게 된다.

식기

◉ **식기에 관한 꿈**

꿈에서의 식기는 사업기반, 사업성과 사업성격 등과 관계가 있다.

◉ **식기를 보는 꿈**

깨끗한 식기를 보면 가정이 편안하고 생활이 윤택해진다. 하지만 지저분한 식기를 보면 가정에 불만이 많거나 현재 자신의 생활이 답답하기만 하다. 고급스런 식기를 보면 신분이나 지위가 올라간다.

◉ **밥그릇을 얻는 꿈**

길몽이다. 가정에 경사가 생기고 재물이 들어올 징조이다. 또 조상이 사용하던 밥그릇을 얻으면 태몽으로 장차 가업을 계승하거나 전통적인 일에 종사할 아이가 태어난다.

◉ **그릇이 갑자기 많아지는 꿈**

가정에 분주하고 번잡한 일이 생기게 된다.

◉ **그릇이 깨지는 꿈**

진행 중인 일들이 중단될 징조이다. 사업의 중단이나 실패, 각종 시험에서 떨어지게 된다.

◉ **접시를 얻는 꿈**

결혼을 두 번하거나 태몽이라면 태어날 아이가 두 번째 자리와 관련된 지위를 얻게 된다.

◉ **접시가 깨지는 꿈**

자신이 일부러 접시를 깨면 소원이 이루어지지만 저절로 깨졌다면 계약이 파기되거나 혼사가 성사되지 않는다. 또 가정부가 접시를 깨뜨렸다면 주인에게 책망을 듣거나 쫓겨나게 된다.

잔

◉ 잔을 얻는 꿈

미혼자가 유리잔을 얻으면 활달하고 건강한 배우자를 만나게 되고 금이 간 잔을 얻으면 사업기반이 탄탄하지 못하거나 자신이 원하지 않는 배우자를 만나게 된다.

◉ 잔에 물이 가득 찬 꿈

믿고 의지할 만한 좋은 사람을 만나거나 많은 재물을 얻는다.

◉ 다기를 얻는 꿈

반가운 손님이 찾아오거나 소식이 전해진다. 자신이 환자라면 건강을 되찾게 된다. 하지만 학생이라면 마음이 불안하여 학업에 정진을 하지 못하니 자기 단속을 철저히 해야 한다.

수저

◉ 수저에 관한 꿈

꿈에서의 수저는 운반수단, 사업방향, 노력, 협조자 등을 상징한다.

◉ 수저를 얻는 꿈

태몽이라면 장차 사업가가 될 아이가 태어난다. 또 조상에게 수저를 얻으면 재산을 상속받게 된다.

● 숟가락을 잃어버리거나 부러뜨리는 꿈

좋지 않다. 가족 중에 누군가를 잃게 되고 수단이나 능력이 부족하여 하던 일을 중단하게 된다. 직장인이라면 큰 실수를 하여 사직을 할 수도 있고 학생은 성적이나 시험에 떨어지게 된다.

항아리

● 항아리에 관한 꿈

꿈에서의 항아리는 사업체, 생활형편, 창고, 가족이나 재물의 양 등을 상징한다.

● 항아리 안에 맑은 물이 있는 꿈

횡재수가 있다. 가정에 많은 재물과 먹을 것이 들어온다.

● 항아리 안에 물이 마르거나 더러워지는 꿈

건강에 이상이 생길 징조이다. 신장이나 방광 계통에 질병이 생길 우려가 있으니 주의해야 한다.

● 항아리가 깨지는 꿈

재산상의 큰 피해를 입게 된다.

● 장독대에 독이 많이 있는 꿈

가업이나 사업, 상업 등이 크게 번창하게 된다.

바가지, 주전자, 물통, 주방, 칼

◉ 바가지에 관한 꿈

　꿈에서의 바가지는 며느리, 가정부, 협조자, 등을 상징한다.

◉ 바가지로 물을 마시는 꿈

　자신의 손재주가 뛰어나 주위의 인정을 받고 그로 인해 명예나 많은
재물을 얻게 된다.

◉ 주전자에 물이 없어 마시지 못하는 꿈

　자신이 하는 일이 도움을 받지 못해 어려움을 겪는다.

◉ 물통에 관한 꿈

　꿈에서의 물통은 재물, 능력, 사업체나 사업 등을 상징한다.

◉ 물통을 얻는 꿈

　많은 재물과 이권이 생긴다.

◉ 물통에 물을 받지 못하는 꿈

　가업이나 사업을 운영하지만 돈이 안 생긴다.

◉ 주방 칼을 보는 꿈

　많은 재물과 이권이 생긴다.

◉ 주방 칼을 사용하는 꿈

　가정에 경사나 축하받을 일이 생긴다.

광주리나 채반

◉ **광주리나 채반에 음식을 담아놓는 꿈**

자신의 사업 작품 또는 재물 등이 자신과 별로 친분이 없거나 모르는 사람에게 이용당하고 있음을 암시한다.

◉ **광주리나 채반을 밖에서 가져오는 꿈**

반가운 손님이 찾아오거나 소식이 전해진다. 광주리나 채반을 부엌에서 사용하면 결혼을 하게 되고 환자라면 건강을 되찾게 된다.

서적이나 문구류

서적

◉ 책에 관한 꿈

　꿈에서의 책은 실제의 책, 학문, 진리, 선생님을 상징한다.

◉ 책을 읽는 꿈

　자신이 학문을 연구하거나 책을 구입하게 되고 태몽이라면 장차 학문적으로 큰 업적을 남길 아이가 태어난다. 또 책을 소리 내어 읽는 꿈은 학생이라면 학업성적이 많이 오르고 자신이 연설, 강의, 세미나 등에 참여하게 된다. 책을 눈으로만 읽는 꿈은 누군가의 혜택을 받게 되거나 누군가의 지시에 따라야만 하는 경우도 있다.

◉ 책을 받는 꿈

　횡재수가 있다. 복권을 사는 것도 좋을 듯하다. 생각지도 않은 재물이 생기게 된다. 또 태몽이라면 아주 똑똑한 아이가 태어난다. 연인한테 책을 받으면 사랑의 고백을 받거나 귀한 선물을 받는다.

◉ 책을 빌리는 꿈

자신이 학문적으로 업적을 남기고 이로 인해 명성이 높아진다. 하지만 누군가의 지시를 받게 되는 경우도 있다. 반대로 자신의 책을 누군가에게 빌려주면 자신의 공적이 빛을 잃거나 사업의 전망 등이 어둡다.

◉ **교과서를 보는 꿈**

현재 자신의 생활이나 환경에 만족하고 있음을 암시한다.

◉ **책꽂이나 책상 위에 책이 있는 꿈**

주위의 신뢰를 얻어 큰 혜택을 입게 된다.

◉ **많은 책을 소유하고 있는 꿈**

자신이 학문에 종사하게 되거나 장차 큰 학자가 될 인물을 낳을 태몽이다.

◉ **책을 찢거나 던지는 꿈**

학업을 포기하거나 윗사람에게 저항하게 된다.

◉ **책을 태우는 꿈**

흉몽이다. 가업이나 사업을 포기하거나 자신이 하는 일에 많은 고통이 따라 좌절하게 된다. 경쟁이나 소송 등에서 매우 불리하다.

◉ **책을 땅에 묻는 꿈**

농사에서는 풍성한 결실을 맺게 되지만 그 밖의 일이나 사업 등에는 말썽, 실패 등이 따른다.

◉ **길 위에 떨어진 책을 줍는 꿈**

미혼자라면 우연한 기회에 좋은 배우자를 만나 결혼을 하게 되고 가업이나 사업 등이 크게 번창하고 직장인은 더 좋은 직장을 얻게 된다.

필기도구

◉ 필기도구에 관한 꿈

꿈에서의 필기도구는 능력, 권리, 등을 상징한다. 잉크나 먹물, 연필심 등은 자본을 의미한다.

◉ 필기도구를 얻는 꿈

연필이나 만년필 등을 얻으면 학생이라면 학업성적이 월등히 좋아지거나 좋은 친구를 사귀게 되고 건설에 관계된 일을 하거나 사업의 계획 등을 세우게 된다. 또 윗사람에게 좋은 만년필을 얻으면 지위나 직책이 높아진다.

◉ 누군가에게 필기도구를 주는 꿈

자신의 일거리를 누군가에게 빼앗기게 되고 연인들은 사소한 일로 다투게 되고 끝내 헤어질 수도 있다.

◉ 필기도구를 손에 쥐고 있는 꿈

자신의 작품 등이 세상의 이목을 끌게 된다. 그 밖의 진행 중인 일이나 계획하고 있던 일을 성사시키게 된다.

◉ 필기도구가 없어서 쩔쩔매는 꿈

자신의 의지대로 행동하지 못하고 어떤 압력에 의해 그저 명령만 따를 뿐이다.

◉ 연필을 보는 꿈

누군가를 시기하거나 질투할 일이 생기게 된다. 또 꿈에 연필을 깎으면 마음가짐을 새롭게 하거나 사업을 재정비하게 된다.

◉ 붓이나 먹, 벼루 등을 얻는 꿈

만사형통이다. 자신의 사업이나 작품 활동, 학문적 연구, 합격, 취직, 사랑 등이 이루어진다.

◉ 붓대가 꺾어지거나 붓촉이 빠지는 꿈

시험이나 진정서, 연애편지, 문예 공모 등에 좌절을 겪게 된다.

종이

◉ 종이에 관한 꿈

꿈에서의 종이는 정신적이거나 물질적인 자산, 책임부서, 어떤 일의 요인 등을 상징한다.

◉ 종이로 얼굴을 가리는 꿈

좋지 않다. 자신 가까이에 있는 누군가가 행방불명이 되거나 아무도 몰래 길을 떠날 징조이다

◉ 여러 가지 색깔의 종이를 얻는 꿈

횡재수가 있다. 생가지도 못한 많은 재물을 손에 거머쥘 수 있게 된다.

◉ 희미하게 글이 씌어진 종이를 보는 꿈

자신의 가족들이나 친구, 연인과 사소한 일로 다투게 된다.

◉ 글이 씌어진 종이를 태우는 꿈

그동안의 모든 근심과 걱정이 사라진다.

◉ 종이로 무언가를 포장하는 꿈

자신의 잘못이나 비밀 등을 감추고 진행하던 일이 보류가 된다.

◉ 원고지에 무언가를 쓰는 꿈

자신이 죄책감에 시달리고 있는 징조이다.

증서

◉ 증서에 관한 꿈

꿈에서의 증서는 보통 권리나 사명, 이권, 임명장, 청구서 등을 상징한다.

◉ 징집영장이나 구속영장 등을 받는 꿈

실제로 징집영장을 받을 수도 있다. 공공기관에 취직을 하거나 혹은 구금을 당하거나 자신과 가족에게 건강에 이상이 생겨 심하면 사망할 수도 있다.

◉ 부동산 등기를 하는 꿈

막강한 권리나 세력을 가지게 되고 주위 사람들에게 인정을 받게 된다.

◉ 누군가의 집문서를 소유하게 되는 꿈

부동산을 취득하게 되거나 투자를 하여 권리, 재산 등을 얻게 된다.

◉ 계약서에 관한 꿈

꿈에서의 계약서는 실제의 계약, 약속, 권리 이양, 선전물 등을 상징한다.

◉ 계약서를 작성하는 꿈

실제로 어떤 계약서를 쓰게 된다.

◉ 영수증에 관한 꿈

꿈에서의 영수증은 계약서, 임명장 소개장을 상징한다.

◉ 졸업장 또는 상장을 받는 꿈

가정이나 직장에서나 좋은 일이 생긴다. 합격, 취직, 승진, 당선 등의
행운이 따른다.

명함, 도장

◉ 명함에 관한 꿈

꿈에서의 명함은 신분, 명의, 권리, 보증 등을 상징한다.

◉ 윗사람에게 명함을 받는 꿈

누군가에게 정신적, 물질적으로 많은 도움을 받게 된다. 가업, 사업
등에서는 기관이나 협조자의 도움으로 크게 번창하고 직장인은 상사로
부터 능력을 인정받게 된다.

◉ 명함을 돌리는 꿈

자신의 이름을 세상에 떨치거나 명예를 과시하게 된다.

◉ 새로 만든 명함을 가지는 꿈

자신의 신분, 명예, 권력 등이 새로워지고 사업을 새로 시작하거나

직장을 옮기게 된다.

◉ **명함이 찢어진 꿈**

망신살이 뻗칠 징조이다. 한순간의 실수로 여태껏 닦아온 업적에 먹칠하게 된다.

◉ **도장에 관한 꿈**

꿈에서의 도장은 신분, 명예, 결정, 확인, 작품을 상징한다.

◉ **값진 도장을 얻는 꿈**

어떤 자리에 추대되거나 직장에서는 승진을 하고 환자라면 건강을 되찾게 된다. 태몽이라면 아주 귀하게 될 아이가 태어나고 좋은 사위를 얻게 된다.

◉ **자신의 도장을 사용하는 꿈**

자녀를 얻을 징조이다. 재물이나 권리 등도 따른다.

◉ **직장 상사에게 결재 도장을 받는 꿈**

자신이 추진하고 있는 일이 윗사람의 도움으로 순조롭게 진행되고 직장인이라면 승진을 할 징조이다.

◉ **도장을 삼키는 꿈**

만약 남성이 도장을 삼켰다면 부와 명예를 얻게 되고 여성이 삼켰다면 임신을 하게 된다.

◉ **누군가에게 도장을 찍어주는 꿈**

일의 마무리를 짓거나 누군가를 대신하여 일을 처리하게 된다. 약속을 지킬 일이 생기고 어떤 일에 허락할 일이 생긴다.

삶에 관한 꿈

관혼상제
결혼 / 장례, 제사, 차례 / 무덤

예술, 스포츠, 취미
문학 / 음악 / 무용 / 연극, 영화
미술 / 사진 / 각종 스포츠 / 취미 / 놀이, 게임

음식
음식 / 일반적 음식 / 음식재료 / 술, 담배

공간과 장소
집 / 방, 부엌, 화장실 / 다락, 천장, 지하실, 마당, 지붕
벽, 계단, 담 / 문 / 건물 / 학교
성당, 교회, 절 / 공원, 미술관 / 상점 / 다리 / 길

교통, 통신, 화폐
차 / 기차 / 비행기 / 배 / 여러 가지 탈 것
전화, 우편, 매스컴 / 돈 / 문자, 숫자

관혼상제

결혼

◉ **결혼에 관한 꿈**

꿈에서의 결혼은 협조자, 새로운 출발, 인연 등을 상징한다. 또 결혼식은 어떤 모임, 계약 등을 상징한다.

◉ **자신이 원하던 사람과 결혼하는 꿈**

실제로도 자신이 평소 좋아하는 사람과 사귀게 되거나 결혼하게 된다.

◉ **결혼을 하는 꿈**

꿈에 형제자매가 결혼을 하면 가족 중에 누군가에게 좋지 않은 일이 생기고 노부부가 결혼을 하면 집안에 경사가 있거나 혹은 질병으로 사망하게 될 수도 있다. 또 합동결혼을 하면 여러 차례 회담이나 상담을 하게 된다

◉ **여자가 시집을 가는 꿈**

좋지 않다. 근심걱정이 생기거나 가업, 사업 등은 실패를 할 수도 있

다.

◉ 결혼축하를 받는 꿈

대인관계가 원만해지거나 주위 사람들에게 칭찬을 받을 일 생긴다. 또 좋은 배우자를 만나 결혼을 하게 되고 승진, 취직, 합격 등의 경사가 따른다.

◉ 잘생겼거나 예쁜 상대와 결혼하는 꿈

좋은 혼담이 성사될 징조이다. 하지만 외모가 못생긴 사람과 결혼을 하면 가정형편이 어려워지거나 건강이 나빠진다.

◉ 친구가 결혼하는 꿈

슬픈 일이 생길 징조이다. 자신과 가까운 친구에게 좋지 않은 일이 생길 수 있다.

◉ 친구의 결혼 피로연에 참석하는 꿈

당신에게 좋은 혼담이 들어온다. 하지만 피로연장에 술이 가득한 꿈은 근심걱정이 생길 징조이다.

◉ 예식장으로 들어가는 꿈

어떤 모임이나 회식 등에 참석하거나 많은 사람들과 만나게 된다.

◉ 결혼 선물을 교환하는 꿈

계약서, 영수증을 작성하거나 약속 또는 계획한 일을 서류상으로 증명을 하게 된다.

◉ 부모님이 결혼식에 참석하는 꿈

자신이 추진하는 일에 협조자를 만나게 된다. 또 자신의 결혼식에 많은 하객들이 있다면 좋은 조건으로 계약을 맺거나 자신을 도와줄 사람이 많아진다.

◉ 결혼식장에 아무도 없고 자신 혼자만 있는 꿈

새로운 사업 또는 일을 시작하거나 취직을 하게 된다.

◉ 신랑과 신부가 맞절을 하는 꿈

하는 일마다 꼬이니 마음고생이 심하다.

◉ 신랑이 결혼식장에 오지 않아 결혼을 못하는 꿈

길몽이다. 자신의 가족이나 가까운 친구, 친척 중에 환자가 있다면 병이 호전되고 있다는 것을 암시하는 것이다

◉ 자신의 결혼식에 배우자가 바뀌는 꿈

자신에게 유리한 조건으로 계약을 맺게 된다. 또 배우자가 누구인지 모르는 꿈은 자신이 현재 어떻게 처신을 해야 하는지 갈등을 하고 있음을 암시한다. 연인과의 문제, 직장을 옮기거나 취직을 하는 문제에 있어 많은 고민을 하게 된다.

◉ 자신이 중매를 하는 꿈

누군가와 뜻을 같이 하여 뭉치거나 약속을 하게 된다. 혹은 누군가와 다투게 될 징조이다.

장례, 제사, 차례

◉ 초상이 나는 꿈

가업, 사업이 크게 성공하여 주위로부터 존경을 받게 되거나 결혼식 또는 결단식을 상징하는 것이다. 자신의 집에 초상이 나면 자신의 직장

이나 자신이 소속된 기관에서 하는 일이 성취되고 다른 집에 초상이 나는 것을 보면 그 집에 경사가 생길 징조이다.

◉ 조의금을 내는 꿈

사업상의 일로 관계 기관에 청탁을 하게 된다. 태몽이라면 아들을 낳게 된다.

◉ 상여에 관한 꿈

꿈에서의 상여는 업적, 사업의 성과, 부귀영화, 명예 등을 상징한다.

◉ 상여를 보는 꿈

주로 금전 운과 관계가 깊다. 가업이나 사업 등에서 많은 이득을 얻게 된다. 태몽이라면 사회적으로 크게 성공할 아이가 태어난다. 또 상여를 들고 가는 것을 보는 꿈은 운수대통의 꿈이다.

◉ 장례식을 보는 꿈

소원 성취할 꿈이다. 가업이나 사업 등은 크게 성공을 하게 되고 합격, 취직, 승진, 결혼 등 자신이 원하는 바를 이루게 된다.

◉ 상제에게 절을 하는 꿈

유산을 상속받게 되거나 권리가 주어진다.

◉ 제사에 관한 꿈

꿈에서의 제사는 원만한 인간관계, 청탁, 일의 성과 등을 상징한다.

◉ 제사를 지내는 꿈

크고 작은 제사에 따라 자신의 사업이 발전이나 성공 등을 누리게 되고 혹은 권력이 있는 사람에게 부탁할 일이 생기게 된다.

◉ 친구가 제사를 지내는 꿈

친구와 관계된 일로 신경을 쓰게 된다.

◉ **제사상을 차리는 꿈**

　제사상을 잘 차리면 부탁한 일이 성사되거나 주위의 칭찬을 받게 된다. 반대로 제사상의 제물이 부족한 꿈은 가정에서나 직장에서나 말썽이나 우환이 생긴다. 재산상의 피해를 입을 수도 있다.

◉ **제사상의 물을 조상이 와서 먹는 꿈**

　부탁한 일이 성사된다.

◉ **조상의 묘에 제향을 올리는 꿈**

　아주 길몽이다. 사업은 성공을 하고 직장인은 승진을 하고 학자는 학문적 업적을 남기고 가족이 모두 건강하니 가정은 화목하다. 재물과 이권 또한 따른다.

◉ **차례에 관한 꿈**

　꿈에서의 차례는 청탁한 일이 성사됨을 의미한다.

무덤

◉ **무덤에 관한 꿈**

　꿈에서의 무덤은 집, 사업, 비밀 장소, 불길한 일 등을 상징한다.

◉ **조상의 묘를 살펴보는 꿈**

　꿈에서 조상의 묘는 협조기관을 의미하는데 평소 자신을 도와주고 가깝게 지내던 사람에게 원조를 청하게 된다.

◉ **조상들의 묘를 보는 꿈**

거래상 협조를 받거나 많은 이익을 남기게 된다.

◉ 무덤 주위를 정돈하는 꿈

그동안의 근심걱정이나 말썽 등이 모두 사라질 징조이다. 또 잘 다듬어진 무덤을 보는 꿈은 누군가의 도움으로 진행하는 일이 순조롭다.

◉ 무덤을 파헤치는 꿈

사업이나 여러 가지 일들을 새로 시작하게 된다. 또 무덤을 파헤치고 금은보화를 꺼내는 꿈은 가업을 잇게 되거나 뜻밖의 인연이 맺어질 징조이다.

◉ 무덤에 묻힌 사람이 나오는 꿈

가업, 사업 등에서 성공을 하고 학자라면 학문적 업적을 남길 징조이나 혹은 간사한 사람의 방해를 받거나 자신의 일을 뺏기게 된다. 또 무덤에서 손이 나오는 꿈은 빚쟁이에게 독촉을 받을 징조이다.

◉ 무덤에 꽃이 피는 꿈

길몽이다. 가업이나 사업, 상업 등은 성공하여 많은 재물과 이권이 따르고 학자나 관직에 있는 사람은 명성을 얻고 지위가 올라가게 된다. 태몽이라면 장차 귀한 아이가 태어난다.

◉ 무덤에 불이 나는 꿈

가업이나 사업이 성공을 하고 특히 자손에게 좋은 일이 있을 징조이다. 무덤에 붙은 불이 계속 번져 나가면 자신이나 자신이 하는 일이 널리 알려져 많은 사람들이 협조를 해주려고 달려오게 된다.

◉ 무덤에서 밝은 빛이 발산되는 꿈

가업이 크게 성공하여 많은 재물이 생기고 태몽이라면 장차 부귀를 누릴 아이가 태어난다.

● 크고 높은 무덤을 보는 꿈

가업이 크게 성공을 하여 가정이 편안하고 생활이 풍요롭다. 자손에게 좋은 일이 생기게 된다. 또는 막강한 재력가나 권력가와 인연을 맺게 된다.

● 무덤을 이장하는 꿈

낮은 곳에서 높은 곳으로 이장을 하거나 작은 묘를 크게 하여 이장을 하면 매사에 발전, 성공, 행운 등이 따르지만 큰 묘를 작게 하여 이장을 하면 매사에 말썽이나 좌절, 실패 등이 따른다.

● 공동묘지에 시체를 묻는 꿈

꿈에서 공동묘지는 사회사업이나 주택단지, 부대 등을 상징하는데 공동묘지에 시체를 묻는 꿈은 자신이 사회사업에 투자를 할 징조이다.

● 공동묘지가 있던 자리에 집터를 닦는 꿈

시대가 변함에 따라 기성세대의 권위나 낡은 관습 등이 무너지고 시대에 맞는 새로운 환경에 적응하게 된다.

● 비석을 읽거나 비문을 보는 꿈

꿈에서 비석이나 비문은 업적, 재물, 성사된 일 등을 상징하는데 꿈에서 비석이나 비문을 읽은 꿈은 누군가의 책을 번역하거나 업적을 연구하게 된다.

예술, 스포츠, 취미

문학

◉ **자신이 연인에게 시를 읽어주는 꿈**

실제로 연인에게 사랑을 고백하게 된다.

◉ **글을 짓는 꿈**

자신의 생각이나 사상을 세상에 드러낸다.

◉ **소설을 집필하는 꿈**

자신이 단편소설을 집필하면 개인적인 삶이나 애정 등에 관한 시나리오나 수필 등을 집필하게 되고 장편소설을 집필하면 사상이나 문화, 역사, 인물 등의 전집 등을 집필한다. 혹은 지금 자신이 하는 일에 말썽이 생길 징조이기도 하다.

◉ **소설책을 사는 꿈**

대인관계가 원만해진다.

음악

◉ **음악에 관한 꿈**

꿈에서의 음악은 정신적 감화, 명성, 광고 등을 상징하고 노래는 감정 표현, 호소, 광고, 사상 전파 등을 상징한다.

◉ **음악을 듣는 꿈**

부드럽고 조용한 음악을 들으면 대인관계가 원만하지만 반대로 격렬하거나 시끄러운 음악을 들으면 대인관계가 원만하지 못하고 짜증나는 일이 생긴다. 또 즐거운 음악을 들으면 축하를 받을 일이 생기고 슬픈 음악을 들으면 연인과 헤어진다. 음악에 너무 도취되면 어떤 유혹이나 함정에 빠져 재물을 잃을 수도 있다.

◉ **노래를 하는 꿈**

좋지 않다. 누군가 자신을 위협하거나 피해를 입힌다. 자신이 대중 앞에서 혼자 노래를 하는 꿈은 병이 생기거나 더욱 악화됨을 암시한다.

◉ **병든 사람이 노래를 하는 꿈**

흉몽이다. 하는 일마다 말썽이 생겨 가정형편이 어려워지고 자신의 건강 또한 나빠진다.

◉ **노래를 하는데 소리가 나오지 않는 꿈**

노력한 대가만큼 결과가 좋지 않을 뿐만 아니라 부탁한 일도 성사되지 않는다. 또 노래를 하는데 박자가 맞지 않거나 가사를 잊어버리는 꿈은 자신이 청원한 일이나 선전 등이 단체나 누군가에 의해서 승인되지 않아 어려움을 겪는다.

◉ 노래를 하는데 듣는 사람이 없는 꿈

　자신이 하는 일에 도움이 필요하지만 주위에 도와줄만한 기관이나 사람이 없고 자신의 주장, 의견 등이 관철되지 않는다.

◉ 반주에 맞춰 노래를 부르는 꿈

　어떤 단체나 기업 등의 대표가 되어 주도권을 잡고 일사천리로 일을 밀고 나간다.

◉ 산 위에서 큰소리로 노래를 부르는 꿈

　세상에 자신의 이름을 날리게 되고 자신의 능력, 재능 등을 과시하게 된다. 그러나 산 밑에서 노래를 부르면 가족, 특히 부모에게 좋지 않은 일이 생기거나 부모상을 당할 수도 있다.

◉ 누군가의 노래를 듣는 꿈

　누군가가 자신에게 부탁을 하거나 하소연을 하여 도와주게 된다. 또 누군가가 신나게 노래를 부르는 것을 듣는다면 자신의 주장과 그 사람의 주장이 서로 엇갈려 갈등을 겪게 된다. 하지만 자신이 반주를 맞추면 자신이 누군가의 대변자 역할을 하게 된다.

◉ 합창단의 노랫소리를 듣는 꿈

　좋지 않다. 어떤 단체로부터 압력이나 제재를 받아 매사가 불안하고 말썽이다. 가정 또한 편하지가 않다.

◉ 자신이 합창단원이 되어 노래를 하는 꿈

　어떤 단체에 소속이 되거나 사회생활을 함에 있어 많은 사람들과 유대감을 갖고 서로 협력하게 된다.

◉ 노래방에 가는 꿈

　꿈에서 친구들과 노래방을 가면 실제로도 직장동료나 친구들과 어떤 모임을 갖게 되고 연인과 노래방을 가면 곧 결혼을 하게 될 징조이다.

무용

◉ **무용에 관한 꿈**

　꿈에서의 무용은 지휘, 동조, 공격, 시위 등을 상징한다.

◉ **무용을 관람하는 꿈**

　겉으로 드러난 것만 믿고 잘못 판단하여 사업을 그르치게 된다. 고전 무용이나 단체 무용을 관람하면 실제로 예술 공연을 관람하게 되거나 혹은 열등감에 빠져 자신감을 잃게 된다.

◉ **무용을 총지휘하는 꿈**

　누군가의 사업을 인수하거나 투자를 하여 많은 이익을 남기게 된다.

◉ **음악에 맞춰 춤을 추는 꿈**

　과격한 단체로부터 가입 교섭을 받거나 가입하게 된다. 또 음악에 맞춰 혼자 춤을 추는 꿈은 이성간의 교제에 있어 신체적인 접촉을 자신이 원하고 있음을 암시하는 것이다.

◉ **노래하며 춤을 추는 꿈**

　가정에 우환이 생기거나 자신의 건강을 잃게 된다.

◉ **혼자 춤추는 꿈**

　쓸데없는 일에 괜히 끼어들어 구설수에 휘말리고 주위의 비난을 면치 못하게 된다.

◉ 불당에서 춤을 추는 꿈

길몽이다. 가업이나 사업이 승승장구로 발전을 하게 되고 직장인은 승진을 하게 된다. 합격, 취직 등의 운이 따른다.

연극, 영화

◉ 연극에 관한 꿈

꿈에서의 연극은 소망, 운세, 사업, 영화 등을 상징한다.

◉ 연극을 보는 꿈

좋지 않다. 가정에 불화가 생길 징조이다. 특히 형제자매간에 사사건건 의견이 맞지 않아 우애에 금이 가게 된다.

◉ 연극을 보는데 관객이 없는 꿈

자신이 계획한 일을 추진하려하지만 여건이 따라주지 않아 애를 먹게 된다.

◉ 영화에 관한 꿈

꿈에서의 영화는 작품내용, 소원, 운세전망 등을 상징한다.

◉ 극장에서 영화를 보는 꿈

실제로 자신의 주변 환경이나 여건들이 충분하지 못하니 정신적으로나 물질적으로 많이 힘들어한다.

◉ 영화를 보는데 중간에 화면이 끊어지는 꿈

자신이 추진하는 일이나 사업 등이 중도에 좌절되거나 실패하게 된다.

◉ 스크린이 흐리게 보이는 꿈

자신이 진행하는 일에 방해가 생겨 이러지도 저러지도 못하는 상태
가 되어 불안함을 느끼게 된다.

◉ 스크린에 영화의 장면이 비치는 꿈

자신의 작품세계나 작업, 또는 운명을 제시하는 암시이다. 또는 매스
컴을 통해서 자신의 작품 등이 발표될 일을 상징한다.

미술

◉ 미술에 관한 꿈

꿈에서의 미술은 가치, 비판, 진리탐구, 작품 등을 상징한다. 미술관
은 전시회장, 도서관, 박물관, 상담소 등을 화가는 심리학자, 예언자, 사
진사, 소설가를 상징한다.

◉ 미술관에서 많은 작품을 감상하는 꿈

실제로 문화관이나 미술관에서 작품을 감상하게 된다. 또 작품을 사
는 꿈은 수입상품이나 귀중한 물건을 구입하게 된다.

◉ 그림에 관한 꿈

꿈에서의 그림은 사진, 프로필, 평가서, 편지 내용 등을 상징한다.

◉ 그림을 그리는 꿈

좋지 않다. 자신이 어떤 일로 인해 심리상태가 불안정하거나 초조해
하고 있다. 뿐만 아니라 임산부라면 유산을 할 가능성도 있다.

● 그림이 생각처럼 그려지지 않는 꿈

모든 일이 뜻대로 되지 않고 자꾸만 틀어져 좌절하게 되거나 자신이
원하지 않는 일을 하게 된다.

● 풍경화를 그리는 꿈

사업이나 결혼 등 인생의 중요한 일을 결정하게 된다. 또 초상화를
그리면 생활이 불안정하고 추상화를 그리면 자신이 계획하던 사업이나
작업 등을 추진하게 된다.

● 아름다운 그림을 소유하는 꿈

길몽이다. 주위의 도움으로 하고자 하는 일이 성취되고 그로인해 재
물을 얻게 된다.

●다른 사람의 그림을 평가해 주는 꿈

유명인사와 인연을 맺게 되거나 사회에 봉사하는 일이 생겨 많은 사
람들로부터 존경과 찬사를 받게 된다.

● 그림을 감상하는 꿈

재력가나 권력자의 도움을 받게 되거나 누군가의 청원서 또는 신용
장 등을 검토할 일이 생긴다. 또 자신이 보기에 그림이 환하게 보이면
원만한 대인 관계로 주위의 호감을 사게 되나 그림이 어두워 보이면
자신감을 상실하게 된다.

● 누군가가 그림을 보내오는 꿈

책이나 초청장, 편지 등을 받게 된다.

● 조각물이나 그림에서 유방을 보는 꿈

멀리 떨어져 있는 형제의 소식을 듣게 되거나 전화, 편지 등을 받게
된다.

사진

◉ **사진에 관한 꿈**

　꿈에서의 사진은 실제 사진, 사건의 진상, 신분증, 상장, 계약서, 증서 등을 상징한다. 사진기는 복사기, 녹음기, 인쇄기 등과 여러 가지 계약 방법 등을 상징한다.

◉ **카메라를 새것으로 구입하는 꿈**

　동업자의 도움을 받거나 사랑하는 사람이 생기게 된다.

◉ **카메라의 렌즈를 보는 꿈**

　자신의 사랑을 확인하고 싶거나 누군가의 마음을 알고 싶어 하는 징조이다.

◉ **사진을 찍는 꿈**

　사진을 찍으면 누군가에게 자신을 구속당하게 된다. 그리고 누군가의 사진을 찍어주면 그 사람을 취재할 일이 생기거나 혹은 건강이 나빠지고 골치 아픈 일이 생기게 된다.

◉ **가족사진을 찍는 꿈**

　가정이 편안하고 화목하다. 그런데 가족사진에 자신이 빠져있는 꿈은 자신이 어디론가 떠나게 됨을 암시한다.

◉ **결혼사진을 찍는 꿈**

　단체나 기관의 초대를 받게 되거나 어떤 계약을 체결 또는 누군가와 인연을 맺게 된다.

◉ **누군가가 자신을 찍는 꿈**

누군가가 자신을 평가하거나 자신의 생활, 하는 일 등에 간섭을 하게 된다. 혹은 많은 사람들로부터 주목을 받게 된다.

◉ **연인과 같이 사진을 찍는 꿈**

곧 결혼을 하게 된다. 하지만 연인이 다른 사람과 사진을 찍으면 이 성문제로 다투게 된다.

◉ **필름에 관한 꿈**

꿈에서의 필름은 인쇄물이나 자본 등을 상징한다.

◉ **사진을 찍으려다 필름이 없어 찍지 못하는 꿈**

자신이 계획했던 일이나 사업 등이 그 기반이 미약하고 자본이 부족하여 뜻대로 되지 않는다.

각종 스포츠

◉ **운동이나 경기에 관한 꿈**

꿈에서의 운동이나 경기는 정신적 갈등, 사업성과, 전쟁 등을 상징한다.

◉ **운동장에 관한 꿈**

꿈에서의 운동장은 사건현장, 사업장, 어떤 기관 등을 상징한다.

◉ **경기에서 우승을 하는 꿈**

운동 경기에서 우승을 하면 대기업에 입사하거나, 좋은 부서나 자리로 옮기게 된다. 그리고 메달, 우승컵, 상금 등을 받으면 새로운 마음가짐을 갖거나 결혼을 결심하기도 한다. 또한 그동안의 어려움을 극복하고 계획했던 일들을 성사시키게 된다.

◉ 우리나라 선수가 국제 경기에서 이기는 꿈

매사에 행운이 따라 어떠한 어려움 속에서도 목적을 달성하게 되며, 지위가 높아지거나 책임과 권한이 커지게 된다.

◉ 경기장에 관중이 아무도 없는 꿈

사업이나 여러 가지 일들을 추진함에 있어 모든 일들을 혼자서 판단하고 해결해야 한다. 또 경기장에 관중이 많은 꿈은 사사건건 방해가 생겨 뜻대로 풀리지 않음을 암시한다.

◉ 공을 차는 꿈

막혔던 일들이 서서히 풀릴 징조이다.

◉ 누군가와 서로 공을 주고받는 꿈

누군가와 의견이 맞지 않아 시비가 일어나 서로 다투게 된다.

◉ 자신이 찬 공이 공중으로 높이 날아가는 꿈

자신이 하는 일에 공을 세워 그 공로를 치하 받거나 자신의 능력을 한껏 발휘하게 된다.

◉ 검도나 펜싱 경기를 하는 꿈

누군가와 의견이 맞지 않아 시비가 일어나 서로 다투게 된다.

◉ 격투기에 관한 꿈

꿈에서의 격투기는 투쟁적인 일, 공격, 비평, 이데올로기 등을 상징한다.

◉ 권투, 레슬링, 씨름, 유도 등의 격투기 시합을 하는 꿈

경쟁이나 시합, 소송 등이 있고 투쟁적인 일을 하게 된다. 또한 연인

들은 사소한 일로 오해가 생겨 헤어질 수도 있다.

◉ 자신이 기계체조를 하는 꿈

자신의 재주나 능력, 기술 등을 과시하게 된다. 또 그로 인해 돈과 명예를 한꺼번에 얻게 된다.

◉ 농구경기에서 골을 넣는 꿈

농구경기에서 골을 넣거나 3점 슛을 성공시키면 횡재수가 있어 뜻밖의 많은 재물이 생기고 명예와 지위가 높아진다.

◉ 마라톤에서 일등을 하는 꿈

자신의 명예와 지위가 올라가고 가업이나 사업 등은 날로 번창하게 된다. 하지만 마라톤에서 꼴찌를 하는 꿈은 만사가 막혀 풀리지 않을 징조이다.

◉ 배구 경기에서 자신의 팀이 지는 꿈

좋지 않다. 자신의 삶에 대하여 패배의식을 갖게 되니 모든 일에 자신감이 없거나 불안하다.

◉ 수영에 관한 꿈

꿈에서의 수영은 자신의 사회나 직장, 가정생활, 연구, 노력 등을 상징한다.

◉ 수영을 하는 꿈

잔잔한 물에서 수영을 하면 모든 생활이 전반적으로 만족스럽게 진행된다. 더러운 물에서 수영을 하면 병에 걸려 고생을 하거나 사기를 당할 우려가 있다.

◉ 열심히 수영을 하는데 앞으로 나아가지 못하는 꿈

매사에 문제가 발생해 자신의 뜻대로 진행되지 않거나 불안하고 무기력한 상태가 계속된다.

◉ **길을 가다가 갑자기 수영을 하는 꿈**

　자신의 일을 당분간 보류하고 임시직을 얻게 된다.

◉ **눈 위에서 썰매나 스키를 타는 꿈**

　모든 일이 매끄럽게 진행되며 좋은 성과를 거두게 된다.

◉ **씨름에서 이기는 꿈**

　자신이 씨름에서 이기면 소송이나 경쟁에서 힘겹게 이기게 된다. 또 만약 씨름에서 지는 꿈을 꾸었다면 사업기반이나 자본이 부족하여 사업이 어려움을 겪게 된다.

◉ **야구경기에서 자기편 선수가 홈런을 치는 꿈**

　만사형통이다. 자신이 하는 일이 크게 성공하여 능력을 인정받게 된다. 하지만 상대편 선수가 홈런을 치는 꿈은 경쟁자에게 뒤쳐지거나 사업이 부진하여 어려움을 겪게 된다.

◉ **양궁시합에서 과녁을 정확하게 맞히는 꿈**

　합격, 취직, 승진 등의 기쁜 일이 따른다.

◉ **이어달리기에서 누군가가 넘겨준 바통을 받아 쥐고 힘껏 뛰는 꿈**

　누군가가 하던 사업이나 작업을 인수받아 훌륭하게 이끌어 나가게 된다.

◉ **축구시합에서 자신이 골을 넣어 승리하게 되는 꿈**

　같은 계열사 중에서 가장 두드러진 경영을 한다. 학문적인 논쟁 등에서 승리하여 개인이나 사회적으로 성공을 거두게 된다.

취미

◉ 바둑이나 장기에 관한 꿈

꿈에서 바둑이나 장기는 세력다툼, 권력 확장, 경쟁적인 일, 논쟁 등을 상징한다.

◉ 바둑이나 장기를 두는 꿈

경쟁이나 세력다툼이 생기게 된다.

◉ 동료, 친구와 바둑이나 장기를 두는 꿈

좋지 않다. 사소한 오해로 인하여 다투거나 경쟁을 하게 된다.

◉ 내기 바둑이나 장기를 두는 꿈

소송이 일어나게 될 징조이다.

◉ 바둑이나 장기를 두는데 누군가 훈수를 하는 꿈

자신이 추진하는 일에 누군가의 간섭이나 방해를 받게 된다.

◉ 바둑이나 장기를 두어 이기는 꿈

명성이나 재물 이권 등을 얻게 된다. 윗사람과 바둑을 두어 이기면 높은 지위에 오르고 권리 등을 확보할 수 있게 된다. 하지만 자신이 지는 꿈이면 반대로 다툼이나 분쟁이 일어나고 재물 손실이 있다.

◉ 낚시에 관한 꿈

꿈에서의 낚시는 어떤 일에 대한 소득이나 수단, 인물의 선택 등을 상징한다.

◉ 낚시를 하는 꿈

많은 재물과 훌륭한 인재를 얻게 된다.

◉ 준비만 해 놓고 낚시는 하지 않는 꿈

여러 가지 계획을 세우지만 여건이 맞지 않아 실행에 옮기지 못한다.

◉ 낚시 도구를 얻는 꿈

재물을 모으는 방법이나 사람을 구하는 방법을 알게 된다.

◉ 낚시 도구를 잃어버리는 꿈

자신이 세운 계획이나 기밀 등이 밖으로 새어나가 계획을 다시 세워야 하거나 추진하던 일을 포기해야 한다.

놀이, 게임

◉ 놀이에 관한 꿈

꿈에서의 각종 놀이는 자유, 해방 등을 상징한다.

◉ 가위바위보를 하는 꿈

어떤 일에 있어 성공여부를 알 수 있거나 혹은 자신이 진행하는 일에 방해가 생겨 일의 진척이 없음을 암시하기도 한다. 하지만 가위바위보를 하여 이기는 꿈을 꾸면 지금까지 해결되지 않던 근심걱정들이 사라지게 된다.

◉ 넓은 공원에서 뛰어 노는 꿈

자신의 생활이나 주변 환경이 답답하다는 느낌을 받을 때 자주 꾸는 꿈이다. 마음의 여유를 갖아야 이롭겠다.

◉ 놀이기구를 타는 꿈

사업, 상업 등에서 많은 재물을 얻게 되거나 승진, 취직 등의 운이 따른다.

◉ **딱지치기, 공기놀이, 기타 장난감 놀이를 하는 꿈**

사업의 성공여부를 전망하거나 학생이라면 학과 성적과 관계가 있다.

◉ **시소를 타는 꿈**

절친한 친구나 연인과의 관계가 악화될 수 있다

◉ **윷놀이를 하는 꿈**

재물을 얻게 될 징조이다.

◉ **술래잡기를 하면서 자신이 술래가 되는 꿈**

자신이 소중하게 여기는 것을 잃어 마음고생을 하게 되거나 학생이라면 시험성적이 좋지 않아 고민이다.

◉ **그네뛰기를 하는 꿈**

자신의 작업이나 작품 등을 사람들에게 과시하게 된다.

◉ **게임에 관한 꿈**

꿈에서의 게임은 경쟁적인 일이나 일의 승패 등을 상징한다.

◉ **자신이 누군가와 게임 등으로 경쟁하는 꿈**

좋지 않다. 어떤 일에 대해 강박관념에 사로잡혀 있거나 과중한 업무로 몹시 힘들어 하고 있음을 암시한다. 건강에 신경을 써야겠다.

◉ **도박을 하는 꿈**

어떤 기관을 통해서 작업 결과에 대한 판단을 받고 대가를 얻게 된다.

◉ **도박판에서 돈을 따는 꿈**

가까운 사람에게 배반을 당하거나 재물을 잃게 된다.

◉ 호두나 트럼프에 관한 꿈

꿈에서의 화투나 트럼프는 일의 심사과정, 경쟁, 시비, 운세 등을 상징한다.

◉ 화투를 치는 꿈

화투를 치다가 돈을 따는 꿈을 꾸었다면 꿈과는 반대로 재물을 잃게 된다. 또 돈을 잃은 꿈을 꾸었다면 그동안 여러 가지 방해로 인해 막혔던 문제들이 해소가 되고 화투를 치다 서로 싸우는 꿈을 꾸면 재물로 인해 서로 다투게 된다.

◉ 트럼프를 하는 꿈

누군가 자신의 재산을 노리고 있다는 암시이다.

◉ 경마에서 우승을 하는 꿈

길몽이다. 자신의 사업이나 작품 등이 크게 성공하여 세상에 자신의 이름을 날리게 된다.

음식

음식

◉ 음식에 관한 꿈

꿈에서의 음식은 자본, 일거리, 어떤 일에 대한 내용, 음식에 따라 좋고 나쁨, 우열 등을 상징한다.

◉ 음식을 먹는 꿈

꿈에서 음식을 먹는 것은 자신이 하는 일에 책임을 져야 하거나 일의 실현 여부 등을 나타내기도 하지만 질병에 걸릴 위험도 있다. 또 누군가가 자신에게 음식을 주는 꿈은 그 사람이 시키는 일에 책임을 져야 하고 음식을 맛있게 먹는 꿈은 자신이 적극적인 자세로 일을 추진하게 되는 것이고 상한 음식을 먹는 꿈은 질병에 걸리는 등 불길한 일이 생기고 매사에 말썽이 생긴다.

◉ 음식을 토하는 꿈

다급한 일이 생기거나 시끄러운 말썽 등이 생긴다. 또는 누군가에게 받은 물건이나 부정하게 얻은 물건을 돌려주게 된다. 하지만 목에 걸린 음식을 뱉어내면 그동안의 문제들이 사라질 징조이다.

◉ 음식을 삼켜버리는 꿈

많은 재물이 생기고 태몽이라면 장차 그 음식이 상징하는 일을 성사시킬 아이가 태어난다.

◉ 음식을 씹지 않고 먹는 꿈

여건이 맞지 않은데도 무리하게 사업을 진행시키거나 엉뚱한 곳에 투자를 하여 재산상의 손해를 본다.

◉ 음식을 먹고 체한 꿈

자신의 능력 밖의 일을 맡아 고생을 하게 된다. 또 음식을 먹고 배가 아픈 꿈을 꾸었다면 자신이 부정한 일을 저질러 돈을 벌거나 질병에 걸리게 된다.

◉ 음식을 먹고 배가 부른 꿈

자신이 추진하는 사업이나 부동산, 주식 등에서 많은 이익을 얻는다. 반대로 음식을 많이 먹었는데도 배가 고픈 꿈은 추진하는 일에 최선을 다했지만 결과가 부진할 징조이다.

◉ 음식을 억지로 입안으로 밀어 넣는 꿈

자신의 언행으로 인해 구설수에 휘말리거나 책임질 일이 생기게 된다.

◉ 음식을 대접하는 꿈

어떤 기관에 청탁할 일이 생기게 되고 협조자를 만나 도움을 받게 된다. 윗사람에게 음식을 대접하면 입학이나 취직, 승진 등의 경사가 따른다.

◉ 여러 명이 음식을 먹는 꿈

여러 사람이 서로 협력하여 일을 처리하게 된다.

◉ 누군가와 겸상하여 음식을 먹는 꿈

혼담이 있거나 결혼을 할 징조이다. 또는 누군가와 뜻을 같이하여 일을 진행하게 되고 좋은 조건으로 계약이 성사된다.

◉ 죽은 사람과 같이 음식을 먹는 꿈

길몽이다. 특히 재물 운이 좋다. 가업이나 사업, 상업 등에서 많은 이익을 얻게 된다.

◉ 잔칫집에서 음식을 먹는 꿈

자신이 추진하는 사업, 작품, 작업 등의 결과가 좋고 기관이나 상사에게 부탁한 일이 순조롭게 성사된다. 또 잔치에 초대를 받는 꿈은 자신이 부서의 책임자가 되거나 어떤 회의에 참석하게 된다.

◉열심히 음식을 만드는 꿈

실제로 자신이 무언가를 만들거나 혹은 곤란한 일이 생기게 된다.

일반적 음식

◉ 밥에 관한 꿈

꿈에서의 쌀밥은 좋은 일, 작업, 작품 등을, 잡곡밥은 그리 좋지 않은 일 등을 상징한다.

◉ 밥을 먹는 꿈

돈이 많이 생겨 부자가 될 징조이다. 뿐만 아니라 자신이 하고자 하는 일들이 성사된다. 또 누군가가 자신에게 주는 밥을 먹으면 선물을 받거나 건강이 좋아지게 되고 밖에서 쌀밥을 먹는 꿈 또한 재물이 저절로 굴러들어올 징조이다. 직장에서 큰 공을 세우거나 사업자금이 생긴다. 하지만 생쌀을 먹으면 아주 흉몽이다. 아주 불길한 일을 당하고 심하면 사망에 이를 수 있는 불상사가 생긴다.

◉ **잡곡이 많이 섞인 거친 밥을 먹는 꿈**

자신이 원하지 않는 일을 하게 되니 매사 의욕이 없고 실패하게 된다.

◉ **밥이 솥에 가득한 꿈**

길몽이다. 가정이 편안하고 많은 재물이 들어와 풍성하다.

◉ **국에 관한 꿈**

꿈에서의 국은 사소한 일거리나 업무, 어떤 일의 평가, 감기 등을 상징한다.

◉ **국을 먹는 꿈**

감기에 걸릴 경우가 많고 자신이 하는 일이 순조롭지 않아 답답하기만 하다. 특히 미역국을 먹으면 매사 말썽이 생기고 취직이 잘 안되거나 시험에 낙방하게 된다. 하지만 자신이 나물국을 먹으면 심신이 모두 편안하고 한가하다.

◉ **고깃국을 먹는 꿈**

자신이 대체로 좋은 일거리를 맡거나 자신의 작품 활동 등을 의미한다. 꿈에 국물만 먹었다면 자신이 노력한 만큼의 대가를 받지 못하는 것이고 건더기가 많은 국을 먹었다면 자신이 해야 할 일이 많다는 징조이다.

◉ **떡을 먹는 꿈**

소원성취를 하게 된다 재물과 명예, 지식 등이 있고 뿐만 아니라 합격이나 취직, 승진 등의 좋은 일도 있다. 태몽이라면 장차 이름을 크게 떨칠 아이가 태어난다. 또 떡을 사 먹는 꿈은 누군가가 자신에게 좋은 일거리를 주거나 혼담이 오가게 되고 결혼을 하게 된다.

◉ 송편을 먹는 꿈

좋은 친구나 동료, 거래처를 만나게 된다.

◉ 쇠고기나 돼지고기를 먹는 꿈

매사에 말썽이 생기고 답답하다. 또 건강이 나빠질 징조이니 조심해야 하고 닭고기나 오리고기를 먹는 꿈도 마찬가지이다.

◉ 생선을 먹는 꿈

길몽이다. 모든 일이 순조롭게 진행되니 머지않아 좋은 결과를 얻게 되고 특히 가업이나 사업, 상업 등에서 많은 이익을 얻는다.

◉ 고춧가루가 든 매운 음식을 먹는 꿈

기분이 좋아지고 넘치는 의욕으로 일을 열심히 하게 된다.

◉ 국수나 라면을 먹는 꿈

길몽이다. 매사가 순조롭고 결과 또한 좋다. 즐거운 회식이나 모임 등이 있다. 혹은 감기에 걸릴 경우도 있다.

◉ 만두나 호빵을 먹는 꿈

그동안의 근심걱정이 사라진다.

◉ 만두나 국수 등이 쌓여 있는 꿈

가업이나 사업, 상업 등에서 많은 이익을 얻게 된다.

◉ 인스턴트식품에 관한 꿈

꿈에서의 인스턴트식품은 학문적 자료나 작품 내용, 아직 시작하지 않은 일 등을 상징한다.

◉ 차를 마시는 꿈

  누군가가 권해서 자신이 차를 마시면 청탁을 받게 되고 반대로 자신
이 누군가에게 차를 권하면 도움을 청할 일이 생기게 된다.

◉ 윗사람에게 차를 대접받는 꿈

  직장 상사로부터 자신의 능력을 인정받아 중요한 일을 맡게 되거나
승진을 할 징조이다.

◉ 커피를 마시는 꿈

  현재 자신의 생활이나 주변 환경 등에 불만이 많음을 나타낸다.

◉ 우유에 관한 꿈

  꿈에서의 우유는 일거리, 재물, 정신적인 자산 등을 상징한다.

◉ 우유를 마시는 꿈

  어떤 단체나 회사에서 자신이 비중 있는 일을 하게 된다. 또 여러 사
람과 함께 우유를 마시는 꿈은 주위 사람들과 함께 의논하여 일을 진
행시키니 더욱 좋은 성과를 거두게 된다.

◉ 우유를 들고 있는 꿈

  사업자금이나 좋은 일거리가 생기게 된다.

◉ 과일주스에 관한 꿈

  여러 가지 과일 주스를 사는 꿈은 많은 재물을 얻거나 새로운 지식
이나 정보, 믿고 의지할 만한 사람과 인연을 맺게 될 징조이다.

◉ 감주나 식혜를 마시는 꿈

  쓸데없는 일에 괜히 끼어들어 구설수에 휘말리게 된다.

◉ 아이스크림을 먹는 꿈

  누군가의 감언이설에 빠지거나 부질없는 연애를 하게 된다. 하지만

연인과 함께 아이스크림을 먹으면 결혼을 하게 된다.

◉ **빵을 사는 꿈**

믿고 의지할 만한 사람과 인연을 맺거나 새로운 일거리, 직책 등을 맡게 될 징조이다. 혹은 자신이나 가족 중에 누군가가 건강이 나빠질 수도 있다.

◉ **과자를 먹는 꿈**

매사가 순조롭다. 자신이 과자를 먹고 기분이 좋았다면 명예가 올라가고 좋은 직책이나 일거리를 맡게 된다. 하지만 과자를 바라보기만 하고 먹지 않았다면 동업이나 작품 활동을 누군가와 같이 함에 있어 여건이 좋지 않아 결과가 부진하다.

◉ **사탕을 먹는 꿈**

평소 자신이 원하던 일을 하게 되거나 작은 소망 등이 이루어진다.

◉ **여러 종류의 과자가 그릇에 가득 들어 있는 꿈**

남들이 부러워할 만한 좋은 일거리를 얻거나 결혼하게 된다.

음식재료

◉ **음식재료에 관한 꿈**

꿈에서의 음식재료는 일거리, 사업자금, 작품 등을 상징한다.

◉ **고기를 사오는 꿈**

금전적인 거래가 있을 징조이다.

● 식용유를 사는 꿈

학문적 연구 자료나 많은 재물 등을 얻게 된다. 하지만 인품이 좋지 않은 사람이 기름을 먹으면 쓸데없는 일에 정신을 팔게 된다.

● 파나 마늘을 얻는 꿈

사업자금을 마련하게 된다. 또 파나 마늘을 사는 꿈은 태몽이라면 장차 정신적인 업적을 남길 아이가 태어난다.

● 소금, 간장 등을 보는 꿈

합격이나 취직, 승진 등의 좋은 일들이 생긴다.

● 소금을 얻는 꿈

부자가 될 징조이다. 가업이나 사업, 상업 등에서 많은 이익을 얻게 된다. 혹은 가정에 우환이 생길 수도 있다.

● 소금이 넓은 들판에 산더미처럼 쌓여 있는 꿈

아주 큰 사업을 벌이거나 작품을 출판하게 된다. 하지만 자금이나 여건이 맞지 않아 어려움을 겪을 수도 있다.

● 간장이나 된장, 소금 등을 먹는 꿈

매사가 순조롭고 이익 등이 따른다 하지만 소금을 너무 많이 먹으면 매사에 말썽이 생겨 곤욕을 치르고 건강이 나빠질 수도 있다.

● 음식을 만드는데 여러 가지 장으로 간을 맞추는 꿈

누군가와 협력하여 일을 추진하여 좋은 결과를 얻게 되고 많은 사람들과 함께 기뻐할 일이 생긴다.

● 음식에 조미료를 넣는 꿈

자신이 하는 일이나 작품 활동 등에 좋은 결과를 얻게 되고 기분 좋은 일이 생긴다. 또 음식에 설탕을 넣는 꿈은 어려운 일을 훌륭히 성사시켜 사람들이 감탄을 하거나 그들에게 칭찬을 듣게 된다.

술, 담배

◉ **술에 관한 꿈**

　꿈에서의 술은 어떤 자극이나 약, 감동, 명예, 작전 등과 관계한다.

◉ **술을 마시는 꿈**

　술을 적당히 마시는 꿈은 매사가 순조롭고 걱정이 없다. 하지만 술을 많이 마시는 꿈은 건강이 나빠질 우려가 있으니 조심해야 한다.

◉ **누군가에게 술을 대접받는 꿈**

　누군가에게 초대를 받아 술을 마시면 무병장수할 꿈이다. 또는 그 사람의 의견을 존중하거나 그의 부탁을 들어주게 된다.

◉ **누군가에게 술을 대접하는 꿈**

　쓸데없는 일에 괜히 끼어들어 구설수에 휘말리거나 이성문제로 창피를 당할 일이 생긴다.

◉ **높은 누각에서 술을 마시 는 꿈**

　그동안의 근심걱정이나 고생 등이 모두 사라진다. 높은 지위에 오르는 것은 물론이고 많은 재물을 얻게 된다.

◉ **술맛이 좋은 꿈**

　가정에 경사가 있거나 기쁜 일이 생긴다. 하지만 술맛이 시면 속상할 일이 생기고 술맛이 쓰면 자신이 하는 일에 좀더 많은 노력을 기울여야 함은 물론이고 자만해서는 안 된다.

◉ **맥주를 마시는 꿈**

누군가가 자신을 함정에 빠뜨릴 징조이니 자신의 주위를 한번 살펴봐야 이롭겠다.

◉ **술에 취해 행패를 부리는 꿈**

누군가와 사소한 오해로 다투게 되거나 구설수에 휘말릴 수 있다. 또 꿈에 술주정꾼을 보면 자신이 하는 일에 말썽이 생길 징조이다.

◉ **담배에 관한 꿈**

꿈에서의 담배는 재물이나 지위, 운세 등을 상징한다.

◉ **담배를 사는 꿈**

취직을 하거나 새로운 직장을 구할 징조이다.

◉ **담배를 피우는 꿈**

좋은 일이 생기게 된다. 합격이나 승진, 취직 등이 따르고 특히 사업가라면 주위의 도움으로 사업자금을 마련하여 경영상 어려움을 극복하게 된다. 혹은 지나친 낭비로 인해 지출이 많다.

◉ **담배를 끊는 꿈**

자신이 환자라면 건강을 되찾게 될 징조이다.

◉ **담배에 불이 잘 붙지 않는 꿈**

자신이 하는 일에 최선을 다해 노력을 하지만 결과가 부진하여 심적 고통이 크다.

◉ **재떨이에 담배꽁초가 많이 있는 꿈**

추진하는 사업이나 작업, 작품 등에 최선을 다하지만 성과는 없고 금전상의 손실만 늘었다.

공간과 장소

집

◉ **집에 관한 꿈**

꿈에서의 집은 실제로 집이나 다른 건물, 기관, 사업체, 업적, 인체, 무덤, 작품 등을 상징한다.

◉ **집을 짓는 꿈**

실제로 자신의 집을 갖게 될 징조이다. 또한 만사가 순조로우니 걱정이 없겠다. 가업이나 사업, 상업 등은 협력자의 도움으로 날로 번창하여 많은 이익을 얻게 된다. 또 금이나 은으로 된 집을 짓는 꿈을 꾸면 엄청나게 많은 재물을 얻게 된다.

◉ **집을 팔거나 사는 꿈**

길몽이다. 집을 파는 꿈은 횡재수가 있어 생각지도 않은 재물을 얻게 되고 운이 좋아 만사형통이다. 반대로 집을 사는 꿈은 무병장수할 꿈이다.

◉ **집으로 들어가는 꿈**

새 집에 들어가는 꿈은 다른 직장을 구하거나 취직, 새로운 사업을 하게 되고 결혼을 하게 될 징조이다. 하지만 외출했다 자기 집으로 들어가면 직장을 그만두거나 사업이 실패로 돌아가게 된다.

◉ 누군가가 집으로 들어오는 꿈

가족이 아닌 사람이 들어오는 꿈은 자신의 비밀을 누군가가 알아내려는 징조이다. 군인이 자신의 집으로 들어오는 꿈은 사업이나 상업을 하는 사람이라면 좋은 협조자의 도움으로 사업 등이 크게 발전을 하게 된다 도둑이 자신의 집으로 들어오는 꿈은 가정의 우환이 사라질 징조이다.

◉ 집 밖으로 나가는 꿈

자신이 계획했던 사업이나 작품 활동 등을 시작하게 된다. 또 자신의 가족이 아닌 누군가가 집에서 나가는 꿈은 길운으로 자신의 일을 도와줄 사람을 만나게 될 징조이다. 사업가라면 좋은 협조자를 만나 일을 추진함에 있어 걱정이 없다. 또 담을 넘어 집을 나가면 자신의 앞길에 험한 일들이 모두 사라질 징조이다.

◉ 많은 사람들이 집 밖으로 나가는 꿈

가정에 좋은 일이 생길 징조이다. 출산이나 돌잔치 등으로 많은 사람들이 자신의 집을 방문하게 되고 합격, 취직, 승진 등의 경사가 따른다.

◉ 많은 사람들이 자기 집으로 몰려오는 꿈

자신의 하는 일에 간섭하는 사람이 많다.

◉ 집이 불에 타는 꿈

엄청나게 많은 재물이 들어오거나 좋은 집으로 이사를 가게 된다. 하지만 재만 남는 꿈은 좋지 않다. 가정형편이 어렵게 되거나 대인관계 또한 원만하지 못하다.

◉ 집이 무너지는 꿈

흉몽이다. 그 집이 자신의 집이라면 자신이나 가족 중에 누군가가 질병에 걸려 건강이 아주 나빠질 징조이다. 하지만 집이 저절로 무너지는 꿈은 횡재수가 있어 생각지도 않은 이득을 취하게 된다.

◉ 집의 대들보가 무너지는 꿈

흉몽이다. 그 집이 자신의 집이라면 자신의 건강이 아주 나빠지거나 사망하게 된다.

◉ 집을 허물어뜨리는 꿈

자신이 자신의 집을 허물어뜨리면 자신의 생활에 새로운 변화를 모색하거나 계획을 바꾸게 된다. 남이 자신의 집을 이유도 없이 허물어뜨리면 다른 사람에 의해 절망하게 되고 진로를 바꾸게 될 일이 생기게 된다.

◉ 집을 수리 하는 꿈

가정이 편안하고 생활이 윤택해진다. 또한 사업 확장을 위해 자본을 투자하거나 자신의 작품, 작업 등에 있어서 방향을 바꾸게 된다. 하지만 모든 일들을 더디게 추진하면 불길하다.

◉ 집을 깨끗이 청소하는 꿈

먼 곳에서 반가운 손님이 찾아온다.

◉ 집이 바람에 움직이는 꿈

이사를 갈 징조이다.

방, 부엌, 화장실

◉ 방이 텅 비어 있는 꿈

누군가에게 사기를 당하거나 가족이 병에 걸리는 등 우환이 생기게 된다.

◉ 넓은 방을 보는 꿈

지위가 향상되고 재물을 얻는 등 운세가 좋아지게 된다.

◉ 누군가가 자신의 방을 들여다보는 꿈

자신의 비밀이나 신상에 대하여 알려고 하거나 괜한 시비가 있게 된다.

◉ 누군가가 자신의 방에서 나가는 꿈

자신과 뜻이 맞는 사람과 인연을 맺게 된다.

◉ 자신의 친구가 자신의 방으로 들어오는 꿈

실제로 자신의 친구나 가깝게 지내는 사람이 찾아올 징조이다.

◉ 어두웠던 방이 갑자기 환해지는 꿈

길몽이다. 여건이 좋지 않아 전전긍긍했던 일들이 협조자의 도움으로 순조롭게 진행된다. 또 미혼자라면 좋은 배우자를 만나게 된다.

◉ 부엌에 관한 꿈

꿈에서의 부엌은 신체의 입, 살림, 재무구조를 조정하는 곳, 기획이나 관리하는 곳 등을 상징한다.

◉ 부엌에서 요리하고 있는 꿈

사업을 시작하게 되거나 출세의 기반을 다지게 된다. 혹은 반가운 손님이 찾아오게 된다.

◉ 부엌을 고치는 꿈

길몽이다. 가업이나 사업, 상업 또는 부동산이나 주식에 투자를 했다면 가까운 시일에 좋은 일이 생긴다.

◉ 부엌에서 불이 나는 꿈

가정에 우환이 생기거나 갑자기 급한 일이 생겨 어찌할 바를 모른다.

◉ 화장실에 관한 꿈

꿈에서의 화장실은 사업장, 생산지, 기관, 현장, 부정한 곳, 목욕탕 등을 상징한다.

◉ 화장실에 들어가는 꿈

자신의 사업기반을 마련하거나 작업 작품 활동을 할 수 있는 장소를 찾게 된다.

◉ 화장실을 찾지 못해 쩔쩔매는 꿈

자신이 하는 일에 별 진척이 없고 자금이 모자라 사업에 어려움이 많다.

◉ 화장실에 숨는 꿈

나쁜 소문에 시달리거나 자신이 부정한 일을 하게 된다.

◉ 화장실에서 걱정을 하는 꿈

자신이 공무원이나 직장인이라면 파격적인 승진을 하게 된다.

◉ 화장실의 대소변을 쳐가는 꿈

그동안의 근심걱정들이 모두 사라지지만 재물이 나갈 징조이다.

◉ 화장실에 빠지는 꿈

자신이 화장실에 빠졌는데 악취를 느끼지 못했다면 횡재수가 있어 많은 재물을 얻게 된다 하지만 화장실에 빠져서 나오지 못하거나 허우적거리면 지위나 명예가 땅에 떨어지고 동업자가 배신을 하거나 거래처의 부도 등으로 사업에 크게 실패하여 재물의 손실이 크다.

다락, 천장, 지하실, 마당, 지붕

◉ 다락에서 나오는 꿈

자신의 주변 환경이나 생활여건들이 자신을 너무 구속하고 있다는 것을 꿈으로 표출하는 것이다.

◉ 다락을 들여다보는 꿈

정신적인 활동을 하거나 청탁할 일이 생기게 된다.

◉ 천장에 관한 꿈

꿈에서의 천장은 두뇌, 정신, 윗사람, 전시장 등을 상징한다.

◉ 천장이 무너지는 꿈

자신의 부모님에게 좋지 않은 일이 생기거나 자신의 생활기반이 위태롭게 된다.

◉ 지하실에 관한 꿈

꿈에서의 지하실은 비밀단체나 비밀장소, 유치장, 연구실, 잠재의식 등을 상징한다.

◉ 지하실로 들어가는 꿈

자신 스스로 일을 어렵게 만들어 낭패를 당하게 되고 비밀스러운 작업이나 암거래를 하게 된다.

● **마당이 패어져 있는 꿈**

흉몽이다. 자신의 부모나 가족 중에 누군가가 아주 건강이 나빠질 징조이다.

● **마당 한쪽이 밝아오는 꿈**

그동안의 모든 근심과 걱정이 사라지고 가정이나 직장에서나 좋은 일이 생기게 된다.

● **지붕에 관한 꿈**

꿈에서 지붕은 신체의 머리, 상류층, 간판, 죽음 등을 상징한다.

● **지붕에 서 있는 꿈**

뜻밖의 난관에 부닥쳐 진행할 수 없었던 일들이 협력자의 도움으로 제자리를 찾게 된다. 하지만 자신이 남의 집 지붕 위에 서 있으면 자신의 부모님에게 우환이 생긴다.

● **지붕을 잇는 꿈**

길몽이다. 무병장수할 꿈이다.

● **지붕이 무너지는 꿈**

가업이나 사업, 상업 등에는 자금이 없어 결국 실패하게 되고 직장인이라면 실직을 당할 우려가 있다.

● **지붕을 수리하는 꿈**

자신이 하던 일을 성사시킨다.

벽, 계단, 담

◉ **벽에 관한 꿈**

꿈에서의 벽은 지면, 게시판, 난관, 절망 등을 상징한다.

◉ **벽에 무언가를 그리거나 쓰는 꿈**

자신의 작품을 발표하거나 업적, 명성 등을 문서로 남기게 될 징조이다. 또는 다른 사람들을 가르치는 일을 하거나 출판계통의 일을 하게 된다.

◉ **벽에 여러 가지 액자 등을 거는 꿈**

자신이 업적이나 공적 등을 과시하고 사업에 관련된 일들을 광고하게 된다. 글씨나 그림, 사진 등의 액자는 그 일의 전망이나 운 등을 예시하기도 한다.

◉ **벽을 무너뜨리는 꿈**

많은 난관을 뚫고 자신이 하고자 하는 일을 성사시키게 된다.

◉ **계단에 관한 꿈**

꿈에서의 계단은 계급, 시간, 교통 등을 상징한다.

◉ **계단을 올라가는 꿈**

출세를 할 꿈이다. 자신의 능력을 인정받아 중요한 직책을 맡게 되고 이를 성공적으로 성사시켜 많은 공적을 쌓게 된다. 신분이나 지위가 올라간다.

◉ **계단을 내려오거나 오르다가 떨어지는 꿈**

꿈에서 계단을 내려오면 자신이 위법적인 일을 할 징조이다. 또 계단을 오르다가 떨어지면 뜻밖의 난관에 부닥쳐 사업이 부진하다.

◉ 담에 관한 꿈

　꿈에서의 담은 세력권, 기관, 사업체, 허세 등을 상징한다.

◉ 담이 무너지는 꿈

　사업이 번창하는 등 모든 일에 좋은 결과를 가져온다.

◉ 담 위에 올라가는 꿈

　합격, 취직, 승진 등의 기쁜 일이 생긴다.

◉ 담을 넘는 꿈

　그동안의 어려움들이 사라질 징조이다. 가업이나 사업, 상업 등에는 협조자의 도움으로 숨통이 트이게 된다.

문

◉ 문에 관한 꿈

　꿈에서의 문은 실제의 문이나 관문, 간판, 기관이나 사업체, 방어책 등을 상징한다.

◉ 문을 여는 꿈

　꿈에 창문이나 방문을 열면 만사가 대길하다. 대문이 열리는 꿈 또한 운수가 트일 꿈으로 특히 가업이나 사업, 상업 등에는 많은 이익을 얻게 된다.

◉ 문을 열려고 하는데 열리지 않는 꿈

자신이 하는 일이 번번이 실패를 하게 된다.

◉ **문이 부서지는 꿈**

방문이나 대문이 부서지면 자신의 가족이나 가까운 사람이 자신의 곁을 떠나거나 가출을 하게 되고 사업이 부도가 나는 등 좋지 않은 일이 생기게 된다.

◉ **문을 고치는 꿈**

태몽이라면 장차 훌륭하고 크게 성공할 아이가 태어난다. 또한 가업이나 사업 등이 번창하게 된다.

◉ **자신의 방문이나 대문이 크게 보이는 꿈**

말이 필요 없다. 아주 큰 부자가 될 징조이다.

건물

◉ **건물이나 빌딩을 짓는 꿈**

세상에 자신의 명성을 떨치거나 어떤 단체를 만들게 되고 작업이나 작품 등을 새로 구상하게 된다.

◉ **건물을 사거나 파는 꿈**

재물 운이 좋다. 큰 재물이 들어오거나 새로운 자금이 들어온다.

◉ **건물에 불이 나는 꿈**

길몽으로 만사가 순조롭게 진행된다. 또 건물이 다 타고 재만 남은 꿈은 횡재수가 있어 많은 재물을 얻는다.

◉ 건물이 무너지는 꿈

흉몽이다. 강력한 세력을 가지고 있던 조직체가 붕괴되고 한순간에 가업이나 사업이 등이 실패하게 된다. 예상치 못한 일로 정신적으로나 물질적으로 피해를 보게 되고 실직, 낙방 등 되는 일이 없다.

◉ 고층건물에 들어가는 꿈

길몽이다. 자신이 하는 일에 큰 업적을 남기거나 높은 지위에 오르게 된다.

◉ 현대식 건물을 보는 꿈

문화 사업을 하게 되거나 작품을 발표하게 된다.

◉ 전통한옥을 보는 꿈

한가로운 시골길을 걷게 되거나 고적지로 여행을 하게 된다. 또 자서전, 역사서 등 고전을 읽게 된다.

◉ 금융기관에 출입하는 꿈

원고를 청탁받거나 혹은 사업자금을 융통하게 된다.

◉ 관공서에 관한 꿈

꿈에서의 관공서는 회사, 권력자, 업적, 명예 등을 상징한다.

◉ 정부청사나 관공서를 들어가는 꿈

입신출세할 꿈이다. 고위직에 오르게 되고 재물과 명예가 따른다.

◉ 경찰서에 들어가는 꿈

누군가와 사소한 오해로 시비가 일어나거나 다툼이 벌어진다. 하지만 경찰서에서 나오는 꿈은 서로 화해를 하게 된다.

학교

◉ **교실에 앉아 있는 꿈**

　자신이 교실의 앞자리에 앉아 있는 꿈은 무슨 일이든 긍정적인 사고를 가지고 일을 추진하는 반면 뒷자리에 앉아 있는 꿈은 부정적인 사고와 반항적인 자세를 가지게 된다. 혹은 구설수나 소송 등에 휘말리게 된다.

◉ **교실에 앉아 열심히 공부하는 꿈**

　학문을 깊이 연구하거나 논문을 작성하게 된다.

◉ **학교 운동장에서 운동을 하는 꿈**

　길몽이다. 아주 큰 사업을 벌이거나 대기업에 취직을 하게 된다. 또 자신이 학교 운동장에서 아이처럼 뛰어노는 꿈은 언론에 자신의 기사가 실리게 될 징조이다

◉ **운동장에서 넘어지는 꿈**

　좋지 않다. 한순간의 실수로 그동안의 노력이 물거품이 될 징조이다. 출장, 여행, 이민 등이 중단되고 실패, 불합격 등 불길한 일들이 생긴다.

성당, 교회, 절

◉ **성당을 보는 꿈**

　자신이 어려운 처지에 놓여있지만 주위의 많은 도움을 받게 된다.

◉ **성당의 종소리를 듣는 꿈**

　기쁜 소식이 전해지게 되고 자신이 추진하는 일이 성공을 거두게 되고 이로 인해 명성을 얻게 된다. 반가운 소식이 찾아온다.

◉ **교회에 관한 꿈**

　꿈에서의 교회는 교리, 진리, 이상, 업적, 학교, 군대, 교도소 등을 상징한다.

◉ **교회에서 기도하는 꿈**

　그동안의 마음고생이나 어려움 등이 사라지고 자신이 원하는 일이 이루어진다.

◉ **교회나 사원으로 들어가는 꿈**

　마음의 평온함을 이룬 상태에서 자신의 능력을 발휘하게 된다.

◉ **절에 관한 꿈**

　꿈에서의 절은 실제의 절, 연구원, 부대, 교도소 등을 상징한다.

◉ **절에서 불경을 읽는 꿈**

　자신이 환자라면 병이 완쾌될 징조이다.

◉ **절에서 불공을 드리는 꿈**

　그동안의 근심걱정들이 사라질 징조이다. 가정이 화목해지고 자금사정이 좋지 않아 경영에 어려움을 겪던 사업은 자금을 확보하여 정상

궤도에 올라선다.

◉ **자신이 절에서 사는 꿈**

　태몽이라면 장차 불심이 깊고 아주 총명한 아이가 태어난다.

◉ **자신이 절이나 사당 등을 짓는 꿈**

　가정이 편안하고 화목하다. 가업이나 사업 등이 크게 번창하여 재물
이 늘어나고 명예가 높아지게 된다.

공원, 미술관

◉**공원에 여러 가지 꽃들이 피어 있는 꿈**

　실제로 공원에서 가족이나 친구들과 즐거운 시간을 갖게 되고 동창
회, 세미나 등에 참여하게 된다.

◉ **공원을 산책하는 꿈**

　가정이 편안하고 화목하다. 만사형통의 꿈이다.

◉ **연인과 놀이공원에 가는 꿈**

　연인과 여행을 할 징조이다.

◉ **미술관에 관한 꿈**

　여행을 하거나 이성을 만나게 된다.

◉ **미술관에서 많은 작품을 감상하는 꿈**

　실제로 문화관이나 미술 박물관에서 작품을 감상하게 된다. 만약에
미술관에 자신의 작품이 전시되어 있는 꿈을 꾸면 기쁜 일이 생기고

자신이 명예로워진다.

상점

◉상점에 관한 꿈

꿈에서의 상점은 학교나 회사, 전시장, 소개소, 사교계 등을 상징한다.

◉ 백화점에서 물건을 구입하는 꿈

실제로 백화점이나 시장에서 물품 구입을 하게 되고 선물과 먹을 것이 생긴다. 또 백화점에서 엘리베이터를 타고 올라가는 꿈은 직장에서 승진을 하거나 사업이 크게 번창할 징조이다

◉ 여러 가지 상품들이 진열된 상가를 지나가는 꿈

결혼상대자나 일거리를 물색하게 된다. 혹은 남의 신상에 대해 알 일이 생긴다.

◉ 상점에서 물건을 사는 꿈

꿈에서 자신이 많은 물건을 샀다면 많은 일거리를 맡게 되고 그 일로 인해 많은 이익을 얻는다.

◉ 음식점에 들어가는 꿈

누군가를 접대할 일이 생긴다.

◉ 카페나 레스토랑에 들어가는 꿈

합격이나 취직, 승진 등이 따르고 자신이 노력한 대가를 얻게 된다.

또한 미혼자라면 이성을 만나게 된다.

◉ **이발소에 가는 꿈**

자신이 여성이라면 이성 문제로 망신을 당하거나 연인으로 인해 마음고생을 하게 된다. 하지만 미용실에 가는 꿈은 가정이 편안하고 화목해진다.

◉ **호텔이나 여관에 들어가는 꿈**

좋지 않다. 뚜렷한 직장을 구하지 못하거나 노력의 대가가 없다. 사업이 부진하고 이성문제 또한 머리가 아프다.

◉ **유흥업소에 들어가는 꿈**

사교모임에 초대받거나 사업상 접대할 일이 생긴다.

다리

◉ **다리에 관한 꿈**

꿈에서의 다리는 기관이나 회사, 전환점, 한계 등을 상징한다.

◉ **다리를 보는 꿈**

만사가 순조롭다. 사업이 번창하고 작품 활동 등 자신이 하는 일에 장애가 없다.

◉ **다리를 건너는 꿈**

크고 튼튼한 다리를 건너는 꿈은 기반이 튼튼한 기관이나 사업자본이 든든함을 나타낸다. 어떤 일을 진행하든지 수월하다. 하지만 좁고

약한 다리를 건너는 꿈은 자신의 협조자나 동업자 등의 능력이 약하여 일을 진행하는 데 어려움이 많다.

◉ **징거다리를 건너는 꿈**

꿈에서 징검다리는 일의 진행과정이나 사업토대 등을 의미하는데 자신이 징검다리를 건너면 많은 시간과 노력이 필요하지만 어떤 어려운 난관에 부닥쳐도 목적한 바를 꼭 이루게 된다.

◉ **돌다리를 건너는 꿈**

꿈에서 돌다리는 학술기관이나 사업체, 중계수단 등을 상징하는데 자신이 돌다리를 건너면 든든한 후원자의 도움으로 만사가 순조롭다.

◉ **다리를 새로 건설하는 꿈**

새로운 일, 사업 등을 시작하거나 확장하게 된다. 막혔던 일들이 서서히 풀리기 시작한다.

◉ **다리가 끊어지거나 내려앉은 꿈**

가정에 우환이 생기거나 진행 중인 일이 뜻밖의 장애로 일이 뜻대로 이뤄지지 않는다.

◉ **비바람이 세차게 불어 다리를 건너가지 못하는 꿈**

상부의 압력 때문에 자신의 능력을 마음껏 발휘하지 못한다.

◉ **강을 건너려는데 다리가 없는 꿈**

매사가 자신의 뜻대로 되지 않아 답답하다. 진행 중인 일이 여러 가지 문제로 인해 중단되거나 실패를 거듭하게 되어 많은 어려움에 처하게 된다.

◉ **다리 위에서 떨어지는 꿈**

좋지 않다. 하는 일마다 실패로 돌아가고 부탁한 일마저 성사되지 않는다.

◉ **다리 위에서 누군가가 자기를 부르는 꿈**

경쟁이나 소송 등에서 이기게 된다.

◉ **다리 위에서 자신이 남을 부르는 꿈**

소송할 일이 생긴다. 만일 자신이 부를 때 상대방이 대답을 하면 길하고 아무 대답도 하지 않으면 흉하다.

◉ **다리 위에 서서 아래를 내려다보는 꿈**

자신이 아랫사람에게 일을 시키거나 충고를 할 일이 생기고 혹은 자신이 진행하는 일을 축소해야 된다.

길

◉ **길에 관한 꿈**

꿈에서의 길은 진리, 전망, 가치판단, 방법, 노력 등을 상징한다.

◉ **길을 닦는 꿈**

길을 보수하거나 포장을 하는 꿈을 꾸면 만사형통으로 어렵게 진행되던 일들이 난관을 극복하여 정상궤도에 오르게 되고 또한 자신의 생활이나 사업기반 등이 튼튼해진다.

◉ **곧고 넓은 길을 가는 꿈**

대운이 찾아왔다. 만사형통으로 가정이 편안하고 화목할 뿐 아니라 자신이 지금 하고 있는 일에 대한 전망이 밝고, 막힘이 없으니 걱정이 없다.

◉ 좁고 험한 길을 걷는 꿈

매사가 꼬여 되는 일이 없다. 직장이나 사업 등에서 많은 어려움을 겪겠다. 좀처럼 근심걱정이 사라지지 않으니 마음고생 또한 심하다. 지저분하고 더러운 길을 걸으면 건강이 나빠지거나 생활형편이 어려워지게 된다.

◉ 길을 가는데 자꾸 구부러진 길만 나타나는 꿈

자신이 하는 일에 많은 어려움과 장애가 따른다. 추진하는 일이 전망이 밝지 않아 갈등을 하게 되고 사업이나 작품 활동 등이 난관에 부닥치지만 해결방법을 몰라 어려움을 겪게 된다.

◉ 꼬불꼬불한 길을 걷는 꿈

만사가 답답하다. 어떤 일을 함에 있어 자신의 의견이나 뜻 등이 받아들여지지 않고 추진 중인 일이 난관에 부닥쳐 어려움을 겪는다.

◉ 길을 찾아 헤매는 꿈

흉몽이다. 가정에 우환이 생길 징조이다. 가족 간에 불화가 생기고 환자가 있다면 병세가 더 악화된다.

◉ 모퉁이로 꺾어진 길을 가는 꿈

일의 전환기를 맞게 된다.

◉ 길을 가다 도중에 멈추거나 쉬는 꿈

계획했던 일을 중도에서 포기하게 된다.

◉ 낯선 길을 가는 꿈

먼 곳으로 여행을 떠나게 된다.

◉ 길을 가다 갈림길을 만난 꿈

자신의 삶의 방향 등에 있어 어떤 결정을 내려야 할 징조이다. 또 갈림길에 서서 고민을 하는 꿈은 자신이 진행하는 일이나 선택을 해야 하는 일들에 대해 고민을 하게 된다.

◉ **길을 가다 장애물이 있어 되돌아가는 꿈**

순조롭게 진행하던 일이 어려운 난관에 부닥치자 노력도 하지 않고 쉽게 포기하게 된다. 하지만 길을 가다 장애물이 나타나 그것을 피해가는 꿈은 협조자의 도움으로 어려움을 극복하고 일을 추진하게 된다.

◉ **이정표 앞에 멈춰서 있는 꿈**

자신에게 크게 도움이 될 만한 협조자를 만나게 된다.

교통, 통신, 화폐

차

◉ **차에 관한 꿈**

꿈에서의 자동차는 권력 기반, 조직체, 가정, 병원 등을 상징하고 버스는 공공단체, 회사, 집회 등을 상징한다.

◉ **드라이브를 하는 꿈**

연인과 함께 드라이브를 하는 꿈은 혼담이 순조롭게 진행되거나 자신이 하는 일이 순조롭게 진행되고 있음을 뜻하고 모르는 사람과 함께 드라이브를 하면 어떤 일에 대해서 누군가와 의논을 해야 할 일이 생기게 된다. 또 야외로 드라이브를 가는 꿈은 사업체를 인수하거나 자신의 명예가 높아진다.

◉ **자신이 신나게 차를 운전하는 꿈**

가정을 잘 다스리거나 직장, 사업, 조직 등에 있어 책임감을 가지고 열심히 운영하게 된다.

◉ **차를 사거나 파는 꿈**

자신이 차를 사면 자신의 일이나 작품 등이 좋은 평가를 받지 못하게 되고 자신이 차를 팔면 누군가에게 돈을 빌릴 징조이다.

◉ 차에 부딪치는 꿈

자신이 차에 부딪치면 어떤 기관에 청탁한 일이 겨우 받아들여진다.

◉ 차에 치어 죽는 꿈

횡재수가 있어 뜻밖의 큰 재물이 들어오거나 사업, 작품 등이 협조자의 도움으로 성사된다.

◉ 누군가를 차에 치어 죽이는 꿈

길몽으로 자신의 주도적인 역할로 인해 사업이 성공을 하거나 직장에서 큰 공을 세우게 된다.

◉ 차에 시체를 싣고 달리는 꿈

재물 운이 아주 좋다. 행운으로 많은 재물을 얻게 되고 또 그 운이 오래 간다.

◉ 차가 강물에 빠지는 꿈

자신이 운영하는 사업이 해체되거나 자금이 없어 경영상 많은 어려움을 겪게 된다.

◉ 차가 뒤집히는 꿈

좋지 않다. 하는 일마다 실패를 하고 믿고 의지하던 친구나 연인에게 배신을 당하게 된다.

◉ 사고로 차가 부서지는 꿈

새로운 일을 맡게 되거나 새로운 사업을 시작하게 된다.

◉ 차가 자신의 길을 가로막는 꿈

하는 일의 진행이 순조롭지 못하고 난관에 부딪치게 된다.

◉ 방에 검은 택시가 들어와 있는 꿈

흉몽이다. 자신의 가족 중 누군가가 사망할 수도 있다. 혹은 미혼자라면 결혼을 하게 되는 경우도 있다. 또 버스가 자신의 방에 들어오는 꿈은 어떤 단체 등의 항의로 자신의 세력기반이나 지위 등이 흔들리게 된다.

◉ 차를 타지 못하는 꿈

모든 선발 시험에 떨어지거나 취직, 경쟁, 소송 등에서 지게 된다.

◉ 차바퀴가 빠지는 꿈

좋지 않다. 진행 중인 일들이 갑작스런 장애로 중단을 하게 되거나 친구나 연인, 소중한 물건 등을 잃을 수 있다. 부부간의 불화로 헤어지게 되고 사소한 시비로 누군가와 다툴 일도 생기게 된다.

◉ 버스를 타고 여행을 하는 꿈

자신의 소망 등이 이루어진다. 사업, 취직, 합격 등이 따른다.

◉ 만원버스를 타는 꿈

자신이 하고자 하는 일에 경쟁이 치열함을 의미하는 것이다.

◉ 다른 사람들은 버스를 타는데 자신만 타지 않는 꿈

자신의 주장이나 고집 등이 너무 강함을 암시한다. 새로운 사업이나 어떤 계획에 있어 자신 혼자만 다른 의견을 제시하니 답답하기만 하다.

기차

◉ 기차에 관한 꿈

꿈에서의 기자는 단체기관, 세력, 정책수행, 여러 부서나 편대 등을 상징한다.

◉ 기차가 달리는 꿈

자신이 하는 일들이 순조롭게 잘 진행되고 있음을 암시한다. 기차가 레일도 없는 길을 달리는 꿈은 자신이 소속되어 있는 단체나 기관의 간섭에서 벗어나 자신의 능력을 마음껏 발휘하게 된다.

◉ 기차를 타고 여행하는 꿈

실제로 여행을 가게 되거나 결혼을 하게 된다. 또한 진행하는 일들이 순조롭고 대인관계 또한 원만하다.

◉ 기차표를 사기 위해 줄을 서는 꿈

일을 진행함에 있어 많은 걱정과 고민이 있지만 도대체 해결 방안이 보이지 않아 심신이 지쳐있다.

◉ 내려야 할 역을 그냥 지나친 꿈

건강이 나빠질 수도 있고 경제적 손실을 볼 수도 있으니 주의해야한다.

◉ 기차의 불빛이 자신을 비추는 꿈

어떤 단체로부터 강렬한 가입 권유를 받거나 자신의 작업성과가 빛을 발하게 된다.

◉ 기차에 치여 죽는 꿈

정신적인 일이나 작품 등이 언론사, 출판사 등에 의해 이루어진다.

비행기

◉ 비행기에 관한 꿈

꿈에서의 비행기는 공적인 조직체, 세력집단, 작품, 연구기관 등을 상징한다.

◉ 비행기에 오르는 꿈

지위나 사업이 점점 번창하는 등 만사가 순조롭다. 하지만 비행기에서 내리는 꿈은 지위나 사업이 쇠퇴하고 만사가 어렵다.

◉ 비행기를 타고 날아가는 꿈

자신이 비행기를 타고 날아가면 명예와 지위를 얻게 되고 비행기를 타고 하늘을 날아가면 사업이 날로 번창하고 비행기를 타고 구름 위로 날아가면 명예와 신분이 높아지게 된다.

◉ 비행기를 타고 해외로 나가는 꿈

자신의 생활환경이나 주변 여건들이 새롭게 바뀌게 된다.

◉ 비행기를 놓치는 꿈

자신이 소속되어 있는 단체나 모임 등에서 탈퇴할 징조이다.

◉ 비행기가 공중에서 폭발하는 꿈

횡재수가 있다. 큰 재물이 들어올 징조이니 복권이나 주식, 부동산에 투자하는 것도 좋을 것 같다.

◉ 비행기가 추락하는 꿈

좋지 않다. 하는 일마다 꼬여 많은 어려움을 겪게 된다. 또는 가족 중에 누군가가 사고를 당하게 된다.

◉ 비행기가 불에 타는 꿈

사회적으로 큰 혼란이 오거나 자신에게 재난이 닥칠 징조이다.

배

◉ 배에 관한 꿈

꿈에서의 배는 가정, 일거리, 배우자 조직체 등을 상징한다.

◉ 큰 배를 보는 꿈

재물 운이 아주 좋다. 많은 재물을 얻을 징조이다. 주위의 부러움을
한 몸에 받게 된다.

◉ 배가 자신을 향해 오는 꿈

좋은 일이 생긴다. 만약에 그 배가 금은보화를 실은 배라면 태몽으로
기다리던 귀한 아이를 얻게 되고 재물 또한 들어오게 된다.

◉ 배에서 음식을 먹는 꿈

누군가에게 부탁받은 일을 완벽하게 처리해준다.

◉ 배에서 잠을 자는 꿈

자신이 평소 아끼는 물건을 잃어버릴 수가 있다

◉ 혼자서 배를 타는 꿈

자신의 능력 밖의 일을 맡게 되어 심적 부담이 되거나 자신 혼자서
모든 일을 다 처리하려 한다. 또는 가정이나 직장 등에서 여러 가지 문
제가 한꺼번에 생겨 힘이 들게 된다. 또는 병원에 입원하는 등 우환이

겹친다.

◉ 배에 불이 나는 꿈

자신의 생활형편이나 주위 여건들이 좋아지거나 미혼자라면 결혼을 하게 되고 승진, 취직 등의 운이 따른다.

◉ 배가 부서지는 꿈

가정에 우환이 생기거나 다툼이 있을 징조이다.

◉ 배가 폭풍에 휩싸이는 꿈

예기치 못한 문제로 인해 자신의 생활기반이 흔들리게 된다. 자신이나 가족들에게 불화가 닥치게 되고 원만하지 못한 대인관계로 인해 구설수에 휘말릴 수도 있다.

◉ 실제로 병을 앓고 있는 사람이 배를 타는 꿈

불치병에 걸리거나 사망하게 된다.

◉ 항구에 자신의 배를 타고 도착하는 꿈

흉몽이다. 사업가라면 계약이 파기되거나 회사가 파산할 수도 있다 . 혼담이 오고갔다면 성사되기 힘들게 된다.

◉ 배가 서로 부딪치는 꿈

자신의 생활이 새로운 전기를 맞게 된다. 사업가라면 사업상 좋은 계약을 체결하여 크게 성공할 발판을 마련하게 된다.

◉ 배 위에 한가롭게 앉아 있는 꿈

미혼자라면 자신이 평소 원하던 이성을 만나게 된다.

◉ 돛단배가 순풍을 맞으며 유유히 떠가는 꿈

주위의 도움으로 모든 일이 수월하게 진행된다.

◉ 자신의 배의 돛이 찢어지는 꿈

직장인은 사직을 당하거나 좋지 않은 곳으로 이동을 하고 사업가라면 자신의 회사가 부도 등으로 파산의 위기에 처하게 된다.

◉ 항구에 있던 여객선이 뱃고동을 울리며 떠나가는 꿈

새로운 사업을 시작하거나 계획을 세우게 된다.

◉ 짐을 가득 실은 화물선이 부두에 닿는 꿈

자금사정으로 경영상 어려움을 겪던 사업이 협조자의 도움으로 정상 궤도에 오르게 된다.

여러 가지 탈 것

◉ 케이블카나 엘리베이터를 타는 꿈

꿈에서 케이블카나 엘리베이터는 상승이나 하강, 고조나 쇠퇴 등을 상징하는데 자신이 꿈에 이것들을 탔다면 가정생활에 변화가 생기거나 직장, 사업 등에서 직위 이동이나 사업계획 등이 변경된다.

◉ 구급차를 타는 꿈

어떤 단체의 도움을 받아 일을 순조롭게 진행된다.

◉ 자전거를 타는 꿈

자신이 꿈에 자전거를 서툴게 타면 자신이 하는 일이나 사업 등에 노력한 만큼의 성과를 거두지 못하게 된다. 하지만 자신이 자전거를 신나게 타는 꿈은 추진력 있게 일을 진행하여 좋은 결과를 얻는다.

◉ 오토바이를 타고 달리는 꿈

운수대통의 꿈이니 자신이 소망하는 일이 있다면 적극적으로 밀고 나가면 좋은 결과를 얻게 된다.

◉ **가마를 타는 꿈**

신분이나 지위가 올라갈 징조이다.

◉ **마차를 타는 꿈**

미혼자라면 이성을 만나고 싶은 마음이 꿈으로 나타난 것이다. 만약에 환자가 이 꿈을 꾸었다면 아주 좋지 않은 일이 생긴다.

◉ **마차가 움직이지 않는 꿈**

계획했던 일이 순조롭게 진행되지 않고 중도에 실패하게 된다.

전화, 우편, 매스컴

◉ **전화에 관한 꿈**

꿈에서의 전화는 중계, 소식통, 언론기관, 사건 등을 상징한다.

◉ **전화를 거는 꿈**

누군가에게 부탁이나 도움을 청할 일이 생긴다. 또 공중전화로 전화를 걸면 중개인을 통해 부탁을 하게 되는데 만약 공중전화가 고장이 났다면 부탁한 일이 제대로 성사되지 않게 된다.

◉ **전화가 불통이 되는 꿈**

불쾌한 일이 생기거나 주위 사람들과 사소한 일로 다투게 된다.

◉ **전화벨이 계속 울리는 꿈**

반가운 손님이 찾아오거나 소식이 전해진다.

◉ 누군가를 전화로 물러내는 꿈

어떤 기관에 무슨 일인가를 부탁하게 된다.

◉ 상대방의 목소리가 잘 들리지 않는 꿈

어떤 사건에 대한 진상을 제대로 파악하지 못하거나 부탁한 일이 수포로 돌아가게 된다.

◉ 우편물에 관한 꿈

꿈에서 편지는 안내장, 입장권, 명령서 등을 상징하고 전보 등은 실제의 전보나 호출장, 소집장 등을 상징한다.

◉ 편지를 쓰는 꿈

만사형통의 꿈이다. 자신이 소망하는 일이 있다면 적극적으로 추진하면 좋은 결과를 얻게 된다.

◉ 편지를 받는 꿈

자신의 능력이나 인품 등이 사람들에게 인정을 받게 된다. 연애편지를 받으면 실제로 연애편지를 받게 되거나 아니면 사소한 일로 다투어 실연을 당하게 된다. 혹은 사업과 관련된 제안을 받게 된다.

◉ 부고를 받는 꿈

실제로 부고를 받거나 합격 통지서, 초청장 등을 받게 된다.

◉ 전보를 받는 꿈

부모님이 돌아가셨다는 전보를 받으면 입학, 취직 등 좋은 소식이 전해진다.

◉ 소포를 받는 꿈

어떤 조직이나 단체, 직장 등에서 중요한 직책을 맡게 되거나 반가운 소식이 전해진다.

◉ **우체부가 우편물을 배달하는 꿈**

꿈에 우체부를 보면 반가운 소식이 없다. 자신도 몰랐던 자신의 과거가 드러나거나 자신이 저지른 비리나 비밀 등이 세상에 알려지게 된다.

◉ **우체통에 편지를 넣는 꿈**

부탁했던 일이 성사된다.

◉ **편지 봉투가 비어있는 꿈**

자신이 기다리는 소식이 오지 않아 불안하고 답답하다.

◉ **텔레비전에 관한 꿈**

꿈에서 텔레비전은 방송국, 기사, 인용문 등을 상징한다.

◉ **라디오에 관한 꿈**

꿈에서 라디오는 매체, 소식통, 대변자, 언쟁 등을 상징한다.

◉ **자신이 텔레비전에 나오는 꿈**

주위의 인기를 한 몸에 받거나 좋은 일 등으로 인해 사람들에게 자신을 과시할 일이 생긴다.

◉ **텔레비전을 새로 설치하는 꿈**

가전제품을 바꾸게 되거나 자신을 내세워야 할 일이 생긴다.

◉ **안테나를 보는 꿈**

두뇌, 통신, 기관, 중계 수단 등과 관계된 일을 하게 된다.

◉ **라디오를 사오는 꿈**

어떤 기관에 청탁한 일이 순조롭게 이루어진다.

◉ **라디오를 듣는 꿈**

친구나 직장 동료 등과 사소한 일로 다투게 된다. 또 라디오에서 흘러나오는 연설을 들으면 직장상사에게 꾸지람을 듣거나 교육을 받을 일이 생긴다.

돈

◉ **돈에 관한 꿈**

꿈에서 돈은 실제의 돈이나 가치, 대가, 인적 자원, 증서, 사건, 애정 등을 상징한다.

◉ **돈을 줍는 꿈**

재물 운이 아주 좋다. 가정에 많은 재물이 들어올 징조이다.

◉ **지폐가 가득 들어있는 지갑이나 가방을 줍는 꿈**

실제로도 많은 재물이 들어온다.

◉ **하늘에서 돈이 떨어지는 꿈**

꿈과는 달리 실제로는 금전적으로 손해를 입을 수 있다. 하지만 하늘에서 떨어진 돈이 집안에 수북이 쌓이는 꿈은 많은 재물을 얻거나 반가운 소식 등을 많이 접하게 된다.

◉ **돈을 누군가에게 주는 꿈**

좋지 않다. 가정에 우환이 생기거나 가까운 사람과 헤어질 징조이다.

◉ **많은 돈을 버는 꿈**

가정에 많은 재물이 들어오고 귀한 선물을 받게 될 징조이다. 혹은 연인사이가 더욱 돈독해진다.

◉ 은행에서 돈을 찾는 꿈

사업자금을 마련하게 된다. 하지만 은행에서 돈을 찾는데 기다리는 꿈은 반대로 자금회전이 원활하지 못하다는 징조이다.

◉ 월급을 받는 꿈

가정이 경제적으로 안정이 된다. 하지만 일을 해주고 월급을 받지 못하는 꿈은 매사가 꼬여 어려움을 당하게 되고 가정형편 또한 어렵게 된다.

◉ 물건을 팔고 돈을 받는 꿈

도둑이나 소매치기를 당할 징조이니 주의해야 한다.

◉ 돈을 훔치는 꿈

행운이 찾아올 징조이다. 하는 일마다 좋은 결과를 얻게 된다. 혹은 경쟁자나 경쟁업체의 정보를 얻게 된다.

◉ 동전에 관한 꿈

꿈에서의 동전은 사건, 동기, 인적 자원 등을 상징한다.

◉ 동전을 얻는 꿈

길몽이다. 지금 진행 중인 일이나 사업은 물론 앞으로 추진할 일 등이 좋은 기회를 맞아 큰돈을 벌게 된다.

◉ 동전을 짊어지고 오는 꿈

장차 큰 부자가 될 징조이다.

문자, 숫자

◉ 종이 위에 천(天)자를 크게 쓰는 꿈

  인품이 후덕하고 신분이 높은 사람과 인연을 맺게 된다.

◉ 문자를 읽는 꿈

  실제로도 그 문자를 보거나 그 문자와 연관된 일을 하게 된다.

◉ 자신의 이름이 선명하게 보이는 꿈

  길몽이다. 승진, 입학, 취직 등이 성사된다.

◉ 암호를 보는 꿈

  가까운 사람에게 배신당하거나 자신이 하는 일이나 사업 계획 등의
정보가 흘러나가 큰 타격을 입게 된다.

◉ 알파벳이 보이는 꿈

  그동안 소식이 없던 친구가 찾아올 징조이다.

◉ 빨간 글씨를 보는 꿈

  자신이 소속되어 있는 단체에서 소외당하게 된다.

◉ 숫자를 쓰는 꿈

  누군가의 돌출행동으로 자신의 입장이 난처해진다. 또 자신이 숫자를
끝까지 쓰는 꿈은 자신이 목적한 바를 꼭 이루게 된다.

◉ 숫자를 세는 꿈

  자신이 너무 많은 일을 하고 있다는 암시이다

◉ 자신이 어떤 숫자를 생각하는 꿈

  실제로도 그 숫자와 연관된 일을 하게 된다.

◉ 숫자를 보는 꿈

꿈에서 숫자 3을 보면 실제 그 수이거나 서로 간의 의견이 일치하지 않아 대인관계가 원만하지 않음을 나타내고 숫자 4는 그 수이거나 사각, 사방 등을 나타낸다. 숫자 7은 대체로 좋은 일들을 나타내고 숫자 10은 그 수이거나 어떤 일에 대한 만족이나 충만함, 최고, 정상 등을 나타낸다. 숫자 13은 대체로 죽음을 뜻하지만 일반적인 숫자에 불과한 경우도 많다.

◉ 계산을 하는 꿈

사업이나 어떤 일에 대한 계획을 세우거나 누군가의 심리를 파악하게 된다.

행동이나 감정에 관한 꿈

행동이나 표현
사랑, 애정표현 / 성교 / 임신, 출산 / 수면
목욕 / 연설 / 인사 / 이사 / 여행 / 시험
싸움 / 절도 / 질병 / 치료 / 죽음 / 전쟁
걷거나 뛰는 꿈 / 앉거나 눕는 꿈
엎드리거나 서 있는 꿈 / 올라가거나 떨어지는 꿈
미끄러지거나 빠지는 꿈 / 쫓거나 쫓기는 꿈
얻거나 잃는 꿈

여러 가지 감정
기쁨, 웃음, 감동 / 슬픔, 눈물, 분노 / 공포, 불안, 불쾌
부끄러움, 놀람, 미움 / 고통, 짜증, 답답함

행동이나 표현

사랑, 애정표현

◉ 사랑에 관한 꿈

꿈에서 사랑을 하거나 사랑을 받는 것은 자신이 운세의 좋고 나쁨을 나타낸다.

◉ 사랑하는 꿈

자신이 너무 고독한 나머지 누군가에게 의지를 하고 싶다거나 구설수에 휘말릴 징조이다.

◉ 사랑받는 꿈

주위 사람들에게 칭찬을 듣게 되고 신뢰를 얻어 대인관계가 원만해진다. 좋은 일이 생길 징조이다.

◉ 사랑하는 사람을 만나는 꿈

자신의 소극적인 성격 때문에 이성을 만나지 못했을 때 꾸는 꿈으로 마음에 드는 이성이 나타나면 적극적으로 자신의 감정을 표현한다면 좋은 인연을 맺을 수도 있겠다.

● 사랑을 고백하는 꿈

좋지 않다. 주위 사람들에게 신뢰를 잃어 따돌림을 당하거나 모욕을 당할 징조이다.

● 연인과 얘기를 하는 꿈

연인이 자신의 곁을 떠나갈 징조이니 신경을 써야 한다.

● 윙크를 하는 꿈

자신이 누군가에게 윙크를 하면 그 사람이 자신의 이익을 위해 세운 계략에 말려들거나 자신의 뜻에 순순히 따르게 된다.

● 윙크를 받는 꿈

자신이 누군가에게 윙크를 받고 당황하거나 설레는 기분이 드는 꿈은 그 사람에게 창피를 당하거나 그 사람이 파놓은 함정에 빠지게 된다.

● 포옹에 관한 꿈

꿈에서 포옹은 협력관계, 구애, 자비, 친밀감 등을 상징한다.

● 포옹을 하는 꿈

부부가 포옹을 하면 가정이 편안하고 경사가 생기게 되지만 사랑하는 연인과 포옹을 하면 자신에게 벅차고 힘든 일로 어려움을 겪거나 고민이 생기게 된다. 또 동성끼리 포옹을 하면 누군가와 동업을 하게 되고 뜻을 같이하게 된다. 또 어린아이를 안으며 골칫거리가 생기게 된다.

● 유명한 사람과 포옹하는 꿈

자신이 재력가나 권력가와 인연을 맺게 되거나 자신과 가까운 사람에게 좋은 일이 생길 징조이다.

◉ 포옹을 하고 불쾌한 느낌이 드는 꿈

자신에게 벅차고 힘든 일로 어려움을 겪게 된다.

◉ 자신이 누군가에게 안기는 꿈

누군가에게 의지를 하게 되거나 연인에게 청혼을 하게 된다.

◉ 키스를 하는 꿈

꿈에 키스를 하면 누군가를 고소할 일이 생기거나 기다리던 소식을 듣게 된다. 아이에게 키스하는 꿈은 그동안 꽉 막혀있던 일들이 비로소 풀리기 시작하고 사랑하는 사람과 키스를 하는 꿈은 더욱더 사랑하는 사이가 되거나 결혼을 하게 된다. 또 죽은 사람에게 키스를 하는 꿈은 가정에 좋은 일이 생기고 생활이 윤택해진다. 오랫동안 키스를 하는 꿈은 상대방을 좀더 잘 알게 될 징조이다.

◉ 자신이 키스를 거부하는 꿈

좋지 않다. 자신의 건강이 나빠질 징조이다.

◉ 억지로 키스를 하는 꿈

자신이 하기 싫은 일을 떠맡게 될 징조이다.

◉ 키스가 불만족스러운 꿈

누군가에게 잘못한 일이 있어 용서를 구하지만 거절당한다.

◉ 애무를 하는 꿈

누군가의 비밀을 우연히 알게 된다. 연인을 애무를 하는 꿈은 이성문제로 연인과 다툴 일이 생긴다.

◉ 애무를 받는 꿈

자신의 비리나 비밀이 들통이 난다.

성교

◉ **성교에 관한 꿈**

꿈에서의 성교는 소원충족, 계약, 획득, 독서 등을 상징한다.

◉ **성교를 하는 꿈**

자신이 간절히 원하던 일이 성사된다. 사업가는 자금을 마련하게 되고 미혼자라면 자신이 평소 원하던 이성을 만날 수 있다.

◉ **만족스럽게 성교하는 꿈**

가정이나 직장, 사업 등이 편안하다. 매사가 자신이 원하는 대로 이루어질 징조이다. 하지만 성교 후 만족스럽지 못한 꿈은 자신에게 불상사가 생기거나 계획한 일들이 모두 수포로 돌아간다.

◉ **성교하는 것을 보는 꿈**

쓸데없는 일에 괜히 끼어들어 망신을 당하거나 구설수에 휘말리게 된다.

◉ **부부간에 성교를 하는 꿈**

길몽이다. 가정이나 직장, 사업 등이 모두 편안하다.

◉ **많은 사람들이 있는데 성교를 하는 꿈**

자신의 능력을 마음껏 발휘하여 계획한 일을 성공적으로 성사시킨다. 혹은 그동안 사이가 좋지 않았던 부부나 연인들은 좋은 관계를 유지하게 된다.

◉ **피부가 검은 여자와 성교를 하는 꿈**

횡재수가 있어 많은 재물을 얻거나 그동안 꽉 막혀있던 일들이 한꺼번에 해결이 되어 가정이나 직장, 사업 등이 편안하다.

◉ 늙은 여자와 성교하는 꿈

마찬가지로 그동안 지지부진하던 일들이 해결된다.

◉ 유부녀와 성교하는 꿈

횡재수가 있다. 생각지도 않던 일이 성사되거나 많은 재물을 얻게 된다. 혹은 쓸데없는 일에 참견하여 구설수에 오르거나 망신을 당하게 된다.

◉ 이별한 애인과 성교하는 꿈

포기했던 일을 다시 시작하게 된다. 혹은 실제 헤어졌던 연인을 다시 만나게 된다.

◉ 선녀와 성교를 하는 꿈

자신이 바라던 일이 이루어질 징조이다. 새로운 아이디어를 내놓거나 창작 활동을 왕성하게 하고 또 공적을 세워 주위의 칭찬과 격려를 받게 된다.

◉ 근친상간을 하는 꿈

자신이 원하던 일을 하게 된다. 친척과 성교를 하면 평소에 존경하거나 흠모하던 사람과 가까워질 징조이다. 근친상간을 하고도 떳떳했던 꿈은 가까운 사람에게 좋은 일자리를 얻을 징조이다.

◉ 강간을 하는 꿈

강간에 성공하여 만족스러워하는 꿈은 자신이 진행하는 일이 어느 정도 성사가 되지만 자신이 원하는 결과가 아니라서 실망을 한다.

◉ 성교를 제대로 하지 못한 꿈

자신이 하는 일마다 실패하여 마음고생을 하거나 쓸데없는 일에 끼어들어 구설수에 휘말리게 된다. 또는 자녀가 반항할 일이 생길 수도 있다.

임신, 출산

◉ 아내가 임신을 하는 꿈

명예와 재물을 얻을 징조이다. 가정이 편안하고 생활이 윤택해진다.

◉ 임신한 여자를 보는 꿈

길몽이다. 자신이 하는 일들이 순조롭게 성사가 되고 그에 따른 재물과 명성을 얻게 된다.

◉ 아기를 낳는 꿈

좋지 않다. 꿈에 태어난 아이가 아들이라면 가정에 우환이 생기고 가족 중에 누군가가 건강이 나빠질 징조이다. 딸이라면 재물의 손실이 있거나 진행하는 일에 문제가 생겨 부진할 수도 있다.

◉ 갓 태어난 아이를 안는 꿈

가업이나 사업, 상업 등이 크게 번창하고 그에 따른 많은 재물과 이권을 얻게 된다.

수면

◉ 수면에 관한 꿈

꿈에서의 수면은 자신의 운세, 자신이 하는 일, 어떤 일에 있어서 중단이나 보류가 되는 것 등을 상징한다.

◉ 잠을 자는 꿈

자신의 건강이 나빠지거나 자신이 하는 일이 당분간 보류된다. 또 부부가 같이 잠을 자는 꿈은 가정에 불화가 생길 징조이고 연인과 같이 잠을 자는 꿈은 매사가 순조롭게 진행될 징조이다.

◉ 잠을 자다가 깨는 꿈

그동안 꽉 막혔던 문제들이 이제야 비로소 해결된다. 또 잠을 자다가 벌떡 일어나는 꿈은 자신에게 깜짝 놀랄 일이 생길 징조이다.

◉ 잠꼬대를 하는 꿈

자신이 지금 하는 일이 벅차 힘이 들거나 정신적으로 불안하다는 징조이다.

◉ 나무그늘에서 단잠을 자는 꿈

자신이 환자라면 건강을 되찾게 된다.

◉ 누군가가 잠자고 있는 것을 보는 꿈

모든 일이 보류가 되거나 전반적으로 침체에 빠지게 된다. 또는 그 사람이 건강이 나빠지게 된다.

목욕

◉ **목욕에 관한 꿈**

꿈에서의 목욕은 소원성취, 이성교제, 청탁 등을 상징한다.

◉ **목욕을 하는 꿈**

자신이 환자라면 건강을 되찾게 되고 그동안의 근심걱정이 사라지게 된다. 하지만 더러운 물로 목욕을 하는 꿈은 질병이 생길 징조이다.

◉ **부부가 같이 목욕을 하는 꿈**

미혼자라면 좋은 배우자를 만나 결혼을 하게 되고 가업, 사업, 직장 등에서 재물을 얻게 되거나 승진 등을 하게 된다.

◉ **가까운 이웃이 목욕하는 것을 보는 꿈**

절친한 친구나 동료에게 배신을 당하거나 억울한 누명을 쓰게 된다.

◉ **따뜻한 물로 몸을 씻는 꿈**

주위의 도움으로 자신이 원하는 일을 성사시킨다. 특히 이성 운이 좋아지고 시험을 치른 사람이라면 좋은 결과가 기다린다.

◉ **목욕을 하는 도중에 물이 떨어지는 꿈**

연인과 사소한 오해로 다투거나 그로 인해 어려움을 겪게 된다.

◉ **벌거벗은 남자들이 목욕탕에 들어가는 꿈**

그동안 자신이 노력한 일에 대한 대가를 받게 된다. 가정이나 직장 등에 경사가 생기고 재물을 얻게 된다.

◉ **죽은 사람을 목욕시키는 꿈**

길몽이다. 자신에게 큰 행운이 찾아오겠다. 가업이나 사업, 상업 등이 크게 성공하여 엄청난 재물을 얻을 징조이다.

◉ **연못에서 목욕하는 꿈**

　쓸데없는 일에 끼어들어 주위의 오해를 사고 구설수에 휘말리게 된다. 하지만 하천이나 시냇물 등에서 목욕을 하는 꿈은 단체나 기관의 도움으로 자신의 일이나 작품 등을 성사시키게 된다.

◉ **목욕을 해도 몸이 깨끗해지지 않는 꿈**

　자신이 심혈을 기울여 진행하는 일의 결과가 좋지 못하다.

◉ **수건으로 때를 밀며 목욕하는 꿈**

　가정이 편안하고 자신 또한 심신이 상쾌하고 편안하다.

연설

◉ **연설에 관한 꿈**

　꿈에서의 연설은 자신이 발표를 하거나 알리는 것, 정책, 시책 등을 상징한다.

◉ **연설을 하는 꿈**

　자신이 군중들 앞에서 열심히 연설을 하는 꿈은 자신이 가지고 있는 실력을 마음껏 발휘하여 진행 중인 일들을 성사시킬 징조이다. 하지만 연설을 하는데 군중들이 모여든 꿈은 좋지 않은 꿈으로 자신이 하는 일이나 사업 등을 크게 시작은 하지만 결과가 부진하여 빚만 늘어나게 되고 연설을 하는데 아무도 없었던 꿈은 자신의 실력을 과시하고 싶지만 기회가 오지 않음을 나타낸다. 연설을 하는데 군중들이 야유를 보내는 꿈은 주위 사람들과 사소한 오해로 시비가 일어나거나 구설수에 오르게 되고 연설을 하는데 군중들이 흩어지는 꿈은 많은 사람들의 도움을 받아 자신의 일을 성사시킬 징조이다.

◉ **대통령의 연설을 듣는 꿈**

어떤 모임을 갖게 된다.

◉ **군중들 앞에서 열렬히 웅변을 하는 꿈**

어떤 단체의 주도권을 잡게 된다.

◉ **산꼭대기에서 혼자 연설을 하는 꿈**

세상을 크게 감동시키거나 깜짝 놀랄만한 일을 해낸다.

인사

◉ **인사에 관한 꿈**

꿈에서 인사를 하는 것은 어떤 청원을 상징하고 인사를 받는 것은 그에 대한 보답이나 결과 등을 상징한다.

◉ **절이나 인사를 받는 꿈**

자신이 누군가에게 절을 받으면 그 사람의 부탁을 받게 되고 자신이 중환자라면 병이 악화되거나 사망하게 된다. 또 자신이 인사를 받는 꿈은 자신의 승부근성이나 자만심 때문에 주위 사람들이 자신을 따돌리거나 피곤해할 징조이다.

◉ 윗사람이 자신에게 절을 하는 꿈

윗사람이 자신에게 도움을 청하게 되거나 직장인이라면 회사에서 큰 공로를 세워 직장 상사나 주위 사람들에게 신임을 받게 된다.

◉ 자신이 대통령에게 인사하는 꿈

길몽이다. 머지않아 좋은 일이 생길 징조이다. 주위 사람들에게 자신의 능력이나 공로를 인정받게 되고 그로 인해 승진을 하거나 좋은 일거리를 맡게 된다.

◉ 오랫동안 만나지 못했던 사람과 인사를 하는 꿈

머지않아 그 사람을 다시 만나게 되거나 소식을 듣게 된다.

◉ 절친한 친구가 예를 갖춰 자신에게 인사를 하는 꿈

그 친구와 헤어질 징조이다.

◉ 거수경례를 하는 꿈

상사나 윗사람에게 능력을 인정받아 신임을 얻게 되고 그로 인해 승진을 하게 된다. 또 최고 지도자에게 거수경례를 하는 꿈은 권위있는 기관이나 사람에게 청탁할 일이 생기게 된다.

◉ 절을 하는 꿈

자신이 부탁한 일이 성사될 징조이다. 하지만 상대가 절을 받지 않고 외면을 하는 꿈은 부탁했던 일이 거절을 당하게 되어 뜻을 이루지 못할 징조이다.

◉ 큰절을 하는 꿈

자신이 진행하는 일이 어려운 난관에 부딪혀 누군가에게 도움을 청하게 된다.

◉ 달을 보고 절을 하는 꿈

자신을 도와줄 만한 협조자를 만나게 되어 자신이 원하던 일을 이루게 된다. 특히 사업가는 사업자금을 마련하게 된다.

◉ **악수를 하는 꿈**

자신이 악수를 하는데 상대방의 손이 차갑다고 느낀 꿈은 그 사람에게 푸대접을 받거나 미움을 받게 되고 악수를 하는데 상대방이 사라진 꿈은 그 사람과 가깝게 지내려고 하지만 외면을 당할 징조이다.

◉ **자신이 악수를 청하는데 거절당하는 꿈**

주위 사람들에게 따돌림을 당하거나 매사에 되는 일이 없다.

이사

◉ **이사에 관한 꿈**

꿈에서의 이사는 새로운 전환, 청탁한 일, 걱정거리 등을 상징한다.

◉ **이사를 하는 꿈**

자신이 새 집으로 이사를 하는 꿈은 실제로 이사를 하거나 새로운 일을 얻게 되고 또는 먼 곳으로 떠날 징조이다. 장기 출장을 간다든지, 지방으로 발령을 받게 된다. 낡은 집으로 이사를 하는 꿈은 남성이라면 아름답고 정숙한 아내를 맞게 되고 가정에 경사가 있어 기다리던 아이가 태어나거나 며느리를 얻게 된다.

◉ **이사를 하려는데 집주인이 집을 비워주지 않는 꿈**

좋지 않다. 자신이 누군가에 의해 억울한 누명을 쓸 징조이다.

◉ 이사를 준비하는 꿈

다른 직장을 알아보거나 새로운 사업을 시작하려고 여기저기 부탁을 하게 된다.

◉ 이사한 집으로 짐을 들여놓는 꿈

길몽이다. 가업이나 사업, 상업 등이 크게 번창하여 재물이 계속 들어온다.

◉ 이삿짐을 꾸리는 꿈

오랫동안 끌어오던 계약이나 결혼 등이 성사된다.

◉ 이삿짐이 산더미처럼 많은 꿈

자신이 하는 일이나 작품 활동 사업 등에 여러 조건이나 자금사정 등이 좋아 아무 문제가 없다.

◉ 이사할 집이 무너지는 꿈

이사할 집이 완전히 무너지는 꿈은 아주 좋은 꿈으로 그야말로 자신에게 큰 행운이 찾아왔음을 암시한다. 무슨 일을 하든지 만사형통이다. 부와 명예가 자신을 기다리고 있다. 하지만 집이 일부만 무너지는 꿈은 불길한 징조이니 조심해야 한다.

여행

◉여행에 관한 꿈

꿈에서의 여행은 일의 과정, 탐색, 대화, 독서 등을 상징한다.

◉ 여행을 하는 꿈

자신의 주변 환경이나 생활에 변화가 온다. 다른 사업을 시작하거나 새로운 친구를 사귀거나 이사를 가게 된다.

◉ 연인과 여행을 하는 꿈

자신이 연인과 여행을 하는 꿈은 혼담이 있거나 결혼을 할 징조이다. 부모와 여행을 하는 꿈은 자신이 먼 곳으로 떠날 징조이고 형제자매와 여행을 하는 꿈은 주위 사람들의 도움으로 사업이 크게 번창한다. 하지만 혼자 여행을 하는 꿈은 자신이 너무 외로워 고독한 나날을 보내게 될 징조이다.

◉ 산이나 계곡을 여행하는 꿈

뜻밖의 좋은 기회를 만나거나 누군가의 도움으로 자신이 원하는 일들이 순조롭게 진행된다.

◉ 여행을 위해 짐을 꾸리는 꿈

꿈에서 짐이 있는 여행은 자신이 하는 일에 부담을 가지거나 걱정거리가 있음을 암시한다. 자신의 심신이 피곤한 상태이니 건강이 나빠질 수도 있다. 각별히 조심해야 한다.

◉ 여행 중에 고생을 하는 꿈

자신이 하는 일에 많은 어려움이 따르지만 이를 극복하기 위해 최선의 노력을 기울이게 되고 그로 인해 자신이 원하는 결과를 얻게 된다.

◉ 수학여행을 가는 꿈

새로운 일거리를 얻거나 미개척 분야의 일을 하게 된다.

◉ 여행을 하다가 길에 앉아 쉬는 꿈

순탄하게 진행되던 일에 말썽이 생겨 일의 진척이 없다.

시험

◉ 시험에 관한 꿈

꿈에서의 시험은 반성, 복종, 검토, 심적 갈등 등을 상징한다.

◉ 시험을 보는 꿈

자기가 계획한 일이나 취직 등과 관련된 일이 생기게 된다.

◉ 시험문제가 어렵다고 생각하는 꿈

자신이 하는 일이 난관에 부닥쳐 고민을 하거나 자신의 능력으로 해결할 수 없는 일에 직면하게 된다.

◉ 시험에 떨어지는 꿈

시험에 떨어져 슬퍼하거나 엉엉 우는 꿈은 반대로 우수한 성적으로 시험에 합격하거나 모든 일이 순조롭게 진행된다. 시험에 떨어졌는데도 아무렇지도 않은 꿈은 아슬아슬하게 시험에 합격할 징조이다.

◉ 시험 시간에 늦어 허둥대는 꿈

자신의 능력이나 실력을 제대로 발휘하지 못해 주위로부터 인정을 받지 못하거나 일이 성사되지 않는다. 학교시험에 늦는 꿈은 시험점수가 좋지 않을 징조이고 입학이나 자격시험에 늦는 꿈은 시험에 떨어질 징조이다.

◉ 면접시험을 보는 꿈

취직에 대한 불안감이나 맞선 등에 대한 기대감을 암시한다. 혹은 누군가와 논쟁을 벌일 일이 생긴다.

◉ 시험 답안지가 구겨져 있는 꿈

시험 성적이 나쁘거나 불합격하게 된다.

◉ 시험 감독관 앞에서 답안지를 작성하는 꿈

자신의 신상에 대해 조회를 받거나 불심 검문을 당하게 된다. 또는 보증인을 세울 일이 생긴다.

◉ 답안지를 제출하는 꿈

새로운 사업을 구상하거나 다른 직장을 구하게 된다.

싸움

◉ 싸움에 관한 꿈

꿈에서 서로 때리고 맞는 꿈은 누군가를 공격하거나 공격을 받는 것을 나타내고 자신이 때리는 것은 공격, 시비, 야유, 억압 등을 상징한다. 또 자신이 맞는 것은 공격이나 시비 등을 당하는 것을 나타낸다.

◉ 싸우는 꿈

자신이 누군가와 싸워 상대를 때리면 불길한 징조이다. 하지만 반대로 자신이 맞는 꿈이라면 길몽으로 믿고 의지할 만한 사람을 만나거나 재물을 얻게 된다.

◉ 누군가와 말다툼을 하는 꿈

자신과 절친하던 사람과 이별하게 된다.

◉ 부모와 싸우는 꿈

부모에게 매를 맞으면 가정이 편안하고 자신이 하는 모든 일이 순조롭다. 하지만 자신이 부모와 싸워 이긴다면 재물의 손실이 있겠고 특히 어머니와 싸우는 꿈은 머지않아 불행한 일이 생길 징조이다.

● 부부가 싸우는 꿈

건강이 나빠질 징조이다. 하지만 아내와 집 문제로 싸우면 직장인은 승진을 하게 되고 실직자는 직장을 구하게 된다.

● 형제가 싸우는 꿈

직장인이나 관직에 있는 사람이라면 승진을 하거나 좋은 자리로 옮겨가게 된다. 또는 이사를 가거나 사업장소를 옮기게 된다.

● 친구와 싸웠는데 서로 의가 상하는 꿈

주위 사람들에게 비난을 받고 구설수에 휘말리게 되어 따돌림을 받거나 재물의 손실이 따른다. 하지만 자신이 친구한테 매를 맞으면 주위의 도움으로 그동안의 문제들이 순조롭게 해결된다.

● 누군가가 자신을 공격하는 꿈

실제로 누군가에게 매를 맞거나 건강이 나빠진다.

● 자신이 누군가를 공격하는 꿈

자신이 하는 일에 노력한 만큼의 대가를 얻게 되거나 친구나 연인 사이가 원만하다. 자신이 몽둥이나 여러 가지 무기로 누군가를 공격하는 꿈은 좋은 협조자의 도움으로 진행 중인 일을 순조롭게 성사시킨다.

절도

◉ 절도에 관한 꿈

꿈에서 무엇인가를 훔치는 것은 자신의 목적 달성, 욕구 충족, 소유
욕 등을 상징한다.

◉ 물건을 훔치는 꿈

자신과 관련된 사업이나 재산 등을 소유하게 된다. 또 자신이 꿈에서
꽃병을 훔치면 취직이나 승진을 하게 되고 미혼자라면 자신이 원하던
이상형과 결혼을 하게 된다.

◉ 훔친 물건을 돌려주는 꿈

자신이 그동안 심혈을 기울여 노력한 일이 모두 허사가 된다.

질병

◉ 질병에 관한 꿈

꿈에서 질병은 실제로 병이나 정신적 고통, 버릇, 결점, 이력 등과 관
계가 있다.

◉ 질병에 걸리는 꿈

현재 자신이 일이나 사업 등이 잘 풀리지 않아 고통을 받는다. 하지
만 질병이 다 완쾌되는 꿈은 그동안의 모든 난관을 헤치고 다시 일어
서게 된다.

◉ 건강한 사람이 질병에 걸리는 꿈

　주위 사람들과 사소한 일로 다투게 되고 그 상태가 오래간다.

◉ 병으로 고통스러워하는 꿈

　자신이 하는 일이 성공을 하기 까지 어려운 과정을 나타내는 꿈이다. 참고 노력을 한다면 머지않아 행운이 찾아오게 된다. 혹은 반가운 소식이 전해질 징조이다.

◉ 감기에 관한 꿈

　꿈에서 감기는 사상적 도취나 자신의 신념이나 생각을 숨김없이 말하는 것을 의미한다.

◉ 눈병을 앓는 꿈

　눈병이 나거나 눈이 충혈 되는 꿈은 자신이 하는 일에 문제가 생기거나 방해자가 나타날 징조이다.

◉ 음식을 먹고 체하는 꿈

　자신의 능력 밖의 일을 맡아 힘겨워하고 있는 징조이다.

◉ 기침을 하는 꿈

　자신이 꿈에서 기침을 심하게 하면 지금까지 억제해왔던 울분이나 감정을 해소하게 된다. 혹은 화재나 도난, 집이 물에 잠기는 등 재난이 일어날 수도 있다.

◉ 가슴에 병이 드는 꿈

　어떤 일에 대해 검토나 연구, 보완할 일이 생기거나 마음에 상처를 입게 된다.

◉ 암 선고를 받는 꿈

　자신이 누군가에게 부탁한 일이 성사되지 않거나 가업, 사업 등이 뜻밖의 난관에 부닥쳐 어려움을 겪게 된다.

◉ 전염병에 관한 꿈

꿈에서 전염병은 사상, 종교, 유행 등을 나타낸다. 전염병에 걸리는 꿈은 자신이 어떤 사상이나 종교에 대해 큰 감화를 받게 된다.

◉ 병든 사람을 보는 꿈

꿈에서 병든 사람이 노래를 부르는 꿈은 흉몽으로 실제로 중병에 걸리거나 가정형편이 어려워진다. 하지만 병든 사람이 울거나 웃는 꿈은 질병이 없어져 완쾌될 징조이고 병든 사람이 약을 먹는 꿈 또한 병이 완쾌되는 좋은 징조이다

치료

◉ 치료에 관한 꿈

꿈에서의 치료는 어떤 일에 대한 심사나 평가 보완, 수정 등을 의미한다.

◉ 병원에 들어가는 꿈

자신이 질병에 걸릴 징조이거나 진행하는 일들이 자신의 뜻대로 풀리지 않아 심신이 피곤하고 대인관계 또한 원만하지가 않다.

◉ 의사를 만나는 꿈

직장상사나 윗사람과의 의견충돌로 불만이 많아 마음이 편하지가 않다.

◉ 진찰을 받는 꿈

자신의 감추고 싶은 비밀, 비리 등이 들통이 나 망신을 당하게 되고 누군가에게 자신의 일에 대한 평가를 받게 된다.

◉ 종합 진찰을 받는 꿈

자신의 작품이나 서류상의 일들이 심사에 통과하게 된다.

◉ 간호를 받는 꿈

누군가의 도움으로 그동안의 어렵고 힘들었던 일들이 서서히 풀려간다.

◉ 치료가 중단되거나 치료하는 것을 보는 꿈

어떤 일을 진행함에 있어 지지부진하거나 중도에 포기하게 된다.

◉ 치료를 받는 꿈

꿈에서 자신이 얼굴을 치료하면 새로운 일이나 사업 등을 시작하거나 계획을 세우게 되고 코를 치료하면 사업적인 일로 관공서에 가거나 공무원을 만나게 된다. 또 눈병을 치료하면 그동안의 꽉 막혔던 어려운 일들이 풀리기 시작한다.

◉ 입원을 하는 꿈

새로운 사업이나 일들을 추진하기 위해 재충전의 시간을 갖는 것을 의미한다. 또 퇴원을 하는 꿈은 모든 일이 순조롭게 진행되는 것을 의미한다.

◉ 수술을 받는 꿈

자신의 작업이나 작품 등에 대해 평가를 받게 된다. 또는 취직, 합격 등이 따르고 좋은 조건으로 계약을 체결하게 된다. 자신이 수술을 하다 죽는 꿈 또한 길몽으로 결혼이 성사되거나 취직 등의 좋은 일이 따른다.

◉ 약에 관한 꿈

　꿈에서의 약은 자본이나 자금, 성과 능력, 영향력 등을 상징한다.

◉ 치료하기 위해 약을 먹는 꿈

　치료를 하기 위해 약을 먹는 것은 상사의 지시나 일의 운용, 자금 획득, 사업 경신 등을 의미하는데 꿈에서 자신이 약을 먹으면 한동안 의기소침해 있었던 상태에서 벗어나 자신감을 회복하게 된다. 하지만 약을 먹고 배가 아픈 꿈은 자신이 사업을 잘못 운영을 한다든가 업무에 있어서 제대로 돌아가지 않음을 나타낸다.

죽음

◉ 죽음에 관한 꿈

　꿈에서의 죽음은 기쁜 소식, 행운, 발전, 일의 성사, 성공, 정신적 성숙 등을 상징한다.

◉ 자신이 죽는 꿈

　길몽이다. 합격이나 취직, 승진 등의 좋은 일이 따른다. 미혼자라면 좋은 배우자를 만나 결혼을 하게 된다. 또 자신이 편하게 죽으면 제출한 서류나 작품 등이 사람들에게 좋은 평가를 받게 되고 자신이 차에 치어 죽으면 좋은 일거리가 많아 날마다 즐겁다.

◉ 자살을 하는 꿈

자신이 꿈에서 목을 매고 자살을 하면 운세가 좋아질 징조로 그동안의 근심걱정이 사라지고 환자라면 건강을 되찾게 된다. 또 물에 빠져 자살을 하면 흉몽으로 하는 일마다 되는 일이 없고 어려움이 닥치지만 극복하지 못한다. 자신이 분신자살을 하는 꿈은 가업이나 사업, 상업 등이 크게 번창하여 많은 재물을 얻게 된다. 독약을 먹고 자살을 하는 꿈은 깊은 사색을 하거나 명상을 하게 된다.

◉ 누군가 자신을 죽이는 꿈

길몽이다. 자신이 원하는 모든 일이 다 이루어질 징조이다. 누군가의 도움으로 자신이 하는 일이 쉽게 잘 마무리되거나 사업가라면 좋은 기회를 만나 크게 성공을 하게 된다.

◉ 자신이 누군가를 죽이는 꿈

자신이 꿈에서 가까운 사람을 죽이면 자신이 맡은 일이나 업무에 있어 빈틈없이 완벽하게 처리할 징조이다. 하지만 너무 많은 사람을 죽이는 꿈은 흉몽으로 강도나 도둑을 맞고 불길한 일을 당할 수도 있다. 또 자신이 죽인 사람이 되살아나면 자신의 목적한 바를 이루었지만 결과가 좋지 않거나 뭔가 개운치가 않다.

◉ 형제자매가 죽는 꿈

반가운 사람이 찾아오거나 소식을 받게 된다. 또 오래 떨어져 있던 형제자매가 찾아온다.

◉ 사형선고를 받는 꿈

길몽이다. 자신과 가까운 사람이나 주위 사람들의 충고와 조언을 잘 듣는다면 어렵고 힘든 상황에서 벗어날 수 있다. 또 시험 운이 좋아 모든 시험에 합격하게 되고 환자라면 건강을 되찾게 된다.

◉ 죽은 사람과 함께 음식을 먹는 꿈

만사가 형통이다. 많은 재물이 얻게 된다.

◉ 다른 사람이 죽은 것을 보는 꿈

건강하게 장수하게 된다. 아내나 여자가 죽은 것을 보면 횡재수가 있다.

◉ 가까운 사람이 죽어서 슬퍼하는 꿈

자신이 심혈을 기울여 완성한 일의 결과에 대해 아주 만족스럽다.

전쟁

◉ 전쟁에 관한 꿈

꿈에서의 전쟁은 경쟁이나 시비, 힘든 일, 일의 결과 등을 상징한다.

◉ 자신이 선전포고문을 낭독하는 꿈

자신이 계획한 것을 사람들에게 공개하게 된다.

◉ 전쟁이 일어나는 꿈

가정에 불화가 생겨 다툼이 일어나고 자신이 속해 있는 단체나 기관 등에서 분열이 생기게 된다.

◉ 격렬하게 전투하는 꿈

자신이 하고 있는 일에 여러 가지 문제가 복잡하게 얽혀 어려운 난관에 부닥친다.

◉ 전쟁터에서 적과 싸우는 꿈

전쟁터에서 자신이 적을 맞아 용감하게 싸우면 자신의 주변 여건이나 상황이 좋지 않지만 이를 극복하고 힘겨웠던 일을 해결하게 된다.

◉ 적을 물리치는 꿈

길몽이다. 소원성취는 물론이고 그동안의 어렵던 일들이 일사천리로 진행 된다. 가정이 편안해지고 생활이 윤택해진다.

◉ 전쟁터에서 흰 깃발을 보는 꿈

누군가의 도움으로 겨우 안정을 되찾게 된다. 절친한 친구나 동료 등에게 물질적으로 많은 도움을 받는다.

걷거나 뛰는 꿈

◉ 걷는 꿈

꿈에서 걷는 것은 장소 이동, 변화되는 과정, 장래 기반을 다지는 것 등을 상징한다.

◉ 빨리 걷는 꿈

의욕이 너무 앞서 하는 일이 제대로 진척이 되지 않아 초조해하게 된다. 계획을 세워 침착하게 진행시키는 것이 이롭다.

◉ 무작정 걷는 꿈

자신이 지금 하는 일에 전망이 불투명하다. 환자라면 오랫동안 투병 생활을 하게 된다.

◉ 앞사람의 뒤를 따라 걷는 꿈

누군가가 자신의 주장에 동조하거나 진행하는 일에 순순히 잘 따라 줄 사람을 만나게 된다.

◉ 누군가가 정면을 마주보며 걸어오는 꿈

꿈에서 마주보며 걷는 것은 여러 가지 대립되는 상황을 의미 하는데 누군가가 자신을 정면으로 바라보며 걸어오는 것은 진행하는 일에 서로의 의견이 대립되어 어려움이 있으나 점점 그 의견을 좁혀가게 되는 것을 의미한다.

◉ 걸음을 멈추는 꿈

순조롭게 진행되던 일에 갑자기 문제가 생겨 중단되거나 문제가 해결이 되지 않아 답답하다.

◉ 걸어가다가 되돌아가는 꿈

한창 추진 중인 일을 포기하고 다시 시작하거나 다른 일을 한다.

◉ 누군가와 어깨동무를 하고 걷는 꿈

절친한 친구나 동업자끼리 어떤 일을 진행함에 있어 의견이 맞지 않아 티격태격하지만 서로간의 신뢰나 친밀감 등은 그대로 유지하게 된다.

◉ 뛰는 꿈

꿈에서 뛰는 것은 자신의 직책이나 사업의 변동, 이동 등과 관계가 있다.

◉ 누군가와 손을 잡고 뛰는 꿈

서로 마음이 맞는 누군가와 협력하여 일을 진행시키게 된다.

◉ 제자리걸음을 뛰는 꿈

자신이 소속되어 있는 단체나 직장에서 진급이나 승진은 없고 부서 이동만 자주 있게 된다.

◉ 달리기를 하는 꿈

달리기에서 우승을 하는 꿈은 자신이 추진하는 일이 실패를 하게 되고 반대로 달리기에서 꼴찌를 하면 가업이나 사업 등이 크게 번창하여 많은 재물을 얻게 된다.

앉거나 눕는 꿈

◉ 앉는 꿈

꿈에서 앉는 것은 정지, 휴식 시간이 걸리는 일 등을 상징한다.

◉ 의자에 앉아 있는 꿈

자신이 꿈에 편안한 의자에 앉아 있는 꿈은 길몽으로 합격, 입학, 승진, 취직 등의 행운이 따른다. 미혼자라면 좋은 배우자를 만나 결혼을 하게 된다.

◉ 눕는 꿈

꿈에서 눕는 것은 질병, 기다림, 휴식, 사업이나 자신이 하는 일의 중단상태가 오래 가는 것을 나타낸다.

◉ 누군가와 나란히 누워 있는 꿈

동업자와 함께 벌인 사업이나 여러 가지 일들의 결과를 오랫동안 기다려야 할 징조이다.

◉ 누군가의 무릎을 베고 눕는 꿈

누군가에게 의지하거나 도움을 청하게 된다. 연인의 무릎을 베고 눕는 꿈은 비록 지금 자신의 주변 여건이나 생활환경 등이 어렵고 힘이 들지만 뜻밖의 도움을 받아 좋은 방향으로 일이 해결될 징조이다.

◉ **누웠다가 일어나는 꿈**

오랜 휴식을 끝내고 새로운 일에 착수하거나 환자라면 건강을 되찾을 징조이다

엎드리거나 서 있는 꿈

◉ **엎드려 있는 꿈**

꿈에서 엎드리는 것은 복종이나 패배 등을 의미하는데 자신이 누군가에게 엎드리면 그 사람에게 억울한 누명을 쓰거나 망신을 당하게 된다. 반대로 누군가가 자신에게 엎드리면 자신의 뜻에 순순히 잘 따르거나 일을 도와줄 사람을 만나고 수월한 일을 맡게 된다.

◉ **누군가가 엎드려 있는데 자신이 젖혀서 누이는 꿈**

쉽게 성사될 일을 괜히 자신이 중간에 끼어들어 어렵게 만들게 된다.

◉ **넓은 곳에 자신 혼자 서 있는 꿈**

멀리 떠날 징조이다.

◉ **엉거주춤한 자세를 취하고 있는 꿈**

하고 있는 일이 매우 난처한 일에 부딪혀 안절부절 못하게 된다.

◉ **누군가가 서 있는 꿈**

일을 진행하는데 두서가 없다. 자신이 계획한 사업이나 작품 활동 등

에 있어 앞뒤가 맞지 않아 일의 결과가 부진하다.

올라가거나 떨어지는 꿈

◉ 올라가는 꿈

꿈에서 자신이 낮은 곳에서 높은 곳으로 오르는 것은 어떤 이상, 지위, 위치, 출세, 재물 등을 나타내는 것이다. 자신이 사다리를 타고 올라가면 직장에서 승진을 하거나 합격을 하게 되고 마루 등에 올라가면 자신의 지위와 신분이 높아진다. 또 장대에 기어 올라가면 직장에서 승진을 하거나 좋은 배우자를 만나 결혼을 하게 된다.

◉ 자신이 위험한 곳을 올라가는 꿈

자신이 원하는 일을 성사시키는데 많은 난관이 따르고 경제적으로도 많은 어려움을 겪게 된다.

◉ 산꼭대기에 오르는 꿈

자신이 원하는 일의 정상에 도달하게 될 징조이다. 가업이나 사업 등은 크게 성공을 하여 많은 재물을 얻게 되고 각종 시험 등에서는 우수한 성적으로 합격을 하고 자신의 작품 등이 그 분야에서 뛰어나게 된다.

◉ 떨어지는 꿈

꿈에서 떨어지는 꿈은 신분, 지위 등의 몰락, 의욕상실, 자신의 신상의 변화 등을 나타낸다.

◉ 높은 곳에서 떨어지는 꿈

자신의 신상에 불길한 일들이 생기게 된다. 실직을 하거나 사업의 실패, 지위나 명예가 땅에 떨어지게 된다. 또한 떨어질 때 두려운 느낌을 받았다면 현실에서도 무슨 일을 하든지 자신감이 없고 의욕을 상실하게 된다. 또 떨어지는 꿈을 꾸다 잠에서 깨면 건강이 나빠지고 자신이 하는 일에 전망이 불투명하다. 뿐만 아니라 사소한 오해로 이성과 헤어지게 된다.

◉ 자신이 떨어지는데 구조되는 꿈

높은 건물이나 나무 등에서 떨어지다 구조되면 사업이 정상궤도에 오르게 되고 직장인은 복직이 될 가능성이 많다. 또한 간신히 시험에 합격을 하거나 가까스로 직장을 구하게 된다.

◉ 일부러 아래로 뛰어내리는 꿈

자신이 일부러 아래로 뛰어내렸는데 그 느낌이 통쾌하거나 짜릿하였다면 직장상사가 시킨 어려운 일들을 무난히 성사시키든가 자신의 소망을 이루게 된다.

◉ 높은 곳에서 떨어져 죽는 꿈

자신의 신분이 바뀌거나 원하는 일이 성사된다.

미끄러지거나 빠지는 꿈

◉ 미끄러지는 꿈

꿈에서 미끄러지는 것은 자신의 신분이나 지위 등이 땅에 떨어지고 각종 시험, 이성관계 등에서 실패하거나 질병 등을 나타낸다. 빙판위에서 미끄러지는 꿈은 자신이 진행하는 일들이 낭패를 겪게 되고 신경통이나 근육통 같은 질병을 앓게 된다. 또 계단에서 미끄러지는 꿈은 사업의 실패, 시험의 낙방 등 인생의 쓴맛을 보게 된다.

◉ 함정에 빠지는 꿈

누군가의 중상모략에 시달리게 된다.

◉ 수렁에 빠지는 꿈

자신이 부정한 일을 저질러 그 대가를 받거나 질병에 걸려 고통을 받게 된다. 하지만 수렁에 빠진 발을 바로 꺼내면 자신의 누명이 벗겨진다.

◉ 쫓거나 쫓기는 꿈

◉ 쫓고 쫓기는 꿈

꿈에서 자신이 누군가를 쫓는 꿈은 어떤 일을 급하게 시작하거나 자신의 계획하고 원하는 바를 진행하는 것을 의미한다. 쫓기는 것은 패배감, 불안감, 소외감, 좌절감 등을 상징한다.

◉ **누군가에게 쫓기는 꿈**

자신이 새로운 일을 시작함에 있어 두려움이 먼저 앞서게 된다. 또 쫓아오는 사람이 무섭다고 느끼는 꿈은 자신이 실제로 매우 불안하고 초조하여 안정을 하지 못하는 등 정신적 고통에 시달리게 된다.

◉ **자신이 죽인 사람이 죽지 않고 자신을 뒤쫓는 꿈**

자신이 하는 일이나 사업 등이 성공의 문턱에서 좌절되거나 실패로 돌아간다. 그로 인해 모든 일에 의욕을 상실하고 패배감에 젖어 정신적 고통을 당하게 된다.

◉ **살인을 하여 경찰에게 쫓기는 꿈**

자신이 지금 매우 불안하고 초조하여 하는 일마다 꼬인다. 경쟁이나 소송 등에서 지게 되고 낙방, 실직 등 좋지 않은 일이 생긴다.

얻거나 잃는 꿈

◉ **얻거나 잃는 꿈**

꿈에서 얻는 꿈은 재물, 권리, 지위, 명예 등을 상징하고 잃는 것은 그것을 모두 다 잃게 됨을 나타낸다.

◉ **물건을 얻는 꿈**

꿈에서 새로운 물건을 얻으면 자신의 신분이나 명예가 새로워지고 주변 여건, 생활환경 등의 변화가 온다. 또 어떤 물건을 얻으면 믿고 의지할 만한 좋은 사람을 만나게 되거나 재물이나 명예 등이 주워진다.

◉ **물건을 잃어버리는 꿈**

절친한 친구나 동료를 잃게 되고 실직을 하거나 재물, 명예의 손실이
따른다.

여러 가지 감정

기쁨, 웃음, 감동

◉ 기쁨, 웃음, 감동에 관한 꿈

꿈에서 자신이 기뻐하거나 웃거나 감동을 받으면 실제로도 기쁨을 느끼고 좋은 일이 생기거나 소원이 이루어지고 이상적인 일이나 영광된 일로 감동을 받게 된다.

◉ 자신이 기뻐하는 꿈

실제로도 기쁜 일이 생기게 된다.

◉ 누군가와 같이 기뻐하는 꿈

자신이 평소 원하던 이성을 만나거나 결혼을 하게 된다.

◉ 누군가가 기뻐하는 꿈

좋지 않다. 가업이나 사업 등에서 실패를 하거나 불쾌한 일을 경험하게 된다.

◉ 자신이 통쾌하게 웃는 꿈

행운이 찾아올 징조이다. 그동안의 근심걱정이 사라지고 자신이 원하는 일들이 성사된다. 높은 지위와 명예를 얻어 사람들의 부러움과 존경을 받게 되고 어떤 세력을 장악하여 사람들을 복종시킨다. 하지만 누군가가 시원하게 웃으면 중상모략을 받거나 병에 걸려 고생하게 된다.

◉ 여러 사람이 왁자지껄 웃는 꿈

사소한 일로 누군가와 다투거나 그 일로 인해 비웃음을 당하게 된다. 구설수에 휘말릴 수 있으니 언행을 각별히 조심해야 한다.

◉ 이상한 웃음소리를 듣는 꿈

건강이 나빠지거나 기분이 불쾌하다. 사람들에게 멸시를 당하게 된다.

◉ 누군가와 서로 마주보며 웃는 꿈

그 사람과 마음이 통하고 뜻이 맞아 일을 하는데 어려움이 없다.

◉ 누군가와 서로 빙그레 웃는 꿈

그 사람과 다투게 되고 사이가 멀어지게 된다.

◉ 무엇인가를 보고 황홀해하는 꿈

자신이 남성이라면 아름다운 이성을 만나거나 평소에는 실현불가능한 일을 체험하게 된다.

◉ 누군가에게 감탄하는 꿈

자신으로서는 아주 영광된 일을 경험하게 되거나 자신이 원하는 바를 이루게 된다.

◉ 음악을 듣고 심취하며 감동하는 꿈

누군가에게 정신적인 감화를 받거나 사상적인 세뇌를 당할 수 있다.

◉ 세상의 모든 것이 너무나 아름답다고 느끼는 꿈

자신에게 즐거운 일이 생기고 하는 일마다 만족스럽다

◉ 신비로운 것을 보고 감탄하는 꿈

실제로 아주 훌륭한 작품 등을 직접 관람하거나 경험하게 된다.

슬픔, 눈물, 분노

◉ 슬픔, 눈물, 분노에 관한 꿈

  꿈에서 슬픔이나 눈물, 분노를 느끼면 실제로도 열등감이나 패배감, 불쾌 등의 나쁜 일과 관계 한다.

◉ 부모님 때문에 슬퍼하는 꿈

  좋지 않다. 가정에 우환이 생기거나 실직을 당하게 된다, 또는 질병, 사고 등 불길한 일이 생기게 된다.

◉ 자신의 신세를 한탄하면서 슬퍼하는 꿈

  자신의 주변 여건이나 생활환경 등에 불만이 많은 징조이다. 직장에서의 일이 잘되지 않고 사업이 불황을 맞게 된다.

◉ 자신이 우는 꿈

  자신이 꿈에서 시원스럽게 울면 가정이나 직장, 사업 등에서 기뻐할 일이나 만족할 만한 일들이 생기게 된다. 하지만 시원스럽게 울지 못하면 하는 일마다 답답하다. 또 기뻐서 우는 꿈은 실제로도 자신에게 기쁜 일이나 만족스런 일이 생기게 된다.

◉ 대성통곡을 하는 꿈

  자신이 하는 일이나 사업, 작품 활동 등이 크게 성공하고 그로 인해 자신의 이름을 세상에 알리게 된다. 가족이 죽어서 대성통곡을 하면 유산을 상속받게 된다.

◉ 누군가가 우는 꿈

누군가가 흐느껴 우는 꿈은 기분이 불쾌해지고 쓸데없이 누군가를 의심하게 된다. 뿐만 아니라 가정에 우환이 생기거나 가족 중에 누군가가 건강이 나빠지게 된다. 누군가가 대성통곡을 하면 그 사람에게 자신이 복종을 하거나 자신의 신상에 좋지 않은 일이 생긴다.

◉ 여러 사람이 한꺼번에 우는 꿈

유산이나 재산 분배에 있어 다툼이 생기고 그로 인해 시비가 일어난다. 가정에 우환이 생기게 된다.

◉ 분노를 느끼는 꿈

누군가와 심하게 다투거나 불쾌한 일들이 생긴다.

◉ 누군가에게 몹시 화를 내는 꿈

누군가를 제압하여 지배를 하거나 자신이 원하는 바를 이루게 된다.

◉ 누군가가 자신에게 크게 화를 내는 꿈

누군가에게 제압당하거나 그 사람에게 책망을 듣게 된다.

공포, 불안, 불쾌

◉ 공포에 떠는 꿈

자신이 어떤 신적인 존재를 두렵게 느끼는 꿈은 국가나 사회적인 일들로 감동을 받거나 혹은 불안을 느끼는 징조이다. 또 누군가에게 두려움을 느끼는 꿈은 그 사람으로 인해 위험해지거나 불길한 일이 생기게 된다. 동물을 보고 무서워하는 꿈은 실제로도 위험한 일을 당해 무서워하거나 혹은 어떤 일로 감동을 받게 된다.

◉ **자신의 죄가 탄로날까봐 불안해하는 꿈**

자신이 추진하는 사업이나 직장 등에서 불안을 느끼게 된다.

◉ **공포감 때문에 불안해하는 꿈**

자신감이 없고 마음이 여려 하는 일마다 실수나 실패를 하게 된다.

◉ **누군가에게 불쾌함을 느끼는 꿈**

누군가의 언행으로 불쾌한 느낌이 드는 꿈은 실제로도 불쾌한 일을 당하게 되고 그 사람에게 불만이 생기게 된다.

◉ **더러운 것을 보고 불쾌해하는 꿈**

옷에 더러운 것이 묻어 불쾌해하면 누군가에게 창피를 당하게 되고 자신이 저지른 일 때문에 죄책감에 시달리거나 걱정거리가 생긴다.

부끄러움, 놀람, 미움

◉ **몹시 난처해하며 부끄러워하는 꿈**

외부에 알려져서는 안 될 어떤 비리나 비밀 등을 철저하게 숨기게 된다.

◉ **무엇엔가 크게 놀라는 꿈**

크게 감동할 만한 일이 생기게 된다. 놀라서 소리를 지르면 누군가에게 호소를 하거나 도움을 청하게 된다.

◉ **누군가를 미워하는 꿈**

실제로도 누군가를 못마땅하게 여기거나 싫어하게 된다. 그 사람으로 인해 불쾌한 일이 생기고 그 사람이 하는 일에 불만을 갖게 된다.

고통, 짜증, 답답함

◉ **자신의 온몸이 아픈 꿈**

하는 일마다 꼬여 되는 일이 없으니 마음고생이 심하다. 사업에 실패하거나 자신의 공로가 수포로 돌아가고 취직이나 시험 등에서 떨어지게 된다.

◉ **자신이 하는 일을 고통스럽게 생각하는 꿈**

사업에 실패하고 직장에서는 승진이 되지 않는다. 뿐만 아니라 시험에서 떨어지거나 취직이 어렵게 되어 고통을 받게 된다.

◉ **자신의 작품이 만족스럽지 않아 짜증을 내는 꿈**

자신이 하는 일이나 계획 등이 중간에 문제가 생겨 실패를 하게 되고 자신의 주변 여건과 생활환경 등에 많은 불만을 가지고 있다.

◉ **자신이 하고 있는 일이나 행동 등에 답답한 마음이 생기는 꿈**

실제로도 자신이 하는 일이 자꾸만 꼬여 답답하고 안타깝다.

참고문헌

《꿈풀이 대백과》 백운학 지음, 일송미디어

《꿈보다 해몽》 오재연 편저, 동학사

《현대해몽법》 한건덕 지음, 명문당

《꿈풀이대백과사전》 유덕선 지음, 도서출판 동반인

《대박 꿈풀이사전》 송 순 엮음, 백만문화사

《현대 꿈풀이 큰사전》 편집위원회, 화남출판사

《꿈풀이 혁명》 윤성해 지음, 내외문학

《21세기 신꿈풀이 대백과》 정도명 지음, 테마

《꿈해몽 사전》 청림거사 지음, 오성출판사

《꿈해몽 대사전》 유화정 지음, 도서출판 예가

꿈해몽으로 운수대통

펴낸날 2022년 1월 10일
편저자 이상호
펴낸이 배태수 ___펴낸곳 신라출판사
등록 1975년 5월 23일 제6-0216호
전화 02)922-4735___팩스 02)6935-1285
주소 서울시 구로구 중앙로 3길12 서봉빌딩

ISBN 978-89-7244-154-0   13180